U0126224

黃敏浩 著

劉宗周及其慎獨哲學

臺灣學生書局印行

自　序

　　隨著宋明儒學研究的發展，劉宗周（一五七八～一六四五）的地位
已漸爲學界所重視。儘管他的影響未必及得上其他儒者如朱子（一一
三○～一二○○）及王陽明（一四七二～一五二九），其哲學的深度及原創
性卻不遑多讓，甚至有過之而無不及。單就這一點言，他的哲學思
想便值得我們作深入的研究。

　　本書以宗周的哲學爲對象，旨在抉發其愼獨的宗旨。誠如黃宗
羲（一六一○～一六九五）所說：

> 大凡學有宗旨，是其人之得力處，亦是學者之入門處。天下
> 之義理無窮，苟非定以一二字，如何約之？使其在我。故講
> 學而無宗旨，即有嘉言，是無頭緒之亂絲也。❶

古人的思想散見於著述，但非無統緒。宗周哲學的統緒在愼獨，學
者多能言之。然愼獨之爲宗旨，其意義究爲何？其獨特處在何？此不
得不予以抉發。本書以宗周哲學的重要觀念爲主導，不嫌多所徵引，
深入討論，但千言萬語，皆旨在突顯愼獨之所以爲宗旨的義理安在。
此處一明，則宗周思想各部皆得到貫連，其思想表面的矛盾亦可從

---

❶　黃宗羲：《明儒學案》(台北：世界書局，一九七三)，〈凡例〉，頁一。

更高的層次得到消融，於是其思想系統的獨特處亦昭然若揭了。

　　有關本書的組織及內容，第一章述宗周的生平、道德修養及思想發展，以此作爲了解宗周哲學的背景。第二章探討慎獨哲學的內容，所牽涉的主要觀念包括主靜立人極、中和、理氣及心性，層層深入，最後指出心宗、性宗的架構實爲慎獨哲學的核心意義。第三章處理宗周的誠意說，把宗周置於王學末流的背景之下，看他如何把王學的流弊推源至陽明本身，批評其良知及四句教，再轉而提出自己的四句及誠意說，透過比較的方法突顯誠意說的含義。第四章述宗周的代表作〈人譜〉的特色，以表現慎獨哲學的精神及實踐方法。第五章以宗周的哲學系統與朱子、陽明及胡五峰的系統作具體的比較，藉以彰顯宗周系統的殊特，並嘗試給予宗周哲學一個定位。書後有宗周的〈人譜〉全文，是爲了補充第四章，方便讀者了解〈人譜〉的結構而附上的。最後是〈劉宗周研究資料目錄〉，爲有興趣的讀者提供進一步的參考。

　　本書的初稿，是筆者數年前在秦家懿教授指導之下的英文博士論文。這幾年來，又有一些研究宗周哲學的論著陸續出現，其中更有專書，可謂詳備。但筆者認爲自己的主要論點，仍具有參考價值，加上這幾年來隨時留意，對宗周又有進一層的理解。是以不揣譾陋，把初稿修改、補充，遂成此書。從撰寫到出版，實得到許多師友直接與間接的幫助與支持。爲免掛一漏萬，此處不一一致謝。他們的情意，筆者將銘記於心。是爲序。

二〇〇一年一月於九龍

劉宗周及其慎獨哲學

目　錄

第一章 劉宗周的生平、修養及其思想發展

一、宗周的生平❶

劉宗周，字起東，號念臺、蕺山，❷浙江山陰（今浙江紹興）人。生於明神宗萬曆六年（一五七八），卒於明福王弘光元年（清順治二年，一六四五），享年六十八歲。

---

❶ 本節概述宗周生平的文字主要根據劉汋的〈年譜〉及姚名達的《劉宗周年譜》（以下簡稱《姚譜》）（上海：商務印書館，一九三四），不煩一一註明。〈年譜〉收入《劉子全書》（一八二二年刻本），卷四十。另有黃宗羲〈行狀〉，收入同書卷三十九；劉士林〈行實〉，收入《劉子全書遺編》（一八五〇年刻本），卷二十四。《劉子全書》及《劉子全書遺編》有合刊本，稱《劉子全書及遺編》，由京都中文出版社出版，共二冊。本書引述宗周著作，即據此本。另有戴璉璋、吳光主編：《劉宗周全集》（台北：中央研究院中國文哲研究所籌備處，一九九七），共五冊，是迄今最全備的新式標點本，可參閱。此外，有關宗周生平的其他資料，可參考書後的目錄。

❷ 宗周本名憲章，宗周乃其字。十八歲應童子試時，納卷者誤以字爲名，遂易名宗周，而另以起東爲字。宗周乃遺腹子，爲念父親秦臺公之不及見，別號念臺。又曾遷居及講學蕺山，故又號蕺山。宗周還有其他別號，如秦望望中山人、還山主人、讀易小子、山陰廢士，晚年更號克念子。

宗周乃遺腹子，家貧，隨母依外祖父章潁（南洲），章潁設教四方，性剛毅，善啓發，晚膳時每談古人忠孝節義不倦，宗周竊慕之，以是少成而莊，恥爲干祿之學。❸母章氏，槁形容，絕言笑，刻苦自勵，於宗周言動不少假借，有過輒責之。宗周爲大儒，皆章氏危苦所成。

宗周十九歲娶妻章氏，有賢德，刻苦持家，五十九歲卒。宗周哭之曰：「失吾良友！」題其旌曰「孝莊」。

宗周於二十四歲成進士，其母於是年卒。萬曆三十一年，宗周二十六歲，拜許孚遠（敬菴，一五三五～一六〇四）爲師。孚遠告以存天理，遏人欲，宗周自此勵志聖賢之學。越二年，其外祖父及祖父相繼去世。

宗周居家凡七年，至萬曆四十年，三十五歲，始至京師受行人司行人舊職，途中過無錫，謁大儒高攀龍（景逸，一五六二～一六二六），相與講正，自此益反躬近裏，從事治心之功。越一年，上疏言國本，又言東林多君子，不宜彈射。

天啓元年，宗周四十四歲，時在京爲禮部儀制司添註主事，參劾宦官魏忠賢及保姆客氏。時上書者多只言客氏，至糾劾魏忠賢，實自宗周始。魏忠賢恨甚，傳旨廷杖六十，幸賴首揆葉向高力救得免，改罰俸半年。然宗周不爲所動，續上疏議論國事，直聲震中外。未幾，陞光祿寺添註寺丞，尋陞尚寶司少卿、太僕寺添註少卿。宗周以一歲三遷，義難拜命，又見婦寺專權日甚，士大夫急於競進，

---

❸ 宗周少時亦曾受教於塾師趙某、季叔劉壎、族舅章某及魯念彬。見《劉子全書》，卷四十，〈年譜上〉，頁三下及五上。

時事實不可爲。於是疏辭不允，告病回籍。朝廷又陞爲通政司右通政，又固辭。旋即奉聖旨薿視朝廷，矯情厭世，著革職爲民，時爲天啓五年，宗周四十八歲。

宗周見鉤黨之禍，蔓延天下，遂回鄉講學蕺山，以期挽世道人心於一線，由是有愼獨之說出。同年，東林學者楊漣、左光斗、袁化中、魏大中、周朝瑞及顧大章等，先後爲魏忠賢掠殺於鎭撫司獄中，並詔毀天下東林講學書院。是時緹騎遍天下，宗周爲勢所迫，於是多輟講。明年，曾受宗周薦舉之惠世揚被逮。宗周自忖不免，乃託子汋於門人陳堯年，而仍讀書韓山草堂以待命，幸賴同鄉御史王葉浩力救得解。其時，高攀龍自沉水死，黃遵素則遇害獄中。

及後魏忠賢死，黨禍解除。崇禎元年，宗周五十一歲，陞爲順天府府尹。翌年，滿洲兵自大安口入塞，京師戒嚴。四方男婦逃命入都者不可勝數，煤米之價驟漲，禁弗能止。而營軍素稱疲困，驟命登陴，怨謗沸騰。宗周上疏建議暫撤煤米諸稅，使商賈鱗集，物價自平。發內帑一二萬金，一給地方各坊鋪，煮粥以惠祭民，一以賞京營守陴者，一以賞出援營兵之家屬，使無內顧憂。更發太倉米數千石，預給軍士月糧。所奏諸款俱次第施行。宗周又數會諸生於學宮，激勵士氣，俾以鄉保之任。又立保甲法，使民守法，互相保聚。又大會薦紳，倡義捐輸，得錢以資粥廠之匱乏。

未幾，滿洲兵薄德勝門，京師震恐。皇帝即不視朝，有離京暫避之意。宗周曰：「乘輿一動，宗社大事去矣！」遂躬詣午門，伏闕匍匐，終日不起，至薄暮，傳旨報聞，始退。宗周爲激發士氣，集京兆官屬縣長吏暨鄉大夫文學士及諸父老子弟於城隍廟，設于謙

神位，作文以祭。❹辭氣蹈厲，涕泗俱下，一眾皆感奮。宗周在圍城中，一以忠貞蹇諤之風，感動上下，地方賴以無恐。

京師既解嚴，宗周復留心民隱。於是勸農桑、廣積儲、立社學、行飲射，務使百姓敦本趨化，還於淳篤。又因比閭族黨而寄寓兵講武之法。選其技能者，以時訓練之，聯以什伍，行以賞罰。

宗周守京兆，本欲久任，處事風裁孤峻，搢紳奄人皆憚其清剛，莫敢干以私。在其治下，威惠漸周，人人自愛而恥犯法，雖有兵革之亂而可無懼。然終以秉正嫉邪，好切劘君相，得罪權臣周延儒、溫體仁等，遂使諸所建白，多扞格不行，乃連疏移疾，得請回籍。時為崇禎三年，宗周五十三歲，距實任順天府府尹一職，不過一年。

此後五年間，宗周在家，大抵從事講學。崇禎四年，宗周五十四歲，與陶奭齡立證人社，會講於石簀書院。未幾，宗周與陶奭齡持論不同，部分學生遂奉奭齡為師模，別會白馬巖居。宗周間嘗過從，彼此仍相互尊重。宗周部份重要著作，亦成於此時。

崇禎八年，宗周五十八歲，受詔赴京。明年初，謁帝於文華殿。帝不懌其言，只陞工部左侍郎。時皇帝篤信溫體仁，益用峻法繩臣下，亂政錯出，而溫體仁修黨人之隙，排斥異己。宗周在職數月，遂告病歸。歸途復上疏極言賢奸顛倒，任用匪人之禍，更云「八年之間，誰秉國成，而至於是，臣不能為首輔溫體仁解」。疏入，降旨革職為民。宗周在京數月間，以《大學》誠意、《中庸》已發未發之說示學者，其中誠意一說，實標誌宗周思想之成熟。

---

❹ 于謙（一三九八～一四五七）乃英宗時之兵部尚書。時也先入寇，謙力阻南遷之議，因而有功。詳見《明史》卷一七〇。

　　宗周自此講學著述，無意仕進。崇禎十四年，宗周六十四歲，時吏部左侍郎出缺，帝終不忘宗周，謂「如劉宗周清正敢言，廷臣莫能及」，擢用之。翌年，陞左都御史。宗周於是年始抵京履任，即上疏條列風紀之要，請嚴考選，又請旨嚴飭禁諭及申明巡城職掌。清兵迫近，京師戒嚴，宗周上疏條奏備邊大略，以安心為本計。召對中，勸皇上不宜干預部院權責。又上疏條陳鄉保事宜、糾劾餽遺之官員、申飭憲綱。一日，召對於中左門，帝欲處死言官姜垶及熊開元，宗周力保，帝大怒，降旨革職。如是，掌憲不過六十八日，正色諤立，諸御史凜凜敬憚。宗周本欲藉此整頓吏治民生，嘗曰：「使吾在事三年，而中外不肅清，請治溺職之罪。」及被放，深以不得行其志為憾。

　　崇禎十六年，宗周六十六歲，還家，復從事講學著述。明年，李自成陷北京，皇帝自縊。福王監國南京，詔起復宗周原官。宗周至南京，為馬士英等所沮，未能取信於福王。未幾，阮大鋮拜兵部右侍郎。宗周上疏力阻，謂「大鋮進退，關江左興衰」。福王不納，宗周遂決意辭官。宗周在臺僅二十四日，凡治平大經，修省至計，無不盡言。宗周通籍四十五年，在仕服六年有半，實立朝者四年，凡革職為民者三。

　　宗周自下野後，杜門不出，蔬食不茹葷。弘光元年，宗周六十八歲，清兵陷南京，福王逃至太平，被虜遇害。潞王監國於杭州，未幾杭州失守，潞王降清。宗周聞變，慟哭曰：「此予正命時也！」遂絕食二十日而死。臨死前一日，捉筆書「魯」字，仍念念不忘魯王監國事。明魯王諡曰忠端，唐王諡曰忠正。清乾隆諡曰忠介。清道光二年，從祀於孔廟。

　　以上是宗周生平的概述。他忠於朝廷、品行端正、性情狷介，均可從他一生的言行得到證明。宗周的道德操守，有目共睹。然而，從他的生平，我們更可看到他絕不是「才諝不足而道學有餘」，❺或「無事袖手談心性，臨危一死報君王」❻的儒者。宗周通籍四十五年，實際立朝僅四年，因此不可謂他在政治上有何舉足輕重的影響。可是，我們不可忽略他在政治方面的才幹。這可從他在順天府府尹的一年任內，如何有效地面對京師戒嚴時期出現的問題看出來。前面已提到，宗周為左都御史，曾有「使吾在事三年，而中外不肅清，請治溺職之罪」之語。❼若非在職僅六十八日，宗周在整頓吏治方面，可能有更大的貢獻。《明史》謂宗周言論能「深中時弊」。❽然而，宗周之言每被認為迂闊，不獲朝廷重視。❾朝廷中固有奸臣，但主要問題恐怕還是來自掌握最高權力的皇帝。如崇禎便是一位頑固而好猜忌的君主。他常懷疑群臣結黨，只相信外表孤立而誠懇的大臣。明顯地，他不能同情宗周對時局的見解，是以當溫體仁唆使人上疏謂宗周「才諝不足而道學有餘」時，崇禎竟信其言。❿如果熟悉宗周的作為，當不至以此為的論。宗周的言論未必都對，如反

---

❺　這是許瑚對宗周刻意的貶抑。見《劉子全書》卷四十，〈年譜上〉，頁五十六下。

❻　這是顏元（習齋，一六三五～一七○四）對宋元以來儒者的批評。見所著《存學編》卷一。

❼　《劉子全書》，卷四十，〈年譜下〉，頁二十上至下。

❽　《明史》，卷二五五，末段。

❾　如《劉子全書》，卷十五，〈面恩陳謝預矢責難之義以致君堯舜疏〉，頁七下。

❿　見註❺。

對用火器之見，⓫誠爲保守。但細看他對時局的討論，當中實有可取之處。如是，宗周既有操守，又有才望。但在宗周看來，天下眞才望皆出於天下眞操守，操守實乃濟事之本。⓬換言之，眞正的才幹是來自堅毅的道德操守，也就是道德實踐與修養。道德修養不但是濟事之本、才幹之本，更是做人之本。

宗周的一生正是以道德爲本的生命的寫照。他年少時家境貧困，卻沒有使他走上干祿之途。即使當了高官，他的物質生活也只是平庸。在他生活最貧困時，仍然樂於助人。⓭遇有水災旱災，必定參與賑濟。⓮宗周亦非好名。他第一次革職爲民，是因爲他固辭不受官職。當然，一個可能的解釋是他不願在當時動盪的政治環境中冒生命的危險。他曾在工部左侍郎任內給兒子的信中說「勉強拜命，眞如牽羊入屠肆」。⓯然而，我們不要忘記，在宗周立朝期間，他的確是冒著生命的危險糾劾當權者，如宦官魏忠賢、首輔溫體仁，甚至面對著皇帝犯顏直諫。當魏忠賢逮殺異己之時，宗周靜處於韓山草堂以待死。宗周後面兩次革職爲民，也是不惜得罪溫體仁及崇禎皇帝的結果。在宗周大起大落的仕途生涯中，他似乎從未在意過自己的升沉。他未能施展自己在政治上的抱負，主要是因爲崇禎的

⓫　《劉子全書》，卷四十，〈年譜下〉，頁十七上至下。

⓬　同上，卷十七，〈召對紀事〉，頁七十七下。

⓭　一個很好的例子是，宗周嘗貸米於大善寺二十載，「然故舊窮姻就食者嘗滿座，先生朝夕蔬糲，悉與共之，絕無難色」。見《劉子全書》，卷四十，〈年譜錄遺〉，頁二上。

⓮　見《劉子全書》，卷四十，〈年譜上〉，頁五十一上；頁六十二下至六十三下；〈年譜下〉，頁八上至下。

⓯　《劉子全書》，卷五，〈書下〉，〈與子汋八〉，頁十八上。

關係。但京師破，崇禎自縊，宗周慟哭不已，可見他心中無一絲怨恨。我們可以看到，宗周一生的言行、升沉、得失，都是「無適也，無莫也，義之與比」。❻他只是依道德本心、理性而行，從沒有爲自身利益而作功利的計較。他的絕食殉國，很有力地證明這一點。正如他自己說：「君臣之義，本以情決，舍情而言義，非義也。父子之親，固不可解於心，君臣之義亦不可解於心，故曰：求仁而得仁，又何怨？今謂可以不死而死，可以有待而死而蚤死，頗傷於近名，則隨地出脫，終成一貪生畏死之徒而已。」又說：「子職未伸，君恩未報；當死而死，死有餘悼。」❼所謂「當死而死」，很可道出宗周當時的心境。時明室大勢已去，復興無望，作爲明臣，宗周認爲應該做的，只有如此。透過他的死，他把自己的生命與國家民族連在一起，也把自己的命運與國家民族的命運連在一起。他的身體雖死，卻道德地成全了自己的生命。是故不可謂他愚忠。事實上，他是透過行動來表現他一生所信守，也同時表現了道德生命的強度與深度。他的確是一位具有強烈道德意識的儒者。

二、宗周的道德修養

1.宗周與師友的交往

就如其他宋明儒者一樣，宗周並非獨學而無友。他與師友的交

---

❻ 見《論語》，〈里仁〉。

❼ 《劉子全書》，卷四十，〈年譜〉，頁四十五下至四十六上，四十六下。

往多少影響著他的哲學思想與道德修養。以下即舉出一些與宗周較有關係的人物，並述其與宗周的交往，由此可以了解宗周哲學與修養的背景。

首先對宗周有重要影響的，當推其外祖父章穎。章穎在當時是有名的塾師，設教四方，弟子登第者數十人，當中更有周應中（寧宇，一五四〇～一六三〇）及陶望齡（石簣，一五六二～一六〇九）。宗周十歲始隨外祖父讀書。章穎精於易學，性剛毅，善啓發，每談古人忠孝節義不倦，宗周受其熏陶，自幼即恥爲干祿之學。毫無疑問，宗周走上成聖之路，最初是受到章穎的啓發。

宗周另一位重要的老師是許孚遠。宗周拜他爲師，是在萬曆三十一年，宗周二十六歲的時候。孚遠告以存天理，遏人欲。又以敬身之孝勉勵宗周，「使念念不忘母氏艱苦，謹身節欲，一切世味不入於心，即胸次洒落光明，古人德業不難成。傳所謂求忠臣於孝子之門，乃劉子所以報母氏於無窮也。」[18]

宗周終身守師說不敢失，「自此勵此聖賢之學，謂入道莫如敬，從整齊嚴肅入」。[19]於此可見孚遠對他的影響。孚遠與周汝登（海門，一五四七～一六二九）早年曾於南都有「九諦」「九解」之辨，[20]宗周贊同師說。又曾評價其師，謂：

> 余嘗親受業許師，見師端凝敦大，言動兢兢，儼然儒矩。其密繕身心，纖悉不肯放過。於天理人欲之辨，三致意焉。嘗

---

[18]　同上，〈年譜上〉，頁九下。
[19]　同上。
[20]　見《明儒學案》，卷三十六，頁三七四至三七八。亦見下第三章第一節。

深夜與門人弟子輩窅然靜坐，輒追數平生酒色財氣，分數消
長以自證。其所學篤實如此。㉑

宗周甚尊敬許師，強調他對「天理人欲之辨，三致意焉」。這也是
孚遠傳給宗周的教法。然而，宗周沒有評論孚遠的思想。孚遠卒於
萬曆三十二年，也就是宗周執贄爲弟子後一年。

據〈年譜〉，宗周「生平爲道交者，惟周寧宇、高景逸、丁長
孺（元薦，一五六三～一六二八）、劉靜之（永澄，一五七六～一六一二）、魏
廓園（一六二五辛）五人」。周應中乃章穎的學生，而高、丁、劉、魏
都是東林的人物。五人之中，「景逸泊靜之尤以德業資麗澤，稱最
摯云」。㉒宗周於二十七歲在京師與劉永澄定交。在三十四歲那一
年，與永澄會於杭州，「相與究求仁之旨，析主靜之說，辨修悟之
異同」，三日不倦。㉓明年，道過寶應，訪永澄，相與究養心之旨
而別。可惜永澄於同年稍後便過世，那時永澄不過三十七歲。㉔

至於高攀龍，他是東林的領袖之一，也是明代重要的理學家。
萬曆四十年，宗周三十五歲，到京師赴任，道過無錫，謁見高攀龍，
「相與講正，有問學三書，第一書論居方寸也，第二書論窮理也，
第三書論儒釋異同與主敬之功也」。宗周「自此益反躬近裏，從事
治心之功」。㉕天啓二年，宗周四十五歲，時在京師任職，攀龍亦

㉑ 《明儒學案》，〈師說〉，頁七。
㉒ 《劉子全書》，卷四十，〈年譜上〉，頁十四上。
㉓ 同上，頁十二下至十三上。
㉔ 《明儒學案》，卷六十，頁六五九。
㉕ 《劉子全書》，卷四十，〈年譜上〉，頁十三下至十四上。

在京師，「暇日必過高先生論道，欣然移日」。❷❻天啓五年，宗周四十八歲，被革職爲民，講學於解吟軒。時黨禍蔓延天下，楊漣、左光斗等六君子爲魏忠賢掠殺，禁止講學。宗周憑吊死難者，悲歌慷慨，似乎要冒死繼續講學的事業。一日，遺書攀龍。攀龍答書曰：

> ……杜門謝客，此爲正當道理。彼欲殺我，豈杜門所能免？然即死是盡道而死，非立嚴牆而死也。大抵道理極平常，有一毫逃死之心，固害道，有一毫求死之心，亦害道。想公於極痛憤時未之思也。❷❼

攀龍認爲，在當時的政治氣氛下繼續講學，無異君子立於危牆之下。儘管宗周準備賠上性命，但如此死法，畢竟沒有意義。在攀龍看來，有一毫求死之心，就有一毫逃死之心，二者表面不同，其爲害道均一。攀龍的見地的確較宗周爲深刻。宗周然之，遂一意韜晦。

　　由此可見，攀龍對宗周確有一定的影響。但我們也不應忽略宗周曾說：「古之有慈湖，今之有忠憲先生，皆半雜禪門」，❷❽認爲攀龍之學不夠純正。如攀龍遇害，自沉水死，臨終說「本無生死」，便與佛家之說類同。宗周即正之曰：「先生心與道一，盡其道而生，盡其道而死，是謂無生死，非佛氏所謂無生死也。」❷❾在宗周絕食之時，有人問他的心境與攀龍臨終的「心如太虛，本無生死」印合

---

❷❻　同上，頁二十三上。
❷❼　同上，頁二十六下。
❷❽　同上，卷十九，〈書上〉，〈答韓參夫〉，頁四十二上。
❷❾　《明儒學案》，卷六十二，頁六七二。

如何。宗周答說:「非本無生死,君親之念重矣。」❸黃宗羲比較
二人說:

> 今日知學者,大概以高、劉二先生並稱爲大儒,可以無疑
> 矣。……忠憲固非佛學,然不能不出入其間,所謂大醇而小
> 疵者。若吾先師,則醇乎其醇矣。後世必有能辨之者。❸

這些都表示宗周不完全同意攀龍,而二人的學說亦有分別。

除了劉永澄與高攀龍外,宗周也與陶奭齡 (石梁,一五七一～一六四
〇) 有過交往。崇禎四年,宗周五十四歲,與陶奭齡立證人社會講。
宗周稱讚陽明指出良知,爲後人拔去自暴自棄病根。又教人靜坐,
爲慎獨下手處。❸儘管宗周與陶奭齡互相尊重,但奭齡屬泰州學派,
持論與宗周每有異同。在崇禎五年,他們在本體工夫的問題上,有
過不同的意見。❸同年,部分學生即以奭齡爲師模,別會於白馬巖
居。宗周間嘗過從。越二年,也就是在崇禎七年,奭齡一位弟子秦
弘祐 (履思) 重提以往的課題,與宗周有過討論。❸在某一義上,宗
周與白馬學者們的分歧就好比許孚遠與周汝登的九諦與九解。有趣
的是,孚遠乃宗周的老師,而奭齡的兄長陶望齡則受周汝登的影響。

及後,宗周較少參與講會,因爲白馬山房的學者們固守其說,
不受宗周裁成。雖然宗周以他們的想法近禪而不表同意,但也不願

---

❸ 《劉子全書》,卷四十,〈年譜下〉,頁四十八下至四十九上。

❸ 《明儒學案》,卷六十二,頁六七二至六七三。

❸ 《劉子全書》,卷四十,〈年譜上〉,頁四十五上及下。

❸ 關於他們意見的不同,將於第三章討論。

❸ 此亦將在第三章討論。

意自己的學生捲入儒釋的爭論，而自別於白馬山房的學者。無論如何，爽齡卒於崇禎十三年，時宗周已六十三歲了。白馬山房的學者勢力益盛，宗周則益自收斂，不與之爭。

此外，〈年譜〉亦載宗周曾參與鄒元標（南皋，一五五一～一六二四）及馮從吾（少墟，一五五六～一六二七）的討論。天啓二年，宗周四十五歲，在京爲禮部儀制司添註主事。時鄒元標爲左都御史，馮從吾爲左副都御史，「因兵逼關門，人心崩潰，率同志講學於首善書院」，而宗周實爲副手。每有疑義，必詢問宗周。元標學宗解悟，從吾則重躬行，而宗周則以從吾之言爲當，並序其教言。❸❺這並非只因爲從吾也是許孚遠的弟子。事實上，元標之學不諱禪，宗周是較傾向於從吾的觀點的。然而，宗周在第二年便離開了京師。在〈馮少墟先生教言序〉中，宗周也提到元標，並謂「余辱二先生之教最深」。二人之學，除了從吾「要在本源處透徹，未發處得力」❸❻與宗周愼獨之旨相近外，似乎沒有十分明顯影響的痕跡。宗周與元標近禪之風尤不接近。

最後，也許應該一提宗周與黃宗羲的關係。宗周與宗羲父黃尊素乃性命之交。尊素爲東林中堅人物。天啓六年，宗周四十九歲，尊素因鉤黨之禍被逮，將下獄就死。宗周餞之，「促膝談國是，唏噓流涕而別」。❸❼尊素即以宗羲相託，時宗羲十七歲，自此成爲宗周的弟子。宗羲對宗周的尊敬，可以從下面一事看出。崇禎十一年，

---

❸❺　《劉子全書》，卷四十，〈年譜上〉，頁二十二下至二十三上。〈馮少墟先生教言序〉則見卷二十一，頁一上至二上。
❸❻　《明儒學案》，卷四十一，頁四二八。
❸❼　《劉子全書》，卷四十，〈年譜上〉，頁二十七上。

宗周六十一歲時，宗羲與王業洵（士美）等十七人因不滿白馬山房學者近禪之說，遂執贄宗周門下，請別爲講會。宗周固辭不受。㊳宗羲自己也說：

> 義幼遭家難，先師蕺山先生視義如子。扶危定傾，日聞諸言，小子矍矍。夢奠之後，始從遺書得其宗旨，而同門之友，多歸忠節。㊳

可見宗羲認爲只有自己可以了解及傳承其師的宗旨。這也反映宗羲思想的一個重要的來源。㊵

從上面的敘述，我們可總結說，在師友中，宗周受許孚遠及高攀龍的影響較多。宗周之真立志爲聖賢之學，大概自拜孚遠爲師始，而其早年主敬及其學問風格，都受孚遠影響。高攀龍則對宗周多有啓發，尤其當宗周處於危疑的時期。但無論如何，宗周的慎獨哲學大抵來自個人的創發，似乎沒有承傳師友學說的跡象。

2.宗周的精神與健康狀況

對儒者來說，哲學思想與道德修養縱然不同，也不可截然劃分。很多時候，哲學的理境是透過修養的境界而證實。如是，要了解宗

㊳　《劉宗周年譜》，頁二五九。此處「十七人」，《明儒學案》作四十餘人，未知孰是。見《明儒學案》，卷六十二，頁六七五。

㊳　《明儒學案》，〈自序〉，頁一。

㊵　有關宗周與宗羲的思想傳承關係，學者已有研究。可參考劉述先：《黃宗羲心學的定位》（台北：允晨文化實業股份有限公司，一九八六），第一章，頁一至二十九。

周的哲學，他的修養境界還是值得我們注意的。修養到家，莫不有效驗，而最具體的效驗，莫過於精神及身體上的變化。這二者都發生在宗周的身上。

　　宗周道德修養的進展實可從他的精神狀況反映出來。萬曆四十一年，宗周三十六歲，在京師任行人司行人。是時有與陸以建年友書五通，其五云：

> 弟昨夜夢陞衛經歷，心甚不快。弟雅欲謝病去官，不知此夢從何處來。看來終不忘榮進念頭。在夜之所夢，未有不根於晝者。……乃知我輩一腔子都爲聲色貨利貯滿，如飲食要適口，居處要雅靜，衣服要整潔，日用生涯，一切動得都是物欲心未亡。今那得一副義理心去勝他。看來只爭昏覺之間，纔覺則無妄非眞矣。然衣食居處之念，亦是天性所有。只有一點好名心是毒藥，不可不克治耳。❹

宗周透過他的夢發現隱藏在內心的欲念。這可能就是我們所謂潛意識的念頭，藉著夢境反映到意識之內。宗周察覺自己充滿著這些欲念，只是念頭微細，不易覺察。他明白到自己的道德修養距離自我主宰的目標尚遠。然而，他之認眞看待此夢，乃至此夢所反映的榮進念頭，表示他對道德修養的深切的關注。而他的不快及以之爲毒藥必須克治的決心也證明他對成聖之學的擔負。

　　一分耕耘，一分收穫。宗周五十一歲時，有門人問他修養工夫的進境如何。他答說：

---

❹　《劉子全書遺編》，卷四，〈與以建五〉，頁二上至下。

> 近來夢境頗清，無雜夢，亦有無夢時，若嘗惺惺者。門人曰：
> 先生已打破夢覺關矣。先生謝不敏。**㊷**

與他在三十六歲時夢陞衛經歷相比，十五年來宗周在主宰自心的工夫上明顯有極大的進步。

宗周道德修養的進展也同樣反映在他的健康狀況上。依儒家，心與身並不是截然的兩層。在儒家的道德修養中，吾人並不是揚棄物質的身體以獲取精神的價值。相反，身被視作心的呈現，而透過踐形、養形使身心得到和諧。孟子也說：「人之於身也，兼所愛。兼所愛，則兼所養也。無尺寸之膚不愛焉，則無尺寸之膚不養也。」**㊸**就在這個意義底下，宗周的身體狀況可以用來標誌道德修養的效驗。當然，此不表示身體即重於一切，須知捨生取義也是儒家共許的價值。

宗周自幼體質瘦弱。少時曾患足疾、目疾。年二十一，會試下第而歸，病目者三年。年二十四，母卒。年二十八，外祖父及祖父亦相繼卒。宗周因哀毀過度，於三十一歲患虛眩之疾，時夫人亦病，兩榻相對凡三年。以藥餌對治，俱無效。後專事靜養，病才好轉。**㊹**這種靜養工夫對身體有幫助，但顯然也是一種精神的修養。是以宗周在三十四歲與劉永澄會晤於杭州時，即與之分享靜養的體驗。

宗周的健康狀況似乎逐漸改善。但我們須知他在一生的仕途中

㊷ 《劉子全書》，卷十三，〈會錄〉，頁十九下。

㊸ 《孟子》〈告子篇〉。

㊹ 《劉子全書》，卷四十，〈年譜上〉，頁十二上。此處所謂「靜養」，大概是靜坐的意思。

曾多次告病請辭，而這也未必完全是藉口。據〈年譜〉所載，宗周於五十八歲時曾患瘧疾，於六十五歲時則患癃閉。他在五十九歲時有一疏談及自己的病情：

> ……臣先年脾胃受傷，遂成痞症，百計難攻，幾三十年，坐使精神日耗，漸同廢人。……止因一病字結果一生。……一旦有欽召之命，則適因患瘧而前症作楚日甚。……數月以來，無一日不藥，無一日不因藥加楚，至於氣隔胸而不降，痰閉脅而不升，目眩耳鳴，時時昏暈。……㊺

果如所言，則宗周的病情確不輕。然而，我們卻發現一段與他身體狀況有關的記載：

> 先生賦稟清癯，少壯強半臥病。迨晚年涵養純熟，體逾康愉，終日著書不倦。平生淡甘旨，佐餐無過魚蔬。罹變以後，竟素食，而神氣充足，面浮精彩，絕粒至兩旬而卒者，皆靜養之功也。㊻

從早年多病到晚年體逾康愉，神氣充足，可見宗周的靜養工夫，確實到了純熟的境地。

3.宗周的修養進程

如果我們探索宗周道德修養的發展，便會發現他曾經歷幾個階

㊺　同上，卷十六，〈奏疏〉，頁五下。
㊻　同上，卷四十，〈年譜錄遺〉，頁五下。

段。宗周二十六歲拜許孚遠爲師，「自此勵志聖賢之學」。〈年譜〉
說他：

> 謂學道莫如敬，從整齊嚴肅入。自貌言之細以至事爲之著、
> 念慮之微，隨處謹凜，以致存理遏欲之教。每有私意起，必
> 痛加省克，直勘前所縣來爲如何，又勘後所決裂更當如何。
> 終日端坐讀書，曰：吾心於理欲之介，非不恍然。古人復從
> 而指之曰：此若何而理，彼若何而欲。則其存之遏之也，不
> 亦恢恢有餘地乎？**❹**

此段很可以反映宗周學說的精神面貌。值得注意的是，宗周並不以
知天理人欲之辨爲已足，他要直勘至知如何而爲理，如何而爲欲，
知一切事、一切理之源頭，如此存理遏欲才可成爲易簡的工夫，不
至繁難。

這種工夫當然不易做。但我們可以清楚看到，大概十年之後，
宗周的修養出現突破。眾所周知，陽明的龍場悟道在三十七歲。宗
周悟道可能在萬曆四十二年，時在家閉門讀書，也是三十七歲。當
時，宗周「悟天下無心外之理，無心外之學」**❹**遂著〈心論〉表達
其心得。這篇文字似乎是表示一存在的感受，其主要觀念是：

> ⋯⋯只此一心，散爲萬化，萬化復歸一心。⋯⋯其要歸於自然
> 而不知其所以然。大哉心乎！原始要終，故知死生之說。**❹**

---

❹ 同上，〈年譜上〉，頁九下至十上。

❹ 同上，頁十六上。

❹ 同上，卷二十三，〈心論〉，頁二十一上。末句自《周易》〈繫辭〉。

宗周洞見本心乃終極的存在。此本心不但是道德的，更具有超越的、形而上的含義。我們可以看出，宗周與陽明所悟的，縱使不同，也應類近，因為他們都承認「無心外之理，無心外之學」。

　　但悟道並非一了百了。我們已說過，天啟五年，宗周四十八歲，時黨禍蔓延，宗周仍欲冒死講學，後因高攀龍勸喻，謂此不合道乃止。可見當時宗周的修養工夫，並未足以處變。儘管宗周不畏死，他的憤慨顯示他仍不免外在環境的影響。明年，邏卒入浙江，傳聞逮宗周。家人惶恐，宗周則說：「毋恐！今日而知有是乎？」安坐待之。明日始知逮黃尊素。❺⓿宗周似乎真做到處變不驚，將生死置於度外。但他對自己的反應仍感不滿，說：

　　　　吾平生自謂於生死關打得過。今利害當前，覺此中怦怦欲動。
　　　　始知事心之功，未可以依傍承當也。❺❶

於是專用慎獨之功，謂獨只在靜存時。由是半日靜坐，半日讀書，久之勿忘勿助，漸見浩然天地氣象，平生嚴毅之意，一旦消融。❺❷我們可以說，宗周自從三十七歲悟心之後，至此（四十九歲）其修養工夫又進入另一階段。他平生嚴毅之意，一旦消融，實表示他的氣質已開始變化。

　　宗周五十歲時，仍在家讀書。此時所用工夫如下述：

---

❺⓿　同上，卷三十九，〈行狀〉，頁六上；《劉宗周年譜》，頁一一八至一一九。

❺❶　《劉子全書》，卷四十，〈年譜上〉，頁二十七上。

❺❷　同上，頁二十七上至下。

> 自春徂夏，無事率終日靜坐，有事則隨感而應。每事過，自
> 審此中不作將迎否，不作將迎而獨體淵然自如否。蓋自是專
> 歸涵養一路矣。❺❸

至於工夫的效驗，可從下面一事看出。時宗周請友人張伯樞爲子汋
授經，伯樞遂有機會與宗周相處一些時候。伯樞對劉汋說：

> 向來但仰尊公高風素節，如泰嶽然。比朝夕聆教，始覺氣宇
> 沖融，神情淡靜，又如春風被物，溫然浹於肌理。❺❹

這是宗周變化氣質的明證。

宗周五十九歲那一年，〈年譜〉載云：

> 是時先生工夫只在略綽提撕間。每愛舉「天下何思何慮」、
> 「誠無爲」、「無欲故靜」、「有所向便是欲」等語。曰：
> 本體只是這些子，工夫只是這些子，并這些子仍不得分此爲
> 本體，彼爲工夫。既無本體工夫可分，則亦并無這些子可指。
> 故曰：「上天之載，無聲無臭，至矣！」❺❺

從這段話看來，宗周愛舉「何思何慮」、「無聲無臭」等「無本體
工夫可分」的境界，表示他甚嚮往此化境。然而，他的工夫「在略
綽提撕間」，雖然甚高，但仍未至。事實上，宗周對自己的修養境
界是很謙虛的。他六十六歲時弟子問他進學有否次第。他答說：

---

❺❸　同上，頁二十九下至三十上。

❺❹　同上，頁三十上。

❺❺　同上，頁六十二上。

初年悠揚過了日子，晚年漸覺繁雜。近來雖稍有所見，然卻
不能心與理爲一，未免有些識見意思未淨在。細勘來，名利
二字，畢竟剗除未盡，頭出頭沒，時有動處。方知研究入微，
一毫假借不得。**㊌**

儒家並不反對名利，只是反對名利背後的私欲。依宗周，吾人絕不
能姑息這些欲念，否則便會做成嚴重的後果。但有時名利的欲念極
微細，需要不斷做工夫來化除。宗周發覺自己仍有名利之意未盡，
並非表示他的工夫退步了。相反，這表示他已能更深入地察知自己
的過錯。境界越高，便越容易察覺自己那極微細的過失，因而也變
得更謙虛。〈年譜〉說他晚年「德日愼小，心日謹微」，而又「德
彌高，恭彌甚，節彌勁，氣彌和」。**㊐**

弘光元年，宗周六十八歲，絕食殉國。臨終前數日，他說：

吾日來靜坐小菴，胸中渾無一事，浩然與天地同流，不覺精
神之困憊。蓋本來原無一事，凡有事皆人欲者也。若能行其
所無事，則人而天矣。**㊑**

這種「浩然與天地同流」的境界實即「仁者渾然與物同體」之意，**㊒**
此是宋明儒的共識。宗周之與天地同流，不知是儻來一悟抑或是完

㊌　同上，卷十三，〈會錄〉，頁四十五上。我們以此段話爲宗周六十六歲所說，
　　是從此段前面有錄宗周六十六歲與同一弟子（祝淵）的問答語推斷而來。

㊐　同上，卷四十，〈年譜錄遺〉，頁十八下。

㊑　同上，卷十三，〈會錄〉，頁五十三上。

㊒　見程顥（明道，一〇三二～一〇八五）〈識仁篇〉，收入程顥、程頤：《二
　　程集》，二冊（台北：里仁書局，一九八二），上冊，頁十六至十七。

全的體證？也許他三十七歲之悟心是儻來一悟，至此則達到完全的
體證。依宋明儒的理想，聖人的「渾然與物同體」的境界是可以達
致的，有時甚至是一悟全悟，但此一悟全悟同時又是一無盡的工夫
歷程。在此意義下，沒有人敢說自己的修養已達到圓滿。是以當有
人謂宗周之學「幾於聖」時，宗周即責其狂悖。❻無論如何，我們
至少可說，宗周之「浩然與天地同流」表示他已達至一自我超越之
境，而此境不但是透過他的哲學思辨，且更透過他一生努力不懈的
道德實踐來證成。

　　這種與天地同流的意識也許會讓我們想到一種獨特的、並非人
人可有的宗教冥契經驗。上文提到，宗周在絕食時，有人問他的心
境與高攀龍臨終時的「心如太虛，本無生死」印合如何。宗周回答
說：「微不同。非本無生死，君親之念重耳。」❻如果「本無生死」
是指盡道而生、盡道而死的無生死，宗周當然會同意；這其實就是
他對攀龍此語的解釋。但如果此語是指超脫生死輪迴的無生死，宗
周便不會贊同，因為在他看來，佛家這種無生死實等於逃避生死。
宗周認為真正的超越生死是來自「與物同體」或「與天地同流」的
證悟，而此證悟卻根於人性人情。❻這種證悟是可以透過人與人之
間的誠敬而達致。宗周正是因為「君親之念重」而使他能面對死亡，
能超越生死而浩然與天地同流。宗周與一般人唯一的不同，只是在
他的生命深處仍能保有一份誠敬而已。這本是人人可做到的。

---

❻　《劉子全書》，卷四十，〈年譜錄遺〉，頁十六下。

❻　同上，〈年譜下〉，頁四十八下至四十九上。

❻　有關宗周對生死問題的看法，可參同上，卷八，〈生死說〉，頁二十九下
　　至三十上；卷六，〈證學雜解〉，〈解二十三〉，頁十一下至十二上。

三、宗周的思想發展

要了解宗周思想的發展，我們可以劉汋的兩段話作爲綱領。劉汋說：

> 先君子學聖人之誠者也。始致力於主敬，中操功於愼獨，而晚歸本於誠意。誠繇敬入。⑥

> 先生於陽明之學凡三變：始疑之，中信之，終而辨難不遺餘力。⑥

這兩段話中，第二段是言宗周對陽明學說態度的轉變。宗周對陽明態度的轉變，多少與自身思想的轉變有關。這個問題將在第三章作詳細的處理，本章暫置不論。現在就讓我們先看第一段話。這段話是正面說宗周的思想發展的。

從「始致力於主敬，中操功於愼獨，而晚歸本於誠意」看來，宗周的思想發展是經過三個階段。但這三變只是漸趨成熟的轉變，並不是改頭換面，而有所謂前後的不同。在某一義上，宗周的哲學是頗一貫的，尤其是從愼獨到誠意一段。自宗周愼獨之說出，其哲學規模已大體具備，誠意說的出現，只是把原有的系統落實到誠意

---

⑥ 同上，卷四十，〈年譜下〉，頁五十下。黃宗羲也說：「先生（按指宗周）宗旨爲愼獨。始從主敬入門，中年專用愼獨工夫。愼則敬，敬則誠。」見同上，卷三十九，〈行狀〉，頁三十六上。

⑥ 同上，卷四十，〈年譜下〉，頁二十四下。黃宗羲也說：「先生（按指宗周）於新建之學凡三變：始而疑，中而信，終而辨難不遺餘力，而新建之旨復顯。」見同上，卷三十九，〈行狀〉，頁三十九下至四十上。

乃至《大學》而已。誠意說也沒有取代愼獨，只是被提出來賦予與愼獨相同的內涵。是以就宗周哲學的整體來說，以愼獨一詞來涵蓋仍是恰當不過。凡此以後都會再提到。這是我們了解宗周思想發展所不可不留意的。

首先，關於宗周「始致力於主敬」，由於宗周早年著述留傳不多，[65]所以我們所知有限，但還是有跡可尋。我們推斷宗周早年主敬，應該始於他二十六歲拜許孚遠爲師之時。孚遠告以存天理、遏人欲，但宗周亦自謂「入道莫如敬」，[66]可見他致力於主敬，是從這時開始。及後，他在三十五歲問學於高攀龍，當中仍有提及主敬之功。[67]大概此時主敬還是宗周關注的主要課題。

據〈年譜〉，宗周於四十八歲「有愼獨之說」，[68]好像宗周思想至此才進入第二階段。但我們有理由相信宗周在更早的時候已提到愼獨。宗周在三十六歲時致書陸以建年友五通，其中已說到「聖學要旨攝入在克己，即《大》、《中》之旨攝入在愼獨，……此千古相傳心法也」。[69]這是我們第一次看到宗周在其著述中強調愼獨。在同一信中宗周也提到周濂溪（敦頤，一〇一七～一〇七三），可見他已注意並推崇濂溪的學說。

宗周在信中以克己、愼獨爲千古相傳心法，卻沒有提到主敬。

---

[65] 有關宗周早年著作少有留傳的原因，劉汋有說明。蓋因黨禍不測，「先生（按即宗周）悉以平生著述寄友人。其後黨禁解，先生不索而友人亦不來歸，故丙寅（按即天啓六年，宗周四十九歲）以前筆札無一存者。其間行事之始末，學力之淺深，不可盡考。」見《劉子全書》，卷四十，〈年譜上〉，頁二十八下。

[66] 同上，頁九下。

[67] 同上，頁十四上。

[68] 同上，頁二十五下。

[69] 同上，卷十九，〈與陸以建年友〉，頁一上至下。

這可能表示宗周已漸從強調主敬轉移至克己、愼獨。這該是第二階段的開始。但要注意此不表示宗周從此便揚棄主敬之說。事實上，他在臨終前仍提到主敬的工夫。❼⓪

宗周四十歲時有〈論語學案〉，❼①其中強調學以求仁，也有提及愼獨之處，如說「君子學以愼獨，直從聲臭外立根基」，❼②對愼獨確有相當的肯定。天啓五年，宗周四十八歲，講學於解吟軒。〈年譜〉載：

> 每會令學者收斂身心，使根柢凝定，爲入道之基。嘗曰：此心絕無湊泊處。從前是過去，向後是未來；逐外是人分，搜裏是鬼窟。四路把截，就其中間不容髮處，恰是此心眞湊泊處。此處理會得分明，則大本達道，皆從此出。於是有愼獨之說焉。❼③

我們已看過，宗周其實早已提到愼獨的觀念。也許直到這時他才公開提倡此說。我們相信，宗周哲學的規模，最遲不過此時，應云大備。

崇禎七年，宗周五十七歲，編撰〈聖學宗要〉，述宋明幾位重要儒者之學，末以愼獨總其要。❼④同年，爲回應秦弘祐的〈遷改格〉

---

❼⓪　同上，卷十三，〈會錄〉，頁五十二下。

❼①　〈論語學案〉，見於《劉子全書》卷二十八至三十一。

❼②　《劉子全書》，卷二十八，〈論語學案一〉，頁七上。

❼③　同上，卷四十，〈年譜上〉，頁二十五下。

❼④　《劉子全書》卷五。

而著〈人譜〉，❼此書甚能反映宗周慎獨哲學的特色。

崇禎八年，宗周五十八歲，以〈五子連珠〉與四十九歲編成的〈孔孟合璧〉及〈聖學喫緊三關〉合成一編。❼由此可知，宗周在這十年間，對成德工夫關鍵的看法，基本上沒有改變。❼

崇禎九年，宗周五十九歲，時在京師任職。暇有所得，記之名曰「獨證編」。❼〈年譜〉謂他此時「始以《大學》誠意、《中庸》已發未發之說示學者」。❼實則宗周已發未發之說已早見於他處如〈聖學宗要〉，是故誠意說方是新出。誠意說標誌著宗周的思想進入第三階段，而成爲他晚年思想的主導觀念。慎獨與誠意於是便成爲總結宗周哲學的兩個最重要的概念了。

崇禎十一年，宗周六十一歲，欲刪定朱子、陽明之書以明學術之同歸，遂有〈陽明傳信錄〉。朱子則止閱〈晚年定論〉而罷。❽我們知道，〈朱子晚年定論〉乃陽明手編，誤以朱子早年未成熟之見爲其晚年定論。宗周從之，遂以爲朱子與陽明思想正可相通。❽

宗周重要的哲學著作大多成於六十五及六十六歲兩年。其中有〈良知說〉，❽代表他對陽明良知教的定評。他是站在誠意說的立

---

❼ 同上卷一。

❼ 同上卷三及卷四。

❼ 這是根據勞思光的判斷。見勞思光：《中國哲學史》（香港：友聯出版社有限公司，一九八〇），第三卷下，頁六一一。

❼ 《劉子全書》，卷十，〈學言上〉，頁十六上至三十六下。

❼ 同上，卷四十，〈年譜上〉，頁六十下。

❽ 同上，〈年譜下〉，頁一下至二下。

❽ 《劉子全書遺編》，卷十二，〈陽明傳信錄二〉，頁十四下。

❽ 《劉子全書》，卷八，頁二十四下至二十六上。

場來批評陽明的良知及四句教的。另外有〈存疑雜著〉，把他與先
儒牴牾之見記錄下來，姑存疑案。其意大抵認為「從來學問只有一
個工夫，凡分內分外、分動分靜、說有說無，劈成兩下，總屬支離」。
❸宗周的意見可否成立是另一問題。無論如何，由此可看出，宗周
晚年認為自己的學說確與先儒不同。

　　以上是略述宗周在不同時期的著作及觀念，以窺見其思想發展
之跡。簡言之，宗周二十六歲始致力於主敬，三十六歲漸轉向於慎
獨，四十八歲慎獨說的形態確定，五十九歲則倡誠意說。雖說有三
期，若從思想的發展來說，實則一貫，而畢竟以慎獨誠意為主。以
下即以此二觀念為綱領，表述宗周的哲學。

---

❸　同上，卷四十，〈年譜下〉，頁二十四下。

第二章　愼獨哲學的內容

如果我們研究劉宗周的思想，便會發現，「愼獨」這一概念在他的哲學中實佔有主導的地位。從現存的文獻看來，宗周自三十六歲提出「克己愼獨」，以之爲「千古相傳心法」❶以後，便一直持守著「愼獨」之說，成爲他哲學中的核心觀念，甚至是他整個學說的綜括。「愼獨」之於劉宗周，就好比「致良知」之於王陽明一樣，都是他們學說的宗旨所在。黃宗羲說：「先生之學，以愼獨爲宗。」❷誠非虛語。

在本章，我們將探討宗周愼獨哲學的具體內容。但首先要指出的是，一如其他的宋明理學家，宗周在發揮他的學說時，並沒有獨立地處理「愼獨」這一觀念，而是把其他觀念帶進來一併討論。因此，要徹底地了解「愼獨」的含義，便勢必牽涉宗周學說中其他的觀念不可。我們認爲，下列的觀念對了解宗周的愼獨哲學非常重要：(1)主靜立人極；(2)中與和；(3)理與氣及(4)心與性。以下將逐一討論它們。另外，宗周的「誠意」也是一關鍵性的觀念，但由於牽涉的問題較多，所以留待下一章再作詳細的探討。

---

❶　《劉子全書》卷十九，〈與陸以建年友一〉，頁一上至下。
❷　黃宗羲：《明儒學案》，卷六十二，〈蕺山學案〉，頁六七五。

一、慎　獨

「慎獨」一詞源於《大學》與《中庸》。《大學》有云：

> 所謂誠其意者，毋自欺也。如惡惡臭，如好好色，此之謂自
> 謙，故君子必慎其獨也。小人閒居爲不善，無所不至，見君
> 子而后厭然，揜其不善，而著其善。人之視己，如見其肺肝
> 然，則何益矣。此謂誠於中，形於外，故君子必慎其獨也。❸

此處「慎其獨」正是「慎獨」一詞之所本。乍看之下，「慎獨」的
意思是謹慎於獨處之時。爲何須謹慎於獨處之時？因爲一般人在眾
目睽睽之下，畏於別人訶責，總會自我警惕，不致犯錯。但在獨處
無人之時，便很容易放縱自己的想念和行爲了。是以在道德修養的
過程中，學者於獨處之際最要留神，否則將流於惡而不自知，這便
是所謂的「慎獨」。如此解釋當然不差，❹但細體文意，獨字如解
作獨知似乎更好。朱子即說：「獨者，人所不知而己所獨知之地也。」
❺此則更爲警策。蓋獨處只在閒居，言獨知則遍一切時、處，而且
直指吾人意識幽微之地。如果於己所獨知之地不加謹慎，則邪思妄
想萌生而不知，便成自欺，且誠於中必形於外，「人之視己如見其

---

❸　朱熹：《四書集註》（香港：大中圖書公司，出版年不詳），〈大學〉，
　　頁六至七。

❹　如陳榮捷便以 "watchful over oneself when alone" 譯「慎獨」，正是謹慎於
　　獨處之時之意。見Wing-tsit Chan：*A Source Book in Chinese Philosophy*
　　（Princeton：Princeton University Press，1963），pp.89&90.

❺　朱熹：《四書集註》，〈大學〉，頁六。

肺肝」，又何益哉？是故慎獨於道德修養至為緊要。

　　此外，「慎獨」一觀念亦見於《中庸》，意義亦相近。《中庸》說：

> 天命之謂性，率性之謂道，修道之謂教。道也者，不可須臾
> 離也，可離非道也。是故君子戒慎乎其所不睹，恐懼乎其所
> 不聞，莫見乎隱，莫顯乎微，故君子慎其獨也。❻

這裏「謹慎於己所獨知之地」的意義更為顯著。君子必須戒慎於不
可睹聞的內心隱微之處，若稍有不慎，讓人欲萌生，潛滋暗長，則
天命貫不下來，性體不能呈現，於是便離道日遠。道不可須臾離，
離了道，人之所以為人的價值便會失去。在此，《中庸》的作者把
「慎獨」與最終極的道拉上了關係。唯有透過慎獨的工夫才可保證
道的呈現。

　　我們相信這兩段話，尤其是《中庸》的一段，對宗周影響甚大。
宗周正是本此二段而言從心言慎獨及從性言慎獨兩路，而提出心宗、
性宗的說法。從下文可知，這種提法正反映著他整個心學的系統。

　　無論如何，宗周從《大學》及《中庸》提出慎獨而賦予極重要
的意義。他說：

> 慎獨是學問第一義。言慎獨，而身、心、意、知、家、國、
> 天下一齊俱到。故在《大學》為格物下手處，在《中庸》為
> 上達天德統宗，徹上徹下之道也。❼

---

❻　同上，〈中庸〉，頁一一二。

❼　《劉子全書》，卷十，〈學言上〉，頁三十一上。

以慎獨爲「學問第一義」，爲「徹上徹下之道」，似乎是表示，無論是上根或中、下根的人，在他們道德修養的終始過程中，慎獨的工夫都是必要的。就「謹愼於己所獨知之地」的意義而言，宗周的說法是很合理的。因爲對自身的想念行爲作深刻的反省本來就是一切道德修養的基礎。不單是基礎，而且是時刻需要的工夫。所以宗周說：「聖學之要，只在慎獨。」❽又說：「孔門說個慎獨，於學人下手處，已是千了百當。」❾

然而，從宗周看來，慎獨除了是道德修養的必要工夫外，還具有更深層的意涵。儘管這意涵可能已溢出《大學》與《中庸》的原意，宗周大概仍覺得他的詮釋與經典並無不符。他說：「言慎獨，而身、心、意、知、家、國、天下一齊俱到」。意即一旦做到慎獨，則《大學》所謂的致知、誠意、正心、修身、齊家、治國及平天下亦一齊做到了。這個意思可以從下面一段看得更清楚：

> 夫道，一而已矣。學亦一而已矣。《大學》之道，慎獨而已矣。《中庸》之道，慎獨而已矣。《論》《孟》六經之道，慎獨而已矣。慎獨而天下之能事畢矣。❿

宗周又說：「學問喫緊工夫，全在慎獨。人能慎獨，便爲天地間完人。」⓫如是，慎獨固可成聖，亦可以成就天下一切之事。然則儒家整個內聖外王之事業都在慎獨中完成。慎獨不但是成己成物的必

---

❽　同上，頁一下。

❾　同上，卷十九，〈書上〉，〈答覆思六〉，頁十二下。

❿　同上，卷二十五，〈雜著〉，〈讀大學〉，頁一下。

⓫　《劉子全書遺編》，卷一，〈證人社語錄〉，頁十五上。

要條件，而且是充足條件。如此看慎獨，慎獨便自然具有一種形而上的向度，所謂「爲上達天德統宗」是也。因此，宗周說：

> 學者大要只是慎獨，慎獨即是致中和，致中和則天地位，萬物育。此是仁者以天地萬物爲一體實落處，不是懸空識想也。**⓬**

宗周以慎獨即《中庸》的「致中和」，其意似乎是指人能慎獨，心中無一毫人欲之私，則天理呈現，體證自身與天地萬物爲一，如此則天地位，萬物育。這樣理解慎獨，當然沒有違背《中庸》的原意；而把慎獨等同致中和，《中庸》沒有明文，但未始不爲《中庸》所意許。如果宗周對慎獨的解釋僅止於此，則作爲他學說宗旨的慎獨，便只能是《中庸》原義的發揮。但宗周的確不止於此，他進一步提出了「獨」即是「天」的說法。**⓭**在這一個意義上，他越過了（但非違背）《大學》與《中庸》言慎獨的藩籬，而把「獨」字賦予一終極的意義。「獨」在經典中本來是獨處或獨知的意思，現在卻轉成了形而上的天或天理。相應地言之，慎獨的「慎」本來是戒慎於獨知時之想念、念慮，是整個慎獨工夫的重點、落實之處，現在卻轉成了謹慎地保任、存養在吾人生命中呈現之天理，天理既呈現，慎之工夫不涉安排，於是慎字便成虛義，慎獨的重點便轉而落在作爲天理的獨之上。

　　由此可見，宗周深刻地轉化了《大學》《中庸》言慎獨的意義。本來是獨處或己所獨知之獨，在宗周的哲學中便成了一形而上的實

⓬　《劉子全書》，卷十九，〈書上〉，〈答履思五〉，頁十下。
⓭　同上，卷十三，〈會錄〉，頁二十八下。

體。宗周甚至稱之爲「獨體」。在以下的章節中，就讓我們透過其
他重要觀念的討論，次第展開此獨體的含義吧。

二、主靜立人極

1.主靜與立人極

慎獨很容易令人聯想到「靜」。在從事慎獨的工夫時，我們首
先回到內在的自我，對自身的想念行爲作徹底深刻的反省；如是，
我們進入了靜定的狀態。

在日常生活裏，吾人爲外物所誘，心思外馳，是故從事道德修
養，每每需要退處於世事紛紜之外，在靜中反省自己的思想行爲，
檢討自己的功過得失，從而調整生命的方向。這當然只是反省的初
步。更深入的反省當是覺知自己的念慮，甚至是最微細的想念，亦
不可草草放過。待工夫純熟，對內心一切念慮都能自作主宰，方得
還我自由，此時的我才是眞我，才能見到人生乃至宇宙之眞實。此
時的內心實充滿著通於天地萬物的安謐與和諧。凡此等境，皆須在
精神之「深根寧極」中證入始得。

宗周對此有深刻的體會，所以提出「主靜」，成爲他學說中一
個重要的觀念。其實，「主靜」首倡於周濂溪。濂溪在其〈太極圖
說〉中已有「主靜立人極」之說。他說：「…聖人定之以中正仁義
而主靜（自註云：無欲故靜），立人極焉。」[14]宗周對「主靜」、「立

---

[14]　周敦頤：《周子全書》（台北：廣學社印書館，一九七五），卷二，頁二十三。

人極」這兩個觀念非常重視。他說：

> 聖學之要，只在慎獨。獨者，靜之神，動之機也。動而無妄
> 曰靜，慎之至也。是謂主靜立極。**⓯**

此處「立極」即是「立人極」。宗周認爲「周子之學，盡於〈太極
圖說〉。其〈通書〉一篇，大抵發明『主靜立極』之意…」**⓰**「主
靜立極」一語亦常見於宗周的著述，**⓱**可見他對周濂溪這對觀念十
分推崇。依濂溪，「立人極」猶建立人道之極致，以人參贊天地之
化育；也就是說，人透過成德以參與天地宇宙創生不已之流行，這
便是人道之極致。所以濂溪在言「立人極」之後即引《中庸》而說
「聖人與天地合其德，日月合其明，四時合其序，鬼神合其吉凶。」**⓲**
此「立人極」之義爲宗周所服膺而不失，因爲宗周學說最關心得便
是如何證成人之所以爲人之義，這裏面不但包括人在道德界的地位，
更涉及人在存在界所扮演的角色，其實義正就是「立人極」。**⓳**今
問如何方可「立人極」？依宗周，答案當然在慎獨。但順著濂溪之
意，言「主靜」亦未嘗不可。宗周即納「主靜」於其學說中而常言
之。從上面一段引文已可知，在宗周的思想裏，慎獨與主靜實有著
密切的關係。

關於「主靜」之工夫，宗周有一段話可作爲說明：

⓯　《劉子全書》，卷十，〈學言上〉，頁一下。

⓰　同上，卷三，〈五子連珠〉，頁十六上。

⓱　如見於《劉子全書》，卷十，頁四下、十二下、十五下及三十一上。

⓲　《周子全書》，卷二，頁二十三。

⓳　宗周「立人極」之意與濂溪大抵相同，其實亦有別。見下第五章。

> 本領之説，大略不離天命之性。學者須從闇然處做工夫起，
> 便是入手一著。從此浸假而上，併倫類聲塵，俱無托足，方
> 與天體相當。此之謂無欲故靜。靜中浩浩其天，自有一團生
> 意不容已處，即仁體也。⓴

此段可用來說慎獨，亦可說主靜。就主靜之工夫言，關鍵在從吾人
內心「闇然處」，亦即是隱微之處入手。蓋吾人內心深處的微細想
念，常不易爲人所覺察，即使是自己，亦察之不易。修養工夫正是
要從此隱微之處做起，開始時極感困難，及至精誠所到，本心抬頭
作主，則一切人欲之私念，即使細如纖塵，亦無所遁形。此時才覺
即化，海晏河清，天理自然呈現，內心自有一團生意，有不容已者。
這便是仁體，也就是吾心之本體了。像這種工夫，總要在極深的靜
定的狀態中才可奏效，才可覓得本體。沿著這一條線索推論，我們
很容易會想到宗周的「主靜」是意味著靜坐的工夫，也就是「靜復
以見體」的工夫。事實上，宗周的確教人靜坐，⓴我們確可說「靜
復以見體」之義實蘊涵於宗周的「主靜」之中。不過這決不是「主
靜」的究竟義。以此來定位宗周的「主靜」，似乎尚隔幾重公案。

2.靜與敬

　　雖然靜坐工夫是入道的一個極重要的方便，但不是每位宋明儒
者皆好靜坐的。如王陽明曾教人靜坐，久之，學者即有喜靜厭動之

⓴　《劉子全書》，卷十九，〈書上〉，〈答葉潤山民部〉，頁十九下。
⓴　如宗周〈人譜〉中的〈訟過法〉即是一種靜坐法。見《劉子全書》，卷一，
　　頁十二。

弊，陽明遂放棄此教法。❷程伊川（一○三三─～一○七）見人靜坐，便
歎其善學，但他本人為學的宗旨卻是「涵養須用敬，進學則在致知」。
❷朱子繼承伊川的宗旨，強調持敬。他也是半日靜坐，半日讀書的，
但在他心目中，靜坐的重要性總不如敬。如他說：

> 伊川亦有時教人靜坐，然孔、孟以上，卻無此說。要須從上
> 推尋，見得靜坐與觀理兩不相妨，乃為的當爾。❷

朱子並不反對靜坐，只是認為更須往上一著，與觀理配合，方為的
當。相反地，他對於敬卻推崇備至：「敬字工夫，乃聖門第一義，
徹頭徹尾，不可頃刻間斷。」❷然則敬與靜坐有何不同？是什麼使
得持敬的工夫較為優越？朱子說：「敬只是此心自做主宰處。」❷
又說：

> 敬非是塊然兀坐，耳無所聞，目無所見，心無所思，而後謂
> 之敬。只是有所畏謹，不敢放縱，如此則身心收斂，如有所
> 畏。常常如此，氣象自別，存得此心，乃可以為學。❷

---

❷　王陽明：《王陽明全集》（台北：河洛圖書出版社，一九七八），〈刻文
　　錄序說〉，頁七。

❷　程顥、程頤：《二程集》，上冊，頁一八八。

❷　朱熹：《朱熹集》（成都：四川教育出版社，一九九六），卷五五，〈答
　　潘謙之〉，頁二七五五。

❷　黎靖德編：《朱子語類》（台北：文津出版社，一九八六），卷十二，頁
　　二一○。

❷　同上。

❷　同上，卷十二，頁二一一。

如果我們了解伊川、朱子的系統，便會知道「敬」並不止於一般意義的尊敬或敬謹，而是具有一種超越的企向，是要在身心收斂凝聚中體驗超越的天理。這樣的敬當然不是塊然兀坐，不見不聞，不思不想，但從上文已知，主靜也同樣不是這個意思。借用朱子的話，它是與觀理兩不相妨的。如此則爲何伊川、朱子仍強調持敬而不強調主靜？個中原因，恐怕還是在於主靜容易流於喜靜厭動之流弊之上。蓋人在日常活動中爲形所役，自心把持不住，作不得主，於是很多時便需要與現實世界暫時隔離，回到內心的寧靜中去體驗天理，這便是一般所謂退修、避靜或閉關的眞正意義，也就是主靜工夫所含的意義。但天理在吾人生命中是要時時呈現的，不僅靜時呈現，也要動時呈現。主靜只能保證前者，一旦落實到日常生活的應對進退的活動，儘管靜時操存得好，在萬事萬變中，亦鮮有不迷失自己者。是故主靜的問題在於：客觀地言之，不能保證天理在動時呈現；主觀地言之，因欠缺動時一段工夫，學者遂容易產生喜靜厭動的毛病。

然則，如何在動時，也就是在應事接物之際保有天理的呈現？依宋明儒，尤其是伊川、朱子，答案即在持敬。就是說，吾人在應事接物之際，常要保持一敬愼甚至敬畏的態度。如上文所言，這不是一般的尊重或敬畏，而是即事物之來而就心之收斂凝聚、主一無適以印合此事物之自身，而見天理的一種敬。此種就心之收斂凝聚、主一無適而言的敬，固可在動時、應事接物時用，亦可在靜時、未接物之時用。伊川、朱子言「涵養須用敬，進學則在致知」，前句謂靜時涵養，固須用敬，即在動時進學以致知，亦須以敬爲其基礎，所謂「敬貫動靜」是也。這樣看來，主敬似乎較主靜更爲無病。於

是，宗周強調主靜，便好像是偏於靜的一邊，不能像主敬一般，可以在動靜之間取得平衡了。

　　然而，說宗周思想偏於靜似乎與他作爲積極入世的儒者的身份不符。事實上，他的兒子劉汋在總結父親爲學的階段時曾說：

> 先君子學聖人之誠者也。始致力於主敬，中操功於慎獨，而晚歸本於誠意。❷❸

可知宗周早年已知主敬之重要，而主敬與慎獨、誠意只是重點或成熟程度的不同，彼此不必有本質的差異。我們在上一章也提到，宗周早年以敬爲入道之門，臨終時仍談及主敬，可見他一直以來都重視主敬的工夫。試看他說：

> ……惟有一敬焉，爲操存之法。隨處流行，隨處靜定，無有動靜、顯微、前後、巨細之歧，是千聖相傳心法也。……大抵聖學惟敬，自小更無破綻。學者由灑掃應對而入，至於無眾寡，無小貫大，只是一箇工夫……❷❾

同樣地，宗周以敬無間於動靜，「只是一個工夫」，而且是「千聖相傳心法」。

　　這樣我們便需要解決「主敬」與「主靜」這對概念在宗周思想中的關係的問題。宗周既已知主敬，爲何仍強調主靜，且對之推崇備至？我們認爲「主靜立極」畢竟在宗周思想中佔有重要的地位，

---

❷❸　《劉子全書》，卷四十，〈年譜下〉，頁五十下。

❷❾　《劉子全書》，卷十，〈學言上〉，頁十三下至十四上。

其關鍵在宗周言主靜時，已轉化了靜字的含意。他說：「主靜，敬也。若言主敬，便贅此主字。」❸又說：「一者，誠也；主一，敬也。主一即慎獨之說，誠由敬入也。」❹從這兩句我們可看出，「主一」即是主靜，也就是敬，也就是慎獨之說。原來在宗周心目中，主靜與敬其實沒有什麼不同。宗周之學，以慎獨爲宗，則主靜與敬，也同樣是他學問的宗旨所在。但在宗周的著述中，明顯地強調主靜多於言敬，個中理由，可以從下面一段話得到解釋。他說：

> 伊洛拈出敬字，本《中庸》戒慎恐懼來。然敬字只是死工夫，不若《中庸》說得有著落。以戒慎屬不睹，以恐懼屬不聞，總只爲這些子討消息，胸中實無箇敬字也。故主靜立極之說，最爲無弊。❷

雖然主靜其實就是敬，但「言主敬，便贅此主字」。這即是說，若言主敬，便好像有一個敬爲我所主，如此敬便成爲客觀的，敬的工夫便容易流於孟子所批評的義外的工夫了。即使是單提敬字，恐仍不夠著實，亦容易流於只是後天空頭的涵養，反不若主靜所表示的，從戒慎恐懼所見得的那不睹不聞之體上來得有著落。所謂「有著落」，已暗示獨體的參與，已不完全是經驗的意識之流了。

3. 靜存與動察

依宗周，主靜即是敬，而較敬字爲佳。這樣正表示他心中的靜

---

❸　同上，卷十二，〈學言下〉，頁二上。
❹　同上，頁八下。
❷　同上，卷十，〈學言上〉，頁三十一上。

字已溢出一般靜字意義的範圍；主靜亦不是只偏於靜一邊，而是賅括動而言的一種自足的道德修養工夫：

> 問：慎獨專屬之靜存，則動時功夫果全無用否？曰：如樹木有根，方有枝葉，栽培灌溉工夫，都在根上用，枝葉上如何著得一毫？如靜存不得力，纔喜纔怒時便會走作，此時如何用工夫？苟能一如其未發之體而發，此時一毫私意著不得，又如何用工夫？若走作後便覺得，便與他痛改，此時喜怒已過了，仍是靜存工夫也。❸❸

在日常生活中，吾人存在的境況千差萬變，但總之不外動靜兩途，或在靜而獨處之時，或在動而應事接物之際。依宋明儒，學者無論在動時靜時皆須從事道德實踐或修養，而就或動或靜之不同的存在狀況，亦可有不同的修養工夫與之相應。

在伊川、朱子的系統中，「涵養須用敬，進學則在致知」正是分屬動靜的兩重工夫。雖說「敬貫動靜」，但敬畢竟只是進學在致知的基礎，二句的確是重點不同，各有專屬。如是，則二句其實就是「靜而存養」（靜存）與「動而省察」（動察）的引申。「涵養須用敬」即是靜存，「進學則在致知」即是由動察進一步發展而成之義。

然而，儘管宗周稱贊伊川、朱子這兩句爲學宗旨，但從上面一段引文看來，他其實並不同意靜存動察雙行的工夫。❸❹他認爲靜存

---

❸❸　同上，頁十一上。

❸❹　宗周說：「惟程子『涵養須用敬，進學則在致知』二語，庶幾其無弊與！」但這贊語是在把存養與省察理解爲「一時並致，交養互省，有勿忘勿助之妙，更何先後工夫之可分」的背景下而說。在同一段中，宗周仍說：「或

工夫就好比在樹木之根上栽培灌溉,而動察的工夫則好比在枝葉上栽培一樣。前者乃根本而重要,後者則不必而無用。爲何如此?蓋靜而存養是存養個本體。若靜存的工夫得力,本體呈現,此時一毫私意皆著不得,又何須省察的工夫?若靜存的工夫不得力,本體得不到存養,此時動念即歪,一切情欲想念皆已走作,不能合於天理之正,在此念念走作的情況之下,試問有如何可能用省察的工夫?若已覺知自己念頭走作而欲改正之,便必須回到念頭的根源之地,從事涵養,這仍然是屬於靜存的工夫也。是以無論靜存得力不得力,在任何時候,都只有靜存的工夫,並不是在靜存之外,更有動察。宗周即在回答弟子的一封信上說:「動而省察之說可廢」!❸❺

因此,黃宗羲即以「靜存之外無動察」爲宗周哲學的一個特色。❸❻表面看來,我們很容易會想到,宗周主張靜存,是從根本上取消了動察之說。但細看之下,其實不然。宗周在別處即說存養與省察須「一時並致,交養互省,有勿忘勿助之妙,更何先後工夫之可分」。❸❼又說「省察二字,正存養中喫緊工夫」,❸❽乃至說「省察是存養之精明處」。❸❾即使說「動而省察之說可廢」,以下緊接著便說:

言無事時存養,有事時省察,未免落於偏指。」通觀伊川、朱子,尤其是朱子的系統,其工夫論正是主張「無事時存養,有事時省察」者。宗周這番話見《劉子全書》,卷十一,〈學言中〉,頁二下。關於宗周之言存養與省察,下文續有解釋。

❸❺ 《劉子全書》,卷十九,〈書上〉,〈答葉潤山四〉,頁五十一上。
❸❻ 同上,卷三十九,〈行狀〉,頁三十六上。
❸❼ 同上,卷十一,〈學言中〉,頁二下。
❸❽ 同上,頁二十二上。
❸❾ 同上,卷十三,〈會錄〉,頁二十八下。

今非敢謂學問真可廢省察，正為省察只是存養中最得力處。
不省不察，安得所為嘗惺惺者？存又存箇甚？養又養箇甚？
今專以存養屬之靜一邊，安得不流而為禪？又以省察屬之動
一邊，安得不流而為偽？不特此也，又於二者之間，方動未
動之際，求其所為幾者而謹之，安得不流而為雜？**⓴**

凡此所言，都是要說明，靜存與動察實不能分別而為動靜二時之工
夫。它們只是一工夫，或者說，只是同一工夫之兩面。順著黃宗羲
「靜存之外無動察」的形容，我們可以說，在宗周，動察的工夫已
被蘊含或吸納於靜存之中了。

　　但這裏仍有一問題可問，即：以動察蘊含於靜存，畢竟如何可
能？換句話說，省察與存養如何可以共冶一爐？而動與靜又如何可
以連在一起？關於前一問題，下面一段話正好幫助我們了解。宗周
說：

省察二字，正存養中喫緊工夫。如一念動於欲，便就欲處體，
體得委是欲，欲不可縱，立與消融，猶覺消融不去，仍作如
是觀，終與消融而後已。一念動於忿，便就忿處體，體得委
是忿，忿不可遂，立與消融，猶覺消融不去，仍作如是觀，
終與消融而後已。是勿忘勿助中最得力處。**㊶**

這便是納省察於存養，即存養即省察的具體說明。蓋存養即存養吾
人本心之體，省察即省察吾人的想念行為。「如一念動於欲，便就

⓴　同註**㉞**。
㊶　《劉子全書》，卷十一，〈學言中〉，頁二十二上。

欲處體」，意謂才一念動於欲，即就此欲念之動處而體知此欲，這
即是能充分地省察此欲念的存在。能充分地省察欲念的存在，同時
即表示存養本體的工夫得力，蓋本體貞定，才可能察知欲念。本體
既呈現，欲念便立與消融。窒欲如是，懲忿如是，對治其他一切念
慮亦莫不如是。須知能省察念慮以消融之，唯有在本體得以存養下
始可能；而存養本體，同時也就在省察念慮，不使走作。所以說省
察是「存養中喫緊工夫」。存養與省察，實只是一工夫，而宗周以
存養來概括。

關於第二個問題，即靜如何可關連到動的問題，我們可知，宗
周所謂靜存的靜實即主靜的靜。主靜即敬，而敬無間於動靜。於是，
主靜、靜存的靜便不再與一般意義的動相對，而是超越了動靜，同
時亦涵蓋了動與靜。

4.主靜的靜與動靜的靜

如果靜是超越了動的靜，我們便應該把它與相對於動的靜區分
開來。明顯地，宗周哲學中的靜字含有兩重意義：一是在一般意義
下與動相對而言的靜；一是在絕對的意義下靜而無靜、動靜一如的
靜。

當我們以靜字來形容吾人生命的非活動的狀態時，靜便是一般
所謂靜止、靜而非動之意。但宗周的主靜、靜存的靜，卻具有超越
的含義。具體地說，它意謂一種超越的、深刻的寧靜，此寧靜滲透
於吾人生命的一切活動與非活動之中。這個意義下的靜在宗周的「靜
坐說」裏清楚地被反映出來：

人生終日擾擾也。一著歸根復命處，乃在向晦時，即天地萬
物不外此理。於此可悟學問宗旨，只是主靜也。此處工夫，
最難下手，姑爲學者設方便法，且教之靜坐。日用之間，除
應事接物外，苟有餘刻，且靜坐。坐間本無一切事，即以無
事付之。既無一切事，亦無一切心，無心之心，正是本心。
瞥起則放下，沾滯則掃除，只與之常惺惺可也。此時伎倆，
不合眼、不掩耳、不趺跏、不數息、不參話頭。只在尋常日
用中，有時倦則起，有時感則應，行住坐臥，都作坐觀，食
息起居，都作靜會。❷

從這裏我們可看到宗周如何轉化靜字的意義。首先他提倡靜坐，蓋
在靜中學者可暫時免除世俗事務的干擾，較易回到「向晦」之時，
歸根復命，體驗天理。當坐至覺知本無一切事，亦無一切心之本心
呈現的狀態時，便須把此本心呈現之常惺惺之境延伸至動而應事接
物之際，方爲究竟。如果只是靜時常惺惺，動時則否，則本心天理
貫不下來，便容易流於喜靜厭動，甚至沉空滯寂的流弊。我們注意
「行住坐臥，都作坐觀，食息起居，都作靜會」，此處靜坐已一轉
而爲包括其他一切日用尋常的活動。如是，靜便不再與動相對而被
賦予一超越動與靜的含義了。

　　依宗周，靜字可以是指經驗意義下與動相對的靜，也可以指超
越意義下涵蓋動靜的靜，而後者才是主靜一詞之意，也才是他言靜
的重點。如此區分可幫助我們釐清在整理宗周思想時所遇到的觀念
混淆的問題。在宗周的〈年譜〉中，劉汋有一段話描述其父親說：

---

❷　同上，卷八，〈說〉，頁十四上至下。

> 按是時（筆者按時宗周五十五歲）先生用慎獨工夫。獨體只是個微字，慎獨之功，只於微處下一著子，故專從靜中討消息。久之，始悟獨說不得個靜字。❸

劉汋的按語很容易令讀者以爲宗周晚年放棄了主靜之說，尤其是當我們發現宗周晚年確有類似的說法。宗周六十歲時曾寫信給學生說：

> 昨言學當求之於靜，其說終謬。道無分於動靜，心無分於動靜，則學亦無分於動靜可知。❹

〈年譜〉載宗周六十二歲時有學生張二無請正：

> 先生叩所學，二無以靜對，先生曰：心無分於動靜，故學亦無分於動靜。若專求之於靜，便有喜靜惡動之病，凡九容、九思、應事、接物，未免多疏略處，非古人體用一源之學也。❺

據上所言，道即是心，而此本心之體是超越動靜的。因此，求得此本心之體之學亦必然是屬於超越層上的工夫，在此無所謂動靜的相對待，而此學當然就是主靜。宗周反對求之於靜的靜，是動靜相對的靜，而非主靜的靜。是以面對上引劉汋及宗周之言，我們最多只能說，宗周在其晚年大概已不十分強調靜坐的工夫，至少不像他早

---

❸　同上，卷四十，〈年譜上〉，頁四十八下。

❹　同上，卷十九，〈書上〉，〈示金鮑二生〉，頁二十五上至下。

❺　同上，卷四十，〈年譜下〉，頁四上。此條亦見卷十三，〈會錄〉，頁三十一上。宗周類同的意見亦可見於卷十一，〈學言中〉，頁六上；卷十二，〈學言下〉，頁十九上及卷十三，〈會錄〉，頁三十四下。

年那麼強調，因爲他發現學者易流於喜靜惡動之病。❻但這絕不表示他放棄主靜；「主靜立人極」一語來自濂溪，實爲宗周畢生所信守而不失者。所以，當有人問：

> 周子既以太極之動靜生陰陽，而至於聖人立極處，偏著一靜字，何也？曰：循理爲靜，非動靜對待之靜。❼

宗周在此區分兩種靜非常明顯。「循理爲靜」的靜就是主靜的靜。「理」即是天理，所以循天理就是主靜，其實也就是慎獨之說：

> 問：未發氣象從何處看入？曰：從發處看入。（問：）如何用功夫？曰：其要只在慎獨。（問：）兼動靜否？曰：功夫只在靜，故云主靜立人極，非偏言之也。（問：）然則何以從發處看入？曰：動中求靜，是眞靜之體；靜中求動，是眞動之用。體用一源，動靜無端，心體本是如此。❽

這段話說明慎獨的工夫只在主靜，而主靜非偏於一邊而與動對。在主靜的狀態中，靜不離動，動不離靜，「體用一源，動靜無端」，實已無動靜之可分。這個意義下的靜，已不是一個時位，它已被提升而與本心之體的內容相當，宗周即稱之爲「眞靜之體」。在此絕對的靜體之下，一切主客、動靜的對待均消融不見。這當然不是離

---

❻ 我們有理由相信宗周即使在晚年也沒有完全放棄靜坐的教法。如〈人譜〉雖作於宗周五十七歲，但他一直修訂這部著作直至臨終兩個月才作罷，其中仍保留靜坐一法。

❼ 《劉子全書》，卷十，〈學言上〉，頁三十四上。

❽ 同上，頁十二下。

開了動靜，而是在日用尋常的動靜中存養此眞靜之體，在動靜中見到那不動的眞際。

至此，主靜一觀念的含義已甚明白。但還有一問題，就是主靜之境既已超越了動靜，說它是靜，其實是靜而無靜、靜而動的，說它是動，其實是動而無動、動而靜的，言主靜只是就靜而無靜而說其爲靜，然則是否可以就動而無動而說其爲動，而有「主動」之說？換言之，此超越之境爲何只可以方便地以靜字去形容，而不可以方便地以動字去形容？如果把動字規定爲動而無動之動，是一超越意義的動，是否就可成立「主動」之說？關於此一問題，宗周的答案似乎是不可以。首先，對於以靜字來形容此超越之境只是一方便，宗周是十分清楚的。他說：

> 周子主靜之靜，與動靜之靜迥然不同。蓋動靜生陰陽，兩者缺一不得，若於其中偏處一焉，則將何以爲生生化化之本乎？然則何以又下箇靜字？曰：只爲主宰處著不得註腳，只得就流行處討消息，亦以見動靜只是一理，而陰陽太極只是一事也。❹

所謂「主宰處著不得註腳」，是指作爲主宰的那個本心之體是超越一切相的，本不可以任何相如動相靜相去形容。在不得不形容的情況之下，只得就天理流行的有相之處拈一靜字以形容之。言靜便容易落於有靜相，而與動相有別。但其實「動靜只是一理」，要在此前提下言靜，才不致有所偏。是宗周已知言靜只是「就流行處討消

---

❹　同上，頁十六上。

息」而已。然而，既然只能就流行之有相處討消息，而動靜又只是一理，則爲何只下個靜字不可以動字形容那生生化化之本？於此，我們也許可從下面一段得到解答：

> 主靜之說，大要主於循理。然昔賢云：道德言動，皆翕聚爲主，發散是不得已事，天地萬物皆然。則亦意有專屬，正如黃葉止兒啼，是方便法也。❺

主靜是一方便說，前段已明。此處更引昔賢說人的道德言動，乃至天地萬物，「皆翕聚爲主，發散是不得已事」。翕聚是靜，發散是動，所以便應該以靜爲主了。宗周又說：

> 動中有靜，靜中有動者，天理之所以妙合而無間也。靜以宰動，動復歸靜者，人心之所以有主而常一也。故天理無動無靜，而人心惟以靜爲主。以靜爲主，則時靜而靜，時動而動，即靜即動，無靜無動，君子盡性至命之極則也。❺

依宗周，天理妙合無間，動中有靜，靜中有動，而實無動靜之可分。天理呈現於吾人生命中，即是吾人本心之體。本心之體本來也是無動無靜的，但吾人生活於現象世界中，面對世情之千變萬化，便容易逐相而迷，放失本心。此時便須時時警覺，常存本體而勿失。警覺常存，也就是存養省察，在即存養即省察中，本來也沒有動靜之可言。這裏姑就省察一面而下一動字，似亦未嘗不可。但省察是察

---

❺　同上，頁三十二下。

❺　同上，頁十四下。

知動念,而動念有欲有忿,種種不同。順著雜多不同之動念而用省察的工夫,便較不容易使人有統一凝聚之感,反不若從存養一面而言靜來得更實在,有個綱領可尋。雖說靜而無靜,靜即動,動而無動,動即靜,但就人生實存的狀況來說,畢竟言靜較有持循。所以宗周說「靜以宰動,動復歸靜」,一皆以靜爲動之根本。我們要注意此處之動靜已不是經驗層上之動靜,而是超越的靜而無靜的靜、動而無動的動,在超越的動靜一如之中,畢竟仍是以即動之靜爲本。因此,宗周主靜,靜存之外無動察,遂使本心有主而常一。在此主靜之一心湛然之中,本心順時之動靜而爲動靜,實則即動即靜,無動無靜,這便是君子盡性至命之極則,也就是慎獨的境界了。

三、未發之中與已發之和

1、「中」、「獨」與「靜」

從上一節我們可以知道,宗周慎獨一觀念可透過主靜來了解。在某一義上,慎獨與主靜的含義是完全相通的。它們均標誌著人極的建立。作爲道德實踐的工夫,它們即是主敬而又沒有主敬易生的毛病。作爲修養的境界,它們已超越了經驗意義下動靜相對的時位。而更重要的是,吾人藉此修養境界而呈現一超越的本心之體,宗周即稱之爲獨體或靜體。❷

---

❷ 「靜體」一詞來自「眞靜之體」,見《劉子全書》,卷十,〈學言上〉,頁十二下。這個詞語在宗周的著述中似乎只出現過一次,但這並不妨礙「靜」可作爲「眞靜之體」或「靜體」之義。

　　現在，我們可進一步藉「中」與「和」這對觀念來發掘慎獨更深層的意涵。中、和這對觀念最早見於《中庸》：

> 喜怒哀樂之未發謂之中，發而中節謂之和。中也者，天下之大本也；和也者，天下之達道也。致中和，天地位焉，萬物育焉。㊿

在宋明儒學裏，中和問題是一個常被討論的熱門話題，而說法不一。依宗周，中與和，尤其是中的觀念，是與慎獨密切相關的。他說：

> 喜怒哀樂之未發謂之中，先儒教人看此氣象，正要人在慎獨上做工夫，非想像恍惚而已。㊱

宗周認為，看此未發之中其實就是慎獨。我們不難發現，此未發之中之氣象即等於獨體的氣象，也就是靜體的氣象。㊲看此未發之中的工夫其實就是慎獨及主靜的工夫。獨與靜既是超越的實體而可稱為獨體與靜體，中亦然：

> 《中庸》是有源頭學問，說本體，先說箇天命之性，識得天命之性，則率性之道、修道之教在其中；說工夫只說箇慎獨，

㊿　朱熹：《四書集註》，〈中庸〉，頁二。

㊱　《劉宗周全集》，卷十，〈學言上〉，頁十下。

㊲　關於未發之中的氣象與主靜的關係，前面已有引文云：「問：未發氣象從何處看入？曰：從發處看入。如何用功夫？曰：其要只在慎獨。兼動靜否？曰：功夫只在靜，故云主靜立人極，非偏言之也。」可為明證，見《劉子全書》，卷十，〈學言上〉，頁十二下。

> 獨即中體，識得慎獨，則發皆中節，天地萬物在其中矣。❺❻
>
> 問：中便是獨體否？曰：然。一獨耳，指其體謂之中，指其用謂之和。❺❼
>
> 中體瑩然，何勞摹索，纔摹索便不是，知此便知未發之中。❺❽

由此可見，宗周亦以中爲超越的實體而稱之爲中體。最後一段說，此中體是不能被摹索的，才摹索便已不是中體了。這當然不是意謂中體是現成的，不需要任何體證的工夫。宗周的意思只是說，當吾人企圖求得此體以依循之，吾人即以之爲一對象，而爲吾人所求。就在這種求與被求的主客對立的關係中，中體即消失不見。唯有在打破主客二元的格局之下，中體才得以呈現。

2.中、和之關係

以中言獨，正好顯示獨體另一層重要的意義。在《中庸》，中字被解釋爲「喜怒哀樂之未發」。但《中庸》亦說「中者天下之大本」，又說「致中和，天地位焉，萬物育焉」。從這個意義看，作爲獨體的中體，便不單只具有超越的意義，它更是道，是天，是負責天地萬物存在的最終極的存有。在宗周思想裏的中字，大抵是繼承《中庸》這層原意的。

如是，中體除了是喜怒哀樂之未發外，更是終極的存有，則作爲中體之用的和便應該是指發而中節，乃致是得到位育的天地萬物

---

❺❻ 同上，頁十九下。

❺❼ 同上，頁三十下。

❺❽ 同上，卷十三，〈會錄〉，頁十七上。

了。在進一步探究和這個觀念之前，我們有必要了解宗周思想內中與和的關係。

　　首先，毫無疑問的，中與和實具有一體用的關係。在上節的一段引文中，宗周承認中即獨體，而又謂「一獨耳，指其體謂之中，指其用謂之和」。❺❾中即獨，而獨之用是和，當然中之用也就是和。作爲中的體是喜怒哀樂之未發（簡稱未發），作爲和的用是發而中節（或稱已發）。喜怒哀樂之情之發而中節正就是獨體、中體或本心之體的作用。本心之體無形無相，而藉著有形有相的情之發之作用呈現其自身。如果把這種體用關係推到極致，則中體便成終極的存有、形而上的實體，和之用便是得其位、得所育的天地萬物。所以宗周說：「獨即中體，識得愼獨，則發皆中節，天地萬物在其中矣。」❻❿

　　然而，在另一處宗周則以太極與陰陽說中和。他說：

　　　無極而太極，獨之體也。動而生陽，即喜怒哀樂未發謂之中。
　　　靜而生陰，即發而皆中節謂之和。❻❶

宗周對濂溪非常推崇，此處便是他對濂溪〈太極圖說〉言及太極陰陽的理解。濂溪的原意且不論。我們單看宗周的解釋，便會發現他的看法似乎頗有問題。通常無極與太極都是意謂一終極的形而上的實體，此實體無形，藉陰陽以顯現，是以陰陽即太極之用。太極是體，陰陽是用，這應當是許多宋明儒者的共識。宗周以獨體釋太極，

---

❺❾　同上，頁三十下。

❻❿　同註❺❺。

❻❶　《劉子全書》，卷十，〈學言上〉，頁二十九下。

此不成問題，但他以未發之中說陽，已發之和說陰，以中和說陰陽，便有問題。蓋如此則中便屬於陽之用，而與宗周中即獨體即太極之說相矛盾。像這種說法不只見於一處，如他說：

> 獨體不息之中，而一元常運，喜怒哀樂四氣周流，存此之謂中，發此之謂和，陰陽之象也。⑫

此則以陰陽說中和，與前面以中和說陰陽一致。然則我們該如何解釋這種矛盾，即：中一方面是用（陽之用），另一方面又同時是體（獨之本體）？是宗周對中和的理解曾經歷一轉變乎？抑或是傳抄之誤乎？抑或是反映宗周思想內部不自覺的矛盾？我們認為，以上三種解釋都不是。這種表面的不一致其實可以從宗周理解中和關係的另一向度得到說明。

首先，讓我們回到《中庸》對中和的解釋。《中庸》以喜怒哀樂之未發及發而中節釋中和，到了宋明儒，便喜歡以未發及已發言之，這是依《中庸》原文而來的簡說。順著這一條線索，許多宋明儒者便以未發之中及已發之和為兩個不同的存在狀況或境界，而彼此具有一先一後的前後關係：未發在先，已發在後。但依宗周對《中庸》獨特的理解，他並不能同意此說。他說：「後人以前後言中和，既自說不通，又卻千方回護，費許多解說，終屬遁辭。」⑬又說：

> 後儒不察，謂未發之前，專是寂靜一機，直欲求之思慮未起

---

⑫　同上，卷二，〈易衍〉，頁十三下。

⑬　同上，卷九，〈問答〉，頁十一下。

之先，而曰既思即是已發，果然心行路絕，語言道斷矣。❻❹

宗周的意思是如果把未發已發分屬前後，判爲兩截，則專求於未發之先便會落於禪家所謂「心行路絕，語言道斷」之境。在宗周，「心行路絕，語言道斷」當然不是贊語，而是表示沉空滯寂的境地。

既然中和說不得前後，宗周即提出中和應「以表裏對待言，非以前後際言」。❻❺若以前後際言，中和便屬於不同的時位，未發在前，已發在後。如今以表裏對待言，則似乎是指中和皆是同時的，不過中在裏，和在表，表裏相通，已發即是未發的呈現或表現。黃宗羲即據此而以「已發未發以表裏對待言，不以前後際言」爲宗周哲學的另一個特色。❻❻究竟宗周此解是否合乎《中庸》的原意，今且不論。我們只須知道，在宗周思想中，中和除了具有體用及陰陽的關係外，亦可有一表裏的關係。

然而，這種表裏的關係並不能以一般的意義去了解。說表裏雖已表示是同時而非二時，但好像仍有兩在之嫌，即中在內而和在外，而有內外之別。實則嚴格言之，這種內外之分亦不存在。宗周說：

> ……自其所存者而言，一理渾然，雖無喜怒哀樂之相，而未始淪於無，是以謂之中。自其所發者而言，泛應曲當，雖有喜怒哀樂之情，而未始著於有，是以謂之和。可見中外只是一機，中和只是一理，絕不以前後際言也。❻❼

---

❻❹　同上，卷十一，〈學言中〉，頁七上。
❻❺　同上。亦見頁十上。
❻❻　同上，卷三十九，〈行狀〉，頁三十七下。
❻❼　同上，卷九，〈問答〉，頁十一下。

此處說中，認爲「雖無喜怒哀樂之相，而未始淪於無」，即無而非無，無而有。說和則「雖有喜怒哀樂之情，而未始著於有」，即有而非有，有而無。以中爲裏，是就無而非無之無一面而說其爲裏；以和爲表，是就有而非有之有一面而說其爲表。實則無而有，有而無，有無之間並沒有眞正的界限，而可打成一片，所以宗周說「中外只是一機，中和只是一理」。於是，所謂「表裏對待」，其實應該是表裏一如，而沒有任何對待之可言。這種表裏的關係，在宗周來說，也就等於顯微或隱現的關係。《中庸》言愼獨時已說「莫見乎隱，莫顯乎微」。宗周在解釋這句話時即進一步說：

> 莫見乎隱，亦莫隱乎見；莫顯乎微，亦莫微乎顯。此之謂無隱見，無顯微，無隱見顯微之謂獨，故君子愼之。❻❽

「無隱見顯微」，即是顯微無間，表裏一如。而「無隱見顯微之謂獨」，則很容易引導我們回到中和的體用關係。蓋中即獨體，和即獨體之用。而作爲裏、微之中與作爲表、顯之和彼此是一如無間的。配合這兩重關係，我們馬上便可察覺，表裏關係實即體用關係，或者說，表裏關係是體用關係的更具體的說明。說穿了，體用不即不離：即體致用，全體在用；即用見體，全用是體。這種即體即用、即中即和之義，也就是宗周以「表裏對待」言中和之義了。

至此，中和的體用與表裏關係已明，但我們仍未解決它們與以陰陽說中和的矛盾。其實，解決之道在我們論述的過程中已見端倪。我們再看下面一段：

---

❻❽ 同上，卷十，〈學言上〉，頁二十七下。

獨者，心極也。心本無極，而氣機之流行不能無屈伸、往來、
消長之位，是爲二儀，而中和從此名焉。中以言乎其陽之動
也，和以言乎其陰之靜也，然未發爲中而實已藏已發之和，
已發之和而即以顯未發之中，此陰陽所以互藏其宅而相生不
已也。⑲

我們注意「未發爲中而實已藏已發之和，已發之和而即以顯未發之
中」，顯然是即中即和之義。以陰之靜與陽之動說中和，則即陰即
陽、即動即靜實爲必然之義，所以說「此陰陽所以互藏其宅而相生
不已」。此段以下編者更加入宗周的一句以爲註，云：「合陰陽動
靜而妙合無間者，獨之體也。」⑳換言之，即陰即陽，即動即靜便
是獨體。我們可以看到，相對於作爲陰的和來說，中是陽，但實際
上即中即和，即陰即陽，作爲即中即和之中，中便是獨體。可以說，
若就概念上分解地言之，作爲太極的獨體是體，陰陽是用，它們分
屬不同的範圍。但當具體地實踐地呈現之之時，它們是相即而爲一
的：陰即陽、陰陽之用即獨體。當然，這裏所謂相即而爲一並不是
指一般的等同之意，而是辯證地貫通而爲一之意。從解悟上的辯證
到證悟上的辯證地通而爲一，實需要極深的修養工夫才能達到。

雖然即體即用，體用一源，但在道德實踐時，宗周總愛強調工
夫在體上用。正如他說主靜，靜存之外無動察一樣，致中和的工夫
也是以致中爲本。對宗周來說，中即是靜，皆猶樹木的根本，栽培
灌漑的工夫都在根上用，枝葉自然茂盛。㉑是故靜存即是動察，致

---

⑲　同上，頁二十七下至二十八上。
⑳　同上，頁二十八上。
㉑　同註㉜。

中即所以致知。有人問：「未發氣象從何處看入」？宗周答說「從發處看入」，好像要從已發上做工夫似的。但宗周隨即說「功夫只在靜，故云主靜立人極」，可見其所謂「從發處看入」只是「動中求靜」，即已發而見未發，故仍是以未發之中爲主。**⑫**試看他說：

> ……所謂未發以前氣象，即是獨中眞消息，但說不得前後際耳。蓋獨不離中和，延平姑即中以求獨體，而和在其中，此愼獨眞方便門也。**⑬**

又說：

> 隱微者，未發之中；顯見者，已發之和。莫見乎隱，莫顯乎微。故中爲天下之大本，愼獨工夫，全用之以立大本，而天下之達道行焉。然解者必以愼獨爲致知工夫，不知發處又如何用功？率性之謂道，率又如何用功？若此處稍著一分意思，便全屬人僞，非徒無益，而又害之矣。小人閒居爲不善，正犯此病症來。**⑭**

宗周稱讚李延平（一○八八～一一六三）「以看喜怒哀樂未發以前氣象爲單提口訣」，認爲是承濂溪主靜立極之說而來。**⑮**我們知道，延平之觀未發以前氣象，本來是靜復以見體之意。一旦見體，則此體超越動靜而無分於動靜，所謂即動即靜，宗周即就此而言主靜。此

⑫ 以上所引見註四十七。

⑬ 《劉子全書》，卷十一，〈學言中〉，頁六下至七上。

⑭ 同上，卷十二，〈學言下〉，頁二十上。

⑮ 同註⑫。

處言中，情況正同。蓋宗周認爲延平初就與和相對之中以求體，中和相對，有陰陽之象，中屬陽，和屬陰；然即中求體，和在其中，故即中即和，即陰即陽，便可以中爲體。這也就是「動靜只是一理，陰陽太極只是一事也」之意。❼但雖是如此，畢竟要「即中以求體，而和在其中」，才是「慎獨眞方便門」，而不是在和上做工夫也。第二段立意更清楚，所謂「中爲天下之大本，慎獨工夫全用之以立大本」，意即慎獨工夫全用於中之大本上。「不知發處又如何用功」？若於發處「稍著一分意思，便全屬人僞，非徒無益，而又害之矣。」是故，一如靜存之外無動察，致中之外亦不能有致和。致中是成聖的本質工夫。這工夫是必須而且是充足的，因爲致中即和在其中，致和即「天地位，萬物育」，「天下之能事畢矣」。以下請試言和之含義。

3.和與天地萬物

依《中庸》，和是「（喜怒哀樂）發而皆中節」。它更是「天下之達道」，而「致中和，天地位焉，萬物育焉。」細看這幾句話，似乎是暗示著，人之喜怒哀樂與宇宙生生化育的過程是有著微妙的關係。

宗周即據此而發揮，甚至認爲人之喜怒哀樂即周流於天地宇宙之四氣。在此，他首先提出《中庸》的喜怒哀樂實不同於一般意義下的人之情。一般意義下的人之情是「七情」，而喜怒哀樂不與焉。他說：

---

❼　見註❽。

> 喜怒哀樂，雖錯綜其文，實以氣序而言。至殽爲七情，曰喜
> 怒哀懼愛惡欲，是性情之變，離乎天而出乎人者，故紛然錯
> 出而不齊。所謂感於物而動，性之欲也，七者合而言之，皆
> 欲也。君子存理遏欲之功，正用之於此。若喜怒哀樂四者，
> 其發與未發，更無人力可施也。**⑦⑦**

很明顯地，喜怒哀樂不能等同於喜怒哀懼愛惡欲的七情。前者屬於
天，是超越的；後者是「離乎天而出乎人」，是屬於經驗的層次。
不過，這兩層並不是隔絕的，也並不表示吾人眞有兩套情。蓋經驗
意義下的七情，有好有壞，時善時惡，所謂「紛然錯出而不齊」，
但總的來說，「皆欲也」。若推其源，實無有欲，一皆本於性情之
正，此即喜怒哀樂是也。但人因「感於物而動」，喜怒哀樂之性情
遂有過與不及，離乎天而出乎人，於是便淆亂而爲七情之欲。若問
喜怒哀樂只是四，如何可變而爲七情？於此宗周在別處有說：「喜
之變爲欲爲愛，怒之變爲惡爲哀，而懼則立於四者之中。」**⑦⑧**在此
性情之變中，七情便成爲吾人生命的亂源。於是，君子存理遏欲的
修養工夫，正要用於轉化七情之上。一旦七情轉化，歸於性情之正，
則喜怒哀樂，發而未發，未發而發，都是自然而然的流行，此時人
而合乎天，不再離乎天，則「更無人力可施也。」

　　如是，喜怒哀樂是吾人本有的性情之正。宗周把已發之和的喜
怒哀樂提升至超越的層次，而與七情區別開來，這大概不是宋明儒
學中一個常見的說法。不特此也，宗周更以喜怒哀樂比配天之四時。

---

⑦⑦　《劉子全書》，卷十，〈學言上〉，頁三十二下。
⑦⑧　同上，卷二，〈易衍〉，頁十四上。

他說：

> 天有四德，運爲春夏秋冬四時，而四時之變，又有風雨露雷
> 以效其用，謂風雨露雷即春夏秋冬，非也。人有四德，運爲
> 喜怒哀樂四氣，而四氣之變，又有笑啼呞嘗以效其情，謂笑
> 啼呞嘗即喜怒哀樂，非也。故天有無風雨露雷之日，而決無
> 無春夏秋冬之時；人有無笑啼呞嘗之日，而決無無喜怒哀樂
> 之時。知此，可知未發已發之說矣。**⑦⑨**

此處以人之喜怒哀樂四氣配天之春夏秋冬四時，又以人之笑啼呞嘗，
所謂四氣之變，配天之風雨露雷，所謂四時之變。實則七情亦屬笑
啼呞嘗一類。**⑧⓪**區分四氣四時與及四氣四時之變，其意義與我們剛
討論過的喜怒哀樂之異於七情正相同。末句「知此，可知未發已發
之說」，意謂未發已發只是就喜怒哀樂之四氣言，若七情乃至笑啼
呞嘗等，則已從發而中節之和脫落開去了。這段話的特點是以人之
四氣（喜怒哀樂）配天之四時（春夏秋冬），但宗周只是舉出二者，並沒
有說到二者之關係。下面一段則明言之：

> 《中庸》言喜怒哀樂，專指四德言，非以七情言也。喜，仁
> 之德也；怒，義之德也；樂，禮之德也；哀，智之德也；而

---

⑦⑨　同上，卷十一，〈學言中〉，頁十三下至十四上。

⑧⓪　說七情亦屬笑啼呞嘗一類，並非沒有根據。宗周曾說過：「喜怒哀樂，即
天之春夏秋冬。喜怒哀懼愛惡欲，即天之溫涼寒燠大寒大暑。笑啼頻嘗，
即天之晴雨雷電。春亦有燠時，夏亦有涼時，冬亦有雷時，終不可以溫涼
寒燠謂即是春夏秋冬，況晴雨雷電乎？」可爲證。見同上，卷二，〈易衍〉，
頁十四下。

其所謂中，即信之德也。一心耳，而氣機流行之際，自其盎
然而起也謂之喜，於所性爲仁，於心爲惻隱之心，於天道則
元者善之長也，而於時爲春。自其油然而暢也謂之樂，於所
性爲禮，於心爲辭讓之心，於天道則亨者嘉之會也，而於時
爲夏。自其肅然而斂也謂之怒，於所性爲義，於心爲羞惡之
心，於天道則利者義之和也，而於時爲秋。自其寂然而止也
謂之哀，於所性爲智，於心爲是非之心，於天道則貞者事之
幹也，而於時爲冬。乃四時之氣所以循環而不窮者，獨賴有
中氣存乎其間而發之，即謂之太和元氣，是以謂之中，謂之
和，於所性爲信，於心爲眞實無妄之心，於天道爲乾元亨利
貞，而於時爲四季。故自喜怒哀樂之存諸中而言，謂之中，
不必其未發之前別有氣象也，即天道之元亨利貞運於於穆者
是也。自喜怒哀樂之發於外而言，謂之和，不必其已發之時
又有氣象也，即天道之元亨利貞呈於化育者是也。惟存發總
是一機，故中和渾是一性。如內有陽舒之心，爲喜爲樂，外
即有陽舒之色，動作態度，無不陽舒者。內有陰慘之心，爲
怒爲哀，外即有陰慘之色，動作態度，無不陰慘者。推之一
動一靜，一語一默，莫不皆然。此獨體之妙，所以即隱即見，
即微即顯，而慎獨之學，即中和即位育，此千聖學脈也。㉛

這段話很可以表示宗周思想裏中和的含義，故不憚煩引錄於此。初
看之下，這段話的前半很容易讓我們聯想到朱子的〈仁說〉。蓋在

〈仁說〉中朱子也是把人的四德與天之四時排比起來，形成一個系統。宗周有沒有可能受朱子的影響？我們認爲可能性不大。首先，以天象與人事有對應關係的思想淵源甚早，並非始於朱子，宗周在這方面的靈感可以來自更早的思想傳統。其次，宗周〈年譜〉記載宗周六十一歲時欲刪定朱子及陽明之書，但最後對於朱子的著述「止閱〈晚年定論〉，《全集》不及更定而罷。」⑫朱子的〈仁說〉見《朱文公文集》卷六十七〈雜著〉中，可見宗周未必看過〈仁說〉。最後，即使宗周看過〈仁說〉，或至少我們有證據證明宗周從朱子的語類中看到了以人之四德配天之四時的話，⑬我們仍不可以因這表面的類同而說宗周在這方面全受朱子影響。蓋整篇〈仁說〉背後是朱子「心統性情」的義理格局，與宗周的系統並不相侔。⑭就人之四德配天之四時言，宗周因朱子語而更肯定其自身之說容或有之，謂他受朱子實質的影響卻未必然。我們只需細看這段引文，便知宗周自有其一貫的思路在，與別的學者不同。

　　首先要注意的是，宗周以人之四德配天之四時，並不能算是天象與人事相感應的說法。譬如謂，表面觀之，吾人看不出人之喜怒

---

⑫　同上，卷四十，〈年譜下〉，頁一下至二下。

⑬　宗周在其〈五子連珠〉中引朱子語云：「天只有箇春夏秋冬，人只有箇仁義禮智，此四者便是那四者。心是箇運用的，只有此四者之理，更無別物。」見同上，卷三，頁二十四下。

⑭　有關朱子〈仁說〉的思想，學者多有論及，在此沒有必要詳論。讀者可參看牟宗三：《心體與性體》（三）（台北：正中書局，一九八一），第四章，第二節；劉述先：《朱子哲學思想的發展與完成》（台北：學生書局，一九八二），頁一四六至一五六。至於朱子思想系統與宗周之異，見下第五章。

與四時之運行有何關係，但如反溯日常生活經驗的七情而回到吾人
內心深處之超越的純粹的喜怒哀樂，便會發覺吾人一舉手投足，乃
至內心一起一伏，都跟宇宙息息相關；此便是一種天人感應之說。
宗周的思想容許有天人感應的成份，但絕不止於此。與其說天人感
應，不如說是一種天人本一之說。蓋說感應，即使如何緊密，猶是
二之，人是人，天是天；說本一則二者無二無別。宗周說喜怒哀樂
四氣之流行，直接就等同於春夏秋冬之運行。因為喜怒哀樂即此而
在的中體不但是道德的超越的本心之體，它同時更是存有論的形而
上的實體。這是透過生命主體的道德實踐的進路以體證那形而上的
實體，此實體不但負責吾人的喜怒哀樂，更負責天地四時之春夏秋
冬。這樣的一套的確可以稱作「道德的形上學」。❽在此形上學中，
道德的秩序（喜怒哀樂）即宇宙的秩序（春夏秋冬），宇宙的秩序即道德
的秩序。這並不是以道德的秩序推出去，以之為宇宙的秩序，也不
是以宇宙的秩序律度吾人之生命，而為道德的秩序，而是體證道德
的秩序與宇宙的秩序本來是一也。

　　如是，為了與經驗意義下的七情區分開，我們可以稱那超越的
喜怒哀樂之情為天情。❻作為天情的喜怒哀樂，其實就是孟子所謂
的四端（惻隱、辭讓、羞惡、是非之心）及四德（仁、禮、義、智）；這表示
它們是道德的情。另外，它們也就是《易傳》所謂的天之四德（元者
善之長、亨者嘉之會、利者義之和、貞者事之幹）及四時（春、夏、秋、冬）；

---

❽　「道德的形上學」一語來自牟宗三。見所著《心體與性體》第一部，第一
　　章，第一節，頁八。

❻　以「天情」來形容宗周喜怒哀樂之情，見於唐君毅：《中國哲學原論・原
　　教篇下》（台北：台灣學生書局，一九七九），頁五〇四。

這表示它們是宇宙之氣。而無論是四端、四德、四時或天之四德，到最後亦不過是氣之流行之四態（盎然而起、油然而暢、肅然而斂、寂然而止）。此四氣流行之循環不窮，又不過賴中氣存乎其間而發之，所謂太和元氣。此中氣或太和元氣，也就是統四德之信，統四端之眞心，統天道之乾。總而言之，這就是心，就是中，而即中即和，也就是和。是以中不單是喜怒哀樂之存諸中，而更是天道之元亨利貞運於於穆；和不單是喜怒哀樂之發於外，而更是天道之元亨利貞呈於化育。而存發一機，中和一性，絕不是中和各別自有其氣象。下文「如內有陽舒之心，爲喜爲樂，外即有陽舒之色……推之一動一靜，一語一默，莫不皆然」，是說道德之情的誠於中形於外，其實也就是道體即宇宙本體的誠於中形於外，所以宗周歸結說「此獨體之妙，所以即隱即見，即微即顯，而慎獨之學，即中和即位育，此千聖學脈也」。

　　由此可知，宗周的獨體不但具有超越的意義，它更是形而上的宇宙的實體。這層意思在言主靜立人極時仍未十分明顯，但當我們把考察的重點轉移至中和的觀念時，便非常清楚了。論者或謂，以本性即道即天，在宋明儒中比比皆是，又何特別之有？然而我們看有關宗周對作爲形上實體的獨體的論述，便知他的說法所蘊涵之義實有獨特過人之處。此將於下文再說。我們現在要注意的是，回顧剛才的引文，我們可發覺宗周所說的中氣或太和元氣在其中和觀念乃至哲學系統中實具有樞要的位置。我們可進一步問：中氣是否即中體？換句話說，中體、獨體是否即是氣？要解答這個問題，我們便需要了解氣在宗周哲學中的地位。

四、理與氣

1.盈天地一氣

　　眾所周知，理氣論是宋明儒學中的重要課題。依宋儒，尤其是朱子以來的傳統，大部分的理學家都承認理氣二元的存有論架構，認爲萬事萬物皆屬於氣，而氣之上則有一超越的所以然之理，爲此形下之氣世界的主宰。萬事萬物各有其理，而此眾多之理又即於一最高的存在之理；這就是太極之理。如月印萬川，萬川之月實即一月。萬事萬物不外陰陽，而陰陽是氣，太極是理。此太極之理與陰陽之氣並非截然二事，而是具有一微妙之不離不雜的關係。這種理氣二分而又不離不雜的存有論架構爲歷來大多宋明儒者所信受，但宗周卻以之爲支離，而極力反對。爲此，他提出了「盈天地一氣」的主張。[87]他說：

> 盈天地間一氣而已矣。有氣斯有數，有數斯有象，有象斯有名，有名斯有物，有物斯有性，有性斯有道，故道其後起也。而求道者輒求之未始有氣之先，以爲道生氣，則道亦何物也，而能遂生氣乎？[88]

宗周反對道生氣之說。如果「生」是指從無到有，一如母生子之生，

---

[87]　當然，我們知道以氣爲首出或不以氣爲第二義的提法並非始於宗周。如張載〈正蒙・太和篇〉已有「太虛即氣」之說。見張載：《張載集》（台北：里仁書局，一九八一），頁八。

[88]　《劉子全書》，卷十一，〈學言中〉，頁三上。

則宗周之反對其實沒有違背宋明儒主流的看法，因為理氣不離不雜並不就是道生氣之意。他說「道其後起」，也可以被理解為道（與性）是透過氣之落實為象數器物而呈現。但無論如何，當他說「盈天地間一氣」時，便很容易令人覺得，他心目中的理，其實亦是氣。他又說：

> 盈天地間一氣也。氣即理也，天得之以為天，地得之以為地，人物得之以為人物，一也。⑧

下面有編者按語云：「一本作天地人物同得此理。」順著原文的語脈，「同得此理」似乎就是同得此氣。如此看來，宗周對理氣的觀點便跟傳統的看法，至少是朱子的系統，大異其趣。他對理氣二分的格局非常不滿，總要統而一之而後快。黃宗羲即以此為宗周哲學的另一個特色，稱為「太極為萬物之總名」，又引宗周的話作說明：

> 子曰：易有太極。周子則云：無極而太極。無極則有極之轉語，故曰：太極本無極。蓋恐後人執極於有也。而後之人又執無於有之上，則有是無矣，轉云無是無，語愈玄而道愈晦矣。不知一奇即太極之象，因而偶之，即陰陽兩儀之象。兩儀立，而太極即隱於陰陽之中，故不另存太極之象。於是縱言之，道理皆從形氣而立，離形無所謂道，離氣無所謂理。天者，萬物之總名，非與物為君也。道者，萬器之總名，非與器為體也。性者，萬形之總名，非與形為偶也。知此，則

---

⑧ 同上，頁三下。

道心即人心之本心，義理之性即氣質之本性。⑩

宗周認爲濂溪「無極而太極」之語本來無病，但學者誤以太極之外有一無極，便入於玄虛的想像。即使是認爲無極即太極，而太極在陰陽之外，亦不正確。蓋陰陽之「兩儀立，而太極即隱於陰陽之中，故不另存太極之象」，於是說「道理皆從形氣而立，離形無所謂道，離氣無所謂理」。單看這幾句話，似乎可以理解爲道不離器，理不離氣之說，如此則與理氣不離不雜沒有太大的分別。但下面則明說天只是萬物之總稱，並非萬物之主。同理，道也不過是器物之總名，並非器物之本體。性也不過是一切有形相的事物的總名，並非與一切事物相對而爲其本體或主宰。這樣，便眞好像只有氣沒有理。縱使言理、道或性，亦不過就氣而立言，只是氣之條理、軌跡或內在的結構，其本質仍不外是氣。因此，黃宗羲標出「太極爲萬物之總名」，似乎眞把握住宗周理氣論的特點了。

既然盈天地間一氣，落實至個體生命之上，則傳統下來相應於理、氣的道心、人心及義理、氣質之性的區別亦不恰當。所以宗周說「道心即人心之本心，義理之性即氣質之本性」。宗周在他處亦有類似的話：

> 心只有人心，而道心者，人之所以爲心也。性只有氣質之性，而義理之性者，氣質之所以爲性也。⑪

有論者認爲此處「人心之本心」、「氣質之本性」之本心本性，其

---

⑩　同上，卷三十九，〈行狀〉，頁三十八上至下。

⑪　同上，卷十三，〈會錄〉，頁三十一上。

「本」是一超越意義的本，並非現象意義的本。同樣，「人之所以
爲心」、「氣質之所以爲性」之「所以」是一超越的所以，而非內
在的、實然的現象的所以。因此認爲宗周到底仍是承認超越的道心
及義理之性。⑫這說法有它一定的道理，但至目前爲止，如果我們
不能抹煞「太極爲萬物之總名」的前提，而以之爲準，我們仍可以
「盈天地一氣」的角度來解釋這段話，以人心、氣質之性爲首出，
以道、義理爲其性質或內涵，爲第二義的，而一皆屬於氣。下面一
段似乎說得更清楚：

> 程子又曰：論性不論氣不備，論氣不論性不明。是性與氣分
> 明兩事矣。凡言性者，皆指氣質而言也。或曰：有氣質之性，
> 有義理之性。亦非也。盈天地間，止有氣質之性，更無義理
> 之性。如曰氣質之理即是，豈可曰義理之理乎？⑬

宗周反對以性、氣分爲兩事，又說只有氣質之性，並無義理之性。
雖則此處「氣質之性」的「之」字仍可有不同的理解，⑭但順著上

---

⑫　見牟宗三：《心體與性體》（一），頁三九八至四〇一。我們認爲牟先生
　　的說法其實是較接近宗周的原意的。這在下文即將討論到。

⑬　《劉子全書》，卷十一，〈學言中〉，頁十二下。

⑭　如李明輝便認爲「氣質之性」的「之」字有三種不同用法：一是表示成份
　　或內容，「氣質之性」意謂由氣質所構成的性；二是表示存在之處，「氣
　　質之性」意謂氣質中的性，性存在於氣質之中；三是表示所有格，「氣質
　　之性」意謂氣質底性，是主宰氣質的理。他認爲宗周「氣質之性」的「之」
　　字即屬第三種。這樣理解宗周的氣質之性與牟宗三的看法正相同。見所著
　　〈劉蕺山論惡之根源〉，收入鐘彩鈞主編：《劉蕺山學術思想論集》（台
　　北：中央研究院中國文哲研究所籌備處，一九八八），頁一〇四、一〇六
　　至一〇七。

文下來，，讀者還是很自然的會把氣質之性理解爲氣質所構成的性，而所謂「氣質之理」也很可以被理解爲氣質的內在的形構之理或條理。於是，在宗周明說「盈天地一氣」、「天者萬物之總名」及「止有氣質之性，更無義理之性」的前提下，難怪一些學者總認爲宗周堅持「元氣本體論」、「氣本論」或「氣一元論」，甚至有唯物論的傾向。❾❺

然則，宗周的理氣論是否表示他已取消了形而上的理，把宇宙的一切只歸到氣一層而立言？宗周是否形上、形下不分？是又不然。如果我們沿著氣一元論的思路去解釋宗周的思想，便可發現在氣一元論之下仍然可以在某一程度上相對地言形上與形下。試看宗周說：

> 子曰：形而上者謂之道，形而下者謂之器。程子曰：上下二字，截得道器最分明。又曰：道即器，器即道。畢竟器在斯，道亦在斯。離器而道不可見，故道器可以上下言，不可以先後言。有物先天地，異端千差萬錯，總從此句來。❾❻

此段其實可以就理氣不離不雜之義來了解。但若從氣一元論觀之，也沒有任何困難。蓋宗周說「器在斯，道亦在斯」、「離器而道不

---

❾❺ 我們認爲這幾個詞語雖不相同，但其含義大概是一樣的。以宗周的哲學爲「元氣本體論」見於侯外廬、邱漢生、張豈之主編：《宋明理學史（下）》（北京：人民出版社，一九九七），頁六一六。至於以宗周學說爲「氣本論」、「氣一元論」及傾向唯物論的說法及對這些說法的批評，可參考李明輝：〈劉蕺山論惡之根源〉，見《劉蕺山學術思想論集》，頁九九至一〇七。

❾❻ 《劉子全書》，卷十一，〈學言中〉，頁四上。

可見」，仍可以是道就是器（屬於氣）之意。道既是器，固不可分先後，但宗周卻認爲可以分上下，然則宗周根據什麼來分形上形下？答曰：這可依據氣的不同狀態來分別。宗周說：

> 形而下者謂之氣，形而上者謂之性，故曰：性即氣，氣即性。人性上不可添一物，學者姑就形下處討箇主宰，則形上之理即此而在。孟夫子特鄭重言之，曰善養浩然之氣是也。……今之爲暴氣者，種種蹴趨之狀，還中於心，爲妄念，爲朋思，爲任情，爲多欲，皆緣神明無主。……殊不知暴氣亦浩然之氣所化，只爭有主無主間。今若提起主人翁，一一還他條理，條理處便是義……義於我出，萬理無不歸根，生氣滿腔流露，何不浩然去？浩然仍只是澄然湛然，此中元不動些子，是以謂之氣即性。**⑨**

我們看「學者始就形下處對箇主宰，則形上之理即此而在」一語，其實很可以就理氣不離不雜之義來解釋的。若以宗周哲學爲氣一元論，則較易會連著下文而以宗周的形上之理或性爲浩然之氣。我們姑就此方向理解，便發現宗周在此區分浩然之氣和暴氣。我們可以這樣推論：浩然之氣和暴氣最終同是一氣，但在某一程度上宗周以形上之性理言浩然之氣，以形下之氣爲暴氣。但「暴氣亦浩然之氣所化」，它是浩然之氣之歧出所成的「種種蹴趨之狀」。透過修養工夫，吾人把暴氣「一一還他條理」，「萬理無不歸根」，便回復浩然之氣的狀態。於是，形下最後亦通於形上而爲一。這樣理解很

---

⑨　同上，卷六，〈證學雜解〉，〈解十五〉，頁六下至七上。

容易令我們想起宗周喜怒哀樂四情與七情的區分。七情是欲，學者透過道德修養轉化七情，而回到喜怒哀樂的性情之正。在此，七情猶暴氣，喜怒哀樂則屬浩然之氣。我們不要忘記，七情固屬氣，喜怒哀樂是四情、四德，同時也是四氣。

在某一義上，七情、暴氣也可與氣質拉上關係。宗周說：

> 人生而有氣質之病也。奚若？曰：氣本於天，親上者也。故或失則浮，浮之變爲輕……又其變也，爲遠人而禽。質本乎地，親下者也。故或失則粗，粗之變爲重……又其變也，爲遠人而獸，亦各從其類也。夫人也而乃禽乃獸，抑豈天地之初乎？流失之勢積漸然也。……然則氣質何病？人自病之耳。既病矣，伊何治之？浮者，治之以沈；粗者，治之以細。更須事事與之對治過，用此工夫既久，便見得此心從氣質託體，實有不囿於氣質者。……此之謂以心治氣質而氣質化，且以氣質化性，而性復其初也。**⑱**

宗周認爲「氣本於天，親上者也」，「質本乎地，親下者也」，由氣質之本而爲氣質，中間經過「流失之勢積漸」使然。是故就氣質之本性之爲氣質而言，「氣質何病」之有？但吾人不能戒愼恐懼，遂令氣質流而失其本，積聚沉澱，形成種種氣質的流弊。這樣意義的氣質，的確與七情、暴氣相近，應屬同一層次。而對治氣質之病，宗周認爲要以「心治氣質」，因爲「心從氣質託體，實有不囿於氣質者」。說心不囿於氣質，很可以被理解爲心不等同氣質，乃至不

---

⑱ 同上，〈解十八〉，頁八下至九下。

等同於氣。然而，順著上文一貫下來，我們仍可以把心解釋爲氣之未流失而爲氣質之狀態，故不囿於氣質，但心從氣質託體，畢竟仍屬於氣。最後，以心治氣質，「氣質化性」，「性復其初」，也就是回到了浩然之氣的狀態。所以宗周說：

> 纔提起浩然之氣，便屬性命邊事。若孟施舍、北宮黝、告子之徒，只是養箇蠢然之氣，正是氣質用事處，所以與孟子別。❾❾

這裏明分浩然之氣與氣質，前者屬性命邊事，後者則否。但性命既是浩然之氣，也就是氣，則在根本上與氣質無別。或謂孟子有以志帥氣之說，而志爲之主，志、氣畢竟有別。但宗周在解釋孟子的志時卻這樣說：「志之所之，即是氣之所之；志不可奪，即是氣不可禦，非有二也。」❿是則在宗周志亦好像被理解爲氣之一類。如是，一方是浩然之氣及喜怒哀樂四氣，另一方是暴氣、氣質及七情，然則宗周之分形上、形下仍是清楚可睹的。

　　以上是沿氣一元論的思路去解析宗周理氣的思想，我們發覺這的確可以自成一套理解。我們不得不承認，宗周實較一般的宋明儒者更重視氣，他甚至把氣提升至一超越的、形而上的層面而立論。以氣一元論來定位宗周的思想似乎是不爭的事實。但我們對這個結論仍有所保留，因爲我們發現，在宗周的理氣論中還有一些文字很難完全以氣一元論的思想來疏解。以下即循這方面進行探討，希望藉此更能深入宗周思想的內部，以釐清問題。

---

❾❾　同上，卷八，〈說〉，〈氣質說〉，頁十九上至下。
❿　同上，〈養氣說〉，頁二十二下。

2.氣在宗周哲學中的地位

　　一些以氣一元論定位宗周思想的學者，大抵都承認，宗周的理氣論與他的慎獨等觀念有矛盾。這是從唯心、唯物截然二分的角度，認爲宗周的理氣論已有唯物主義傾向，而其慎獨等觀念則保留唯心主義成份，遂發現二者有矛盾。⑩但如果我們貫徹氣一元論的觀點，便可看出宗周的形而上的獨體其實亦可以是氣，已有唯氣唯物的傾向，如此則矛盾可以解消，或至少不如表面看那麼嚴重。然而，眞正的問題是：宗周究竟是不是氣一元論者？在上節引述宗周的文字中，除了一部分很明顯的如「盈天地一氣」及「天者萬物之總名」等之外，其他的文字其實都可有異解，而一些學者更在此力爭不可以氣一元論來說明宗周思想中理氣的關係。⑩我們認爲，他們的說法都有一定的道理，因爲在宗周的一些著述裏確沒有把理完全化約爲氣。如：

> 或問：理爲氣之理，乃先儒謂理生氣，何居？曰：有是氣方有是理，無是氣則理於何麗？但既有是理，則此理尊而無上，遂足以爲氣之主宰。氣若其所從出者，非理能生氣也。⑩

宗周反對理生氣之說，前已言之，此不成問題。問題在如果以氣一元論解釋這段話，則「有是氣方有是理」固表示理就是氣，但卻如何可說到「此理尊而無上，遂足以爲氣之主宰」，而可給人「氣若

---

⑩　見《宋明理學史（下）》，頁六四一。

⑩　見註⑨及⑨。

⑩　《劉子全書》，卷十一，〈學言中〉，頁五下。

其所從出」的印象？很明顯，在這裏理不能完全等同於氣，否則便令人感到非常別扭。我們再看下面一段：

> 陽明先生曰：「無善無惡者理之靜，有善有惡者氣之動。」理無動靜，氣有寂感，離氣無理，動靜有無，通一無二。今以理爲靜，以氣爲動，言有言無，則善惡之辨，輾轉悠謬矣。⑩

此處宗周批評陽明是否恰當，且不管。我們注意他批評陽明以動靜分理分氣爲不妥，而說「離氣無理，動靜有無，通一無二」，似乎仍是理等同於氣的氣一元論的說法。但細看之下，這句話的前面卻預定了理氣的分別說，所謂「理無動靜，氣有寂感」，以下則辯證地把理氣通而爲一，這其實就是理氣不離不雜的說法。如果一定要就氣一元論言之，似乎仍可以形上、形下之分來解釋，也就是說，那究屬於氣的形上之理是無動靜之相的，而那形下之氣則有寂感（靜動）之相。二者究竟是一，都是氣，但不礙其分爲二：形上之氣是微細難知的，故無動靜之相可見；形下之氣則粗顯，故可見動靜。像這種解法表面亦說得通，但我們要知道，形上之氣之無動靜只能就某一程度上說。事實上，一說氣便多少預定有形相，無論這形相是多麼微細，近乎無跡可尋，亦終究是有微跡在，是以總不能達到徹底的無動靜之相。宗周說「理無動靜」，似乎應是指徹底的無動靜相而言，並不是就微細之極以致看不見其中的動靜而說。如是，則「理無動靜，氣有寂感」的理氣便應屬異質的兩層，而不應如氣一元論的看法視之爲同質的兩層。關於這一點，下面一段或許可作爲

----

⑩　同上，卷十二，〈學言下〉，頁六下。

進一步的證明：

> ……大易形上形下之說，截得理氣最分明，而解者往往失之。
> 後儒專喜言形而上者，作推高一層之見，而於其所謂形而下
> 者，忽即忽離，兩無依據，轉為釋氏所藉口，真所謂開門而
> 揖盜也。至玄門則又徒得其形而下者，而竟遺其形而上者，
> 所以蔽於長生之說，此道之所以嘗不明也。[105]

此段大概是說，雖有形上形下，但二者卻不可截然二分。後儒不察，
將形而上推高一層而求之，遂離開形而下，而轉入釋氏之見。宗周
心目中的釋氏所見，當然只是一無所有的玄虛的想像。[106]試問如果
宗周所意謂的形而上是屬於氣，則應是有，又如何入於他所謂的釋
氏的空無？再者，宗周又認為道教只得形而下，遺落形而上，故蔽
於長生之說。但長生固須修鍊先天元氣，如果他所意謂的形而上是
屬於氣的，那道教修鍊長生，又怎能遺落形而上？宗周對佛教道教
的批評，我們在此不必深究。但從這段話我們確可看出，他心中的
形而上之理是無形無相的，與有形有相的形下之氣相較，為異質異
層，當然這不表示理離氣而獨存，理畢竟是即於氣而存在的。就在
這背景之下，宗周遂認為佛教離氣言理，只認得那無形無相，於是
便入於空無；道教則離理言氣，只在形相上求，於是便蔽於長生。
這段話唯有如此了解，才算順適。

　　如是，我們把以上幾段配合上節可有異解的引文來看，便可發

---

[105]　同上，卷十九，〈書上〉，〈答劉乾所學憲〉，頁四十七上。
[106]　有關宗周如何看佛教，可參拙作〈從劉宗周闢佛看儒佛異同〉，將出版。

現，以理氣不離不雜來解釋宗周的理氣論，仍是有相當的根據的。只是宗周可能較重理氣相即不離的一面，而不好言其不雜的一面，遂多就氣言理，言理不在氣外，而不喜歡任何方式下之理氣分言，認爲這樣會產生支離的弊病。然而，如此看法仍然要面對三個問題：一是如果宗周的理氣論意謂理氣不離不雜，則對於「盈天地一氣」及「天者萬物之總名」等一類明顯具有氣一元論的意味的文字究竟當如何解釋？二是如果宗周理即氣之說的底子仍不外理氣不離不雜，而宗周只願強調不離的一面，以免支離，則他其實沒有眞正的必要去反對朱子一系下來的理氣說。❿但他卻明顯地反對之。他說：

> 宋儒之言曰：道不離陰陽，亦不倚陰陽。則必立於不離不倚
> 之中，而又超於不離不倚之外，所謂離四句、絕百非也，幾
> 何而不墮於佛氏之見乎？❿

這是認爲道（理）與陰陽（氣）不離不倚（雜），將墮於佛氏「離四句、絕百非」的空無之見。宗周反對理氣不離不雜如此清楚，試問這又當如何解釋？這兩個問題實不易解決。如果再加上上文論中和時所提到的獨體、中體是否氣的問題，情況便會更加嚴重，因爲宗周對此問題的答案似乎是肯定的：

> 陽明子言良知，每謂箇箇人心有仲尼，至於中和二字，則又

---

❿　牟宗三認爲宗周所體會的理與朱子不同。前者是即存有即活動的，後者則是只存有而不活動者。見《心體與性體》（一），頁四〇一至四〇二。此問題並不是我們要討論的重點，這裏只是附帶一提。

❿　《劉子全書》，卷十一，〈學言中〉，頁三上。

> 謂必慎獨後方有此氣象。豈知中和若不是生而有之，又如何
> 養成得？中只是四氣之中氣，和只是中氣流露處。天若無中
> 氣，如何能以四時之氣相禪不窮；人若無中氣，如何能以四
> 端之情相生不已？故曰：哀樂相生，循環無端。正明目而視
> 之，不可得而見，傾耳而聽之，不可得而聞，故曰：是故君
> 子戒慎乎其所不睹，恐懼乎其所不聞。嗚呼！其旨微矣。⑩

此處明說「中只是四氣之中氣」。我們已知中即中體，亦即獨體，
然則最終極的獨體亦不過是氣，宗周思想之具有氣一元論的色彩實
在難以否定！

　　至此，面對宗周理氣論的兩套不同的解釋，我們有必要提出我
們的抉擇。我們認為，依理氣不離不雜的方向解釋宗周的理氣論並
不錯，然而，那些具有氣一元論色彩的文字，它們既非滯辭，也沒
有對理氣不離不雜構成真正的矛盾。我們也不認為宗周的理氣論經
歷過前後的變化。宗周的思想曾經數變，但變不在理氣。問題的關
鍵在必須對理氣不離不雜之說再進一解，宗周即在此基礎上反對理
氣不離不雜，而又避免成為氣一元論者。

　　首先，理氣不離不雜，固然是客觀地說，但它同時也是透過主
觀實踐之所見。在主觀的修養過程中，形下之氣被轉化而回復其初，
遂即於理而成其為氣之存在。形下之氣既即於形上之理而存在，則
就形下見形上，即形下即形上，吾人遂可上提氣至形上一層而直接
以形上視氣。這是一種形上形下緊吸一起的說法。⑩但這並不表示

---

⑩　同上，頁七下至八上。
⑩　以「形上形下緊吸」形容宗周的理氣論始見牟宗三：《心體與性體》（一），
　　頁三九九。

理氣之異質就此消融。蓋氣無論如何微妙，總屬有相，理則無相。於是，即使上提氣至形上一層，亦不能說宇宙之終極只純粹是氣，而爲氣一元論。宗周說：

> 或曰：虛生氣。夫虛即氣也，何生之有？吾溯之未始有氣之先，亦無往而非氣也。當其屈也，自無而之有，有而未始有；及其伸也，自有而之無，無而未始無也。非有非無之間，而即有即無，是謂太虛，又表而尊之曰太極。(111)

「虛即氣」之說本於張載，(112)這且不管。宗周反對虛生氣，就正如他反對理生氣一樣，沒有問題。我們可以就「吾溯之未始有氣之先，亦無往而非氣」而說此處之氣是形而上者。但此形而上之氣不能說純粹是氣。如果純粹是氣，則總有微跡而有相，儘管此相深細難見。宗周在描述此氣之屈伸時卻以「有而未始有」及「無而未始無」說之，這表示此氣之有相是即於無相而爲有相之氣，無相而相，相而無相，也就是所謂「非有非無之間，而即有即無」。宗周正是經過此一重曲折而說之爲太虛或太極的。於是，太虛、太極便不能直接地、一條鞭地等同於氣。或者說，太虛、太極是氣，但此氣已不是實然的氣，而是「有而未始有」、「無而未始無」的「即有即無」之氣。如是，前述的喜怒哀樂四氣及浩然之氣也應該循此方向理解，都是即有即無之氣，而不只是有別於粗顯之暴氣的純粹微妙之氣。

有了這些背景，我們就可以回到上述的三個問題而作出正式的

---

(111) 《劉子全書》，卷十一，〈學言中〉，頁三上至下。

(112) 見註(86)。

回答。當然這三個問題是互相關連的。讓我們從第三個問題說起，即：獨體或中體究竟是不是氣？順著上文下來，答案應該是肯定的。但我們必須立刻強調，此氣在宗周的思想中，絕非只是氣，或實然之氣（無論多麼微妙），而是即有即無之氣。宗周說：

> 獨便是太極；喜怒哀樂便是太極之陽動陰靜；天地位，萬物育，便是乾道成男，坤道成女，萬物化生。盈天地間只是一點太和元氣流行，而未發之中實爲之樞紐其間，是爲無極而太極。⑬

獨是吾人生命的本體，也是宇宙的本體，所以便是太極。喜怒哀樂是道德的情，也是天地宇宙之四氣，所以便是太極之陽動陰靜。就在獨體四氣之流行中，天地位，萬物育，乃至萬物化生。而這一切歸結到最後不過「只是一點太和元氣流行，而未發之中實爲之樞紐其間」。單看這一段，本來可以把未發之中理解爲非氣之理，但從上文的分析已知，中其實是中氣，亦即太和元氣。是則獨就是中氣，但此中氣並非只是氣。宗周藉濂溪「無極而太極」之語表示太極或中氣乃即於無極而爲太極或中氣。無極非在太極之外，它只是太極之轉語，⑭是就太極之即有而無而說無極，是恐人執著太極只是有遂說無極。同樣，中氣不能只是氣，而爲「即有即無」之氣亦明矣。

宗周透過理氣不離不雜，理即氣，而上提氣至形上層，就形下緊吸於形上而說一即有即無之氣。這本來是沿著理氣不離不雜而將

---

⑬ 《劉子全書遺編》，卷二，〈學言〉，頁十三下。
⑭ 見註⑧。

理氣更緊收緊吸而來的結果。既是由此而來，宗周又為何會反對理氣不離不雜之說？這便是我們的第二個問題。解答此問題的關鍵，是在宗周認為緊吸乃至超越緊吸的說法是必要的，否則便會有支離之弊。蓋慎獨是宗周哲學的核心，而獨體（或靜體、中體）不但是吾人生命的道德的超越的本體，它更是宇宙的形而上的實體。宗周言獨體，總是以之為形而上的實體而說，它就是道，就是天。在宗周的系統中，他總是會念念不忘以作為最終極最究竟的形上實體的獨體為其目標、定準。客觀地說的獨體如是，就連主觀地說的修養境界亦以作為形上實體的獨體的境界為定準。就在以獨體的境界為定準的前提下，宗周即看出理氣不離不雜的說法為不究竟。蓋理氣不離不雜，正表示理氣之間有一辯證的緊張關係。即使說到理即氣、形上形下緊吸在一起，也還是先預設了理與氣、形上與形下之分別，然後說其辯證地貫通而為一。換言之，這裏面還未免一辯證的緊吸之相。而此辯證或緊吸之相又不過是在吾人修養過程中仍有人欲待對治時所現之相。但在絕待的獨體的境界中，又那裏容得下一絲一毫的人欲？此時無人欲可對治，所見之理氣辯證之相亦無。是以必達到辯證而無辯證之相，緊吸而無緊吸之相，才可如如地印證那形上獨體的境界。這便是為何宗周總要反對理氣不離不雜之說，因為在宗周的系統中，理氣不離不雜的辯證關係必須進一步被超越，才可達到形而上的獨體，才可見到宇宙最究竟的真實。

　　第二個問題既明，第一個問題亦隨之得到解決。蓋吾人超越理氣辯證或緊吸之關係，而達到辯證而無辯證相，緊吸而無緊吸相之境界，試問此境界所見之理氣該當如何表述？我們不再能分解地以

理、氣言之，即使說到即有即無之氣，雖已不差，已能避免分別說之問題，但「即有即無」仍有辯證的跡象。我們相信就在這背景之下，宗周遂提出了「盈天地間一氣」、「天者萬物之總名」及類同的說法。在形上獨體呈現的化境中，一理平鋪，同時也就是一氣平鋪，彼此間再沒有辯證的緊張相可見。此時本來屬於形下世界的一切，天地四時，春夏秋冬，乃至萬事萬物，都一起升上來而爲形上之物之自身。形下通於形上，彼此再無分別。這才是宗周理氣論所蘊涵的意義，也就是慎獨的境界。

　　總上所論，我們可以說，宗周的理氣論既非宋明儒學主流的理氣不離不雜之說，亦非如一般學者所說的氣一元論。它不是氣一元論，因爲它所說的氣並非實然的只是氣，而是透過一重辯證的意義而開顯的氣。它不是理氣不離不雜之說，因爲它要超越分解地言理氣所蘊涵的辯證的緊張性，而達致一體圓融之化境。在某一義上，它其實是較接近理氣不離不雜之說的，只是要將之推到極致而已。如果從思想史的角度，就宗周「盈天地一氣」等語而方便地把他的理氣論劃歸氣一元論，似乎不是完全不可以。但必須提醒，宗周心目中的氣已經過一重轉化，與實然的氣不可相混。❶❺無論如何，把氣提升至形上的層次而與理、獨、中等在同等的位置，是宗周理氣論的特色。而這跟他學問的宗旨——慎獨的境界實有著密切的關係。

---

❶❺　有關宗周理氣論所牽涉的一些外緣的問題，我們將在評價其哲學時再略作討論。見下第五章。

五、心與性

1.從心說慎獨與從性說慎獨

根據以上的討論，我們已知宗周的慎獨不但是道德修養的工夫，而且是道德修養的境界。透過主靜及中和之觀念的探討，我們更知獨是吾人生命的道德的本體，甚至關連著萬物而爲形而上的實體。在體證此終極的形而上的實體的境界中，一切歸根復命，即理即氣而理氣分別之相亦泯，只是一氣平鋪，一切皆是宇宙的絕對的眞實。

現在，就讓我們來看看獨體的兩個層面：心與性及其關係。必須要指出的是，宗周的心性論對其思想的形態有著決定性的作用。⓰在宋明儒學的傳統中，有所謂「性即理」和「心即理」，分別代表程、朱與陸、王兩個主要派系的思想。前者意謂性就是理，但心並不等同性、理。作爲吾人想念行爲的主宰的心，並不直接就是至善的根源。後者則意謂心就是這個根源，它是理，同時也就是性。我們將會發現，宗周的義理形態較爲特別，而與二系不同。

我們首先回到《大學》與《中庸》裏的慎獨。宗周發覺這兩部經典正分別反映著慎獨的兩種不同的意義，或者是兩個方面或層次。宗周說：

> 《中庸》之慎獨與《大學》之慎獨不同。《中庸》從不睹不

⓰ 黃宗羲在歸納宗周的思想特色時，並沒有提及心性的關係這一點。首先重視此義而提出此是決定宗周思想系統的關鍵的，是牟宗三。見牟宗三：《從陸象山到劉蕺山》（台北：學生書局，一九七九），頁四五二至四五八。

　　聞說來；《大學》從意根上說來。⑰

依宗周，所謂「不睹不聞」其實就是說性，而「意根」則屬於心。
下面一段可爲證：

　　　獨是虛位。從性體看來，則曰：莫見莫顯。是思慮未起，鬼
　　　神莫知時也。從心體看來，則曰：十目十手。是思慮既起，
　　　吾心獨知時也。然性體即在心體中看出。⑱

「莫見莫顯」即是「莫見乎隱，莫顯乎微」，此與「戒愼乎其所不
睹，恐懼乎其所不聞」之「不睹不聞」同出於《中庸》。「不睹不
聞」表示「思慮未起，鬼神莫知」，而宗周總括之，說是「從性體
看來」。另一方面，「十目十手」即是「十目所視，十手所指」，
此與「誠其意」之「意」同出《大學》。「十目十手」正表示「思
慮既起，吾心獨知」，而宗周總括之，說是「從心體看來」。「獨
是虛位」是說獨體可從《中庸》言性的方面來看，也可從《大學》
言心的方面來看，而「性體即在心體中看出」。很明顯，心體與性
體指的都是獨體，它們也可以說是獨體的兩個方面。我們相信，宗
周正是從《大學》與《中庸》之言心言性，結合自身修養的體會，
而提出「性宗」與「心宗」的說法的。

2.性宗與心宗

　　性宗是什麼？或者說性體的內容是什麼？單從上面的引文我們

---

⑰　《劉子全書》，卷十，〈學言上〉，頁十八下。
⑱　同上。

不易了知其究竟。宗周在別處則有較詳細的解釋。他說：

> 君子仰觀於天，而得先天之易焉。維天之命，於穆不已，蓋
> 曰天之所以爲天也。是故君子戒慎乎其所不睹，恐懼乎其所
> 不聞。此慎獨之說也。至哉獨乎！隱乎！微乎！穆穆乎！不
> 已者乎！蓋曰心之所以爲心也。則心一天也。⑲

從下文看來，這段話是形容性體的。我們可以看到，性體就是天，就是那不可睹聞、幽隱微妙而又於穆不已的獨體。性也是不可離開心而說的，它是心之所以爲心，作爲天的心體其實就是性體了。宗周接著說：

> 獨體不息之中，而一元常運，喜怒哀樂四氣周流，存此之謂
> 中，發此之謂和，陰陽之象也。四氣，一陰陽也；陰陽，一
> 獨也。其爲物不貳，則其生物也不測。故中爲天下之大本，
> 而和爲天下之達道，及其至也，察乎天地，至隱至微，至顯
> 至見也。故曰：體用一源，顯微無間。君子所以必慎其獨也。
> 此性宗也。⑳

這是以中和說獨體，而以此意義的獨體說性體。蓋在獨體之中，一元之氣常運，化爲陰陽之四氣，四氣化育萬象。萬象而四氣而元氣，又皆統於中和之內，而即中即和，最後歸於一獨。若以中爲獨體，則即中即和就是即體即用，故說「體用一源，顯微無間」。個中曲

---

⑲　同上，卷二，〈易衍〉，〈第七章〉，頁十三下。

⑳　同上。

折，我們已詳論於未發之中與已發之和一節，此處不再贅論。此段之下宗周有按語云：

> 喜怒哀樂即仁義禮智之別名。以氣而言，曰喜怒哀樂；以理而言，曰仁義禮智是也。理非氣不著，故《中庸》以四者指性體。⑫

以仁義禮智說性，是一般的共識，但宗周又以喜怒哀樂四氣指性體，便與宋明儒學主流的說法不侔。這裏面的問題，我們亦已辨之於理與氣一節。總而言之，宗周認為吾人之本性、性體，其實就是中體、獨體，而且是作為形而上的實體的獨體。這便是他所謂「性宗」的含義。

　　然則心宗的含義是什麼？如果性是不可離開心而說的，那麼心還可有什麼別的內容？試看宗周如何解釋心宗：

> 君子俯察於地，而得後天之易焉。夫性，本天者也。心，本人者也。天非人不盡，性非心不體也。⑫

雖然宗周沒有明言，但從他整個思想看來，此段是說心宗無疑。⑫我們注意此處的心並不就是天。宗周把性與天、心與人分屬兩個不同的範疇。雖則「天非人不盡，性非心不體」，天必須透過人的道德實踐以徹盡其奧蘊，否則天不成其為天，性亦必須透過心之自覺

---

⑫　同上，頁十三下至十四上。

⑫　同上，卷二，〈易衍〉，〈第八章〉，頁十四上。

⑫　「心宗」一詞，可見於宗周著述的其他地方，如《劉子全書》，卷十二，〈學言下〉，頁二十一上。

以體證之，否則性不呈其爲性，然而天與人、心與性究不能直接等
同。如果吾人的道德實踐未能純乎其純，而達到極致，也就是未能
眞正立人之極，此時吾人便不能配同於天，而是後於天，所謂「後
天而奉天時」。同樣地，此時吾人的心亦不能是無限的宇宙心或形
而上的實體，它是有限的，只能爲道德界的主宰，卻不能是存在界
的根源。當然，這個有限的心並不表示它就是經驗的、感性的。宗
周接著說：

> 心也者，覺而已矣。覺故能照，照心嘗寂而嘗感，感之可以
> 喜而喜，感之可以怒而怒，其大端也。喜之變爲欲、爲愛，
> 怒之變爲惡、爲哀，而懼則立於四者之中，喜得之而不至於
> 淫，怒得之而不至於傷者。合而觀之，即人心之七政也。七
> 者皆照心所發也，而發則馳矣。眾人溺焉，惟君子時發而時
> 止，時返其照心而不逐於感，得易之逆數焉。此之謂後天而
> 奉天時，蓋慎獨之實功也。⑫

一般來說，我們說心都表示是經驗的、感性的心。但依宗周的心宗，
心是覺心。此覺心與經驗心不同，然而並非意謂覺心即完全獨立於
經驗心之外。就如性體在心體中看出，覺心也是在經驗心中看出。
借用宗周自己的話，覺心是照心。所謂「寂然不動，感而遂通」（《易
傳》語），此照心是寂而常感的，感而爲喜怒哀樂，乃至變而爲喜怒
哀懼愛惡欲之人心之七情或七政；照心也是感而常寂的，即常照於
七情而不逐於感，使復返於喜怒哀樂之性情之正。眾人溺於七情之

---

⑫　同註⑫。

發，此時的心便是經驗心。君子則照於七情而不溺於馳逐，是以通過此愼獨之實功，七情復合於四情之本，此時的心便是照心。心之爲經驗的與否端賴覺或不覺。在自覺的狀態下，心便是照心或超越的本心了。於是，我們可以總結謂宗周心宗的心是照心，是一超越的心體。

3.心性之關係

心宗與性宗之義旣明，心與性之關係亦可得而明。前述「性即理」與「心即理」二系，前者的心是經驗心，並不等同性、理，而與性理爲二，即使說到心性爲一，也只是關聯的合一。❿後者的心是超越的本心，等同於性、理，而心性是一。心性是一是二是決定二系不同的本質的關鍵，然則宗周的心性的關係又如何？從上文已知，宗周的心是超越的，但此超越的心與性的關係卻與上述二系不同。有人問宗周：「心性兩字，是一是二？」宗周回答：「心只是此心，言心而性在。天下無心外之理。」❿以下一段宗周說得更清楚：

> 人心惟危，道心惟微。道心即在人心中看出，始見得心性一
> 而二、二而一。❿

「人心惟危，道心惟微；惟精惟一，允執厥中。」這幾句見於《尙

---

❿　此處對「性即理」一系的判斷，主要是根據牟宗三的看法。牟先生對此系的看法散見於《心體與性體》。如《心體與性體》（一），頁四四至四五。

❿　《劉子全書》，卷十三，〈會錄〉，頁三十一下。

❿　同上，卷十，〈學言上〉，頁十九下。

書》〈大禹謨〉，是宋明儒所謂的十六字心傳。依宋明儒的傳統，一般都以人心爲人欲，道心屬天理，但宗周卻以人心爲心，道心爲性，而說心性一而二、二而一。所謂一而二、二而一，是說心性不一不異（二）。一方面，心性畢竟是相同的（不異），但另一方面，它們仍可說有不同（不一）。這當如何理解？試看他說：

> 《大學》言心不言性，心外無性也。《中庸》言性不言心，性即心之所以爲心也。有說乎？曰：善非性乎？天非心乎？故以之歸宗於慎獨，一也。❷

此段前半大概是學生的提問，但揆之宗周整個思想，亦必是他承認的說法。從此段看來，心性到底歸宗於慎獨，同是獨體，在這個意義下它們不異的。然而，宗周雖承認「心外無性」，卻沒有說「性外無心」；雖說「性即心之所以爲心」，卻沒有說「心即性之所以爲性」。相比之下，在宗周心目中，性似乎較心更爲根本，在此它們又不一。宗周又說：

> 《大學》言心到極至處，便是盡性之功，故其要歸之慎獨。《中庸》言性到極至處，只是盡心之功，故其要亦歸之慎獨。獨，一也。形而上者謂之性，形而下者謂之心。❷

此處把心性的分別說得更清楚。雖然言心到極至便是盡性，言性到極至便是盡心，心性是一，但宗周卻同時認爲性是形而上的，心是

---

❷　同上，卷十二，〈學言下〉，頁二十一下。
❷　同上，卷十，〈學言上〉，頁二十五下。

形而下的。一般來說，依宋明儒學的傳統，形而下代表有形有相，是屬於經驗的層次。但宗周的心既是超越的本心，便不可能是經驗的。如是，他所謂的形而下便當有別解。我們認為，正如上一節已提到的，宗周的形而下是即於形而上，是上通於形而上的。就如氣即於理而無理氣之分，只是一氣平鋪；形下之心亦即於形上之性，而無心性之別，言性體已含心體，言心體已通於性體。然而，若不從究竟處言，心性畢竟有別。以形上形下言心性，表示性無形相而心有形相。當然，依宗周，心有形相並不意謂它就是經驗的、感性的心。如果我們回到本節第二段引文，宗周以「思慮未起，鬼神莫知時」說性體，以「思慮既起，吾心獨知時」說心體，便剛好印證以形下形上言心性的提法，因為「思慮未起」正表示無形無相，故不可知，「思慮既起」則有了形相，故可獨知。當然，形下即於形上，性體在心體中看出，思慮未起與思慮既起亦非前後二時，而是顯微無間，互藏其宅，如此又通於未發之中與已發之和，即中即和之義。不過，中體固可與性體相當，心體卻不能完全等同於和。蓋性體在心體中看出，心體是吾人實現道德的轉化的關鍵，而和卻不是。

雖然形下即於形上，但我們發現，宗周以形上說性，以形下說心時，不只是平列地區分二者，實更意味著二者有上下，甚至高低之別。他說：

> ……然則尊心而賤性可乎？夫心，囿於形者也。形而上者謂之道，形而下者謂之器也。上與下一體而兩分，而性若踞於形骸之表，則已分有常尊矣。故將自其分者而觀之，燦然四

端，物物一太極；又將自其合者而觀之，渾然一理，統體一
太極。此性之所以爲上，而心其形之者與？即形而觀，無不
上也。離心而觀，上在何所？懸想而已。⑬

尊心而賤性固然不可，尊性而賤心當然亦不可。雖不可尊性賤心，
但性畢竟較爲尊崇，理由是心是囿於形的，而性則否。「囿於形」
正是宗周所謂形而下的意思。形而上與下本來一體，形下即於形上，
而將之二分者，乃是方便地就無相說形上，有相說形下。有相則不
免著於形跡而有限，不若無相之爲無限。於是無形之性便恍若居於
有形之上，而位置較尊了。如是，自心性之分言，性藉心而呈現，
心現爲四端，而爲萬事萬變。心於所現之相而不著，每一物之相皆
即有限而可通於無限，故說「物物一太極」。自心性之合言，心歸
統於性，相而無相，渾然一理，故說「統體一太極」。因此，就心
之爲有形而觀，無形之性無不在上位而較尊。然而，離開有形之心
而言無形之性，性亦無著落，只流於一片空無的懸想而已。是以雖
尊性而亦不可賤心，而心亦尊貴。

　　心尊貴，而性更尊貴，此義亦見於下面一段：

　　　　子思子從喜怒哀樂之中和指點天命之性，而率性之道即在其
　　　　中，分明一元流行氣象。所謂不識不知，順帝之則，全不涉
　　　　人分上。此言性第一義也。至孟子因當時言性紛紛，不得不
　　　　以善字標宗旨，單向心覺處，指點出粹然至善之理，曰惻隱、
　　　　羞惡、辭讓、是非，全是人道邊事，最有功於學者。雖四者

---

⑬　　同上，卷七，〈原旨〉，〈原性〉，頁二下至三上。

之心未始非喜怒哀樂所化，然已落面目一班，直指之爲仁義禮智名色，去人生而靜之體遠矣。學者從孟子之教，盡其心以知性而知天，庶於未發時氣象少有承當。今乃謂喜怒哀樂爲粗幾，而必求之義理之性，豈知性者乎？[131]

宗周以喜怒哀樂之氣之存於中言中體、性體，已不成問題。我們注意他說《中庸》言天命之性「不涉人分上」，至孟子以心言性，以善標宗而曰惻隱、羞惡、辭讓、是非之仁義禮智，「全是人道邊事」，「已落面目一班」，「去人生而靜之體遠矣」。如此則心性有差距甚顯然。雖說心性不可截然二分，學者盡其心便可知性知天，但在某一義上，心性確非完全等同。像這種心性的關係，宗周在經典中亦找到根據，他說：

心之官則思，思曰睿，睿作聖。性之德曰誠，誠者不勉而中，不思而得，從容中道，聖人也。此心性之辨也。故學始於思，而達於不思而得。又曰：誠者，天之道也；思誠者，人之道也。[132]

所謂「心之官則思」（《孟子》）、「思曰睿」（《尚書·洪範》）、「思誠者，人之道」（《中庸》），都是屬於心宗的說法。至於「睿作聖」（《尚書·洪範》）、「誠者不勉而中，不思而得，從容中道，聖人也」及「誠者，天之道」（《中庸》）則屬性宗之說。而「學始於思，而達於不思而得」即表示由心轉進而爲性的歷程。如是，配合宗周以

---

[131] 同上，卷六，〈證學雜解〉，〈解十九〉，頁九下。

[132] 同上，卷十，〈學言上〉，頁十八下。

「先天之易」說性，以「後天之易」說心，心性之別便非常清楚了。
但必須立刻強調，心性有分別，有差距，是屬第二義的。從究竟處
言，心性畢竟是一。宗周說：

> 性情之德，有即心而見者，有離心而見者。即心而言，則寂
> 然不動，感而遂通，當喜而喜，當怒而怒，當哀而哀，當樂
> 而樂。由中導和，有前後際，而實非判然分爲二時。離心而
> 言，則維天於穆，一氣流行，自喜而樂，自樂而怒，自怒而
> 哀，自哀而復喜。由中導和，有顯微際，而亦非截然分爲兩
> 在。然即心離心，總見此心之妙，而心之與性，不可以分合
> 言也。故寂然不動之中，四氣實相爲循環；而感而遂通之際，
> 四氣又迭以時出。即喜怒哀樂之中，各有喜怒哀樂焉。如初
> 喜屬喜，喜之暢屬樂，喜之斂屬怒，喜之藏屬哀，餘倣此是
> 也。又有逐感而見者，如喜也而溢爲好，樂也而溢爲樂，怒
> 也而積爲忿懥，一哀也而分爲恐、爲懼、爲憂、爲患。非樂
> 而淫，即哀而傷。且陽德衰而陰慘用事，喜與樂之分數減，
> 而忿懥、恐懼、憂患之分數居其偏勝，則去天愈遠，心非其
> 心矣。[133]

所謂「即心」是指心，「離心」是指性。就心言，「寂然不動，感
而遂通」，感物而當喜則喜，當怒則怒，餘此類推。寂然不動是中，
感而遂通是和。由中至和，好像先是寂然不動，然後物來感而順應，
而有喜怒哀樂之情，二者似有前後的關係。實則即寂即感，即中即

---

[133] 同上，卷十一，〈學言中〉，頁八上至下。

和，心體已超越了時間，在其寂然而感通之中，並無眞正的前後可言。就性言，「維天於穆，一氣流行」，而化爲喜怒哀樂四氣之相互循環。維天於穆之一氣流行是中，四氣之相互循環是和。由中至和，好像於穆之一氣是微，四氣是顯，二者有顯微之分際。實則即中即和，維天於穆之一氣乃即於四氣之相爲循環，並無眞正顯微的分際，是以謂之顯微無間。此是分說之心性，但並不是意謂心之外別有一性。若總體地言之，此心性亦不過是一「寂然不動，感而遂通」之心而已。只是就寂然不動一面爲主而說性，遂不見四氣之翕闢起伏，而見其相爲循環；又就感而遂通一面爲主而說心，遂不見四氣一幾自然之運，而見其迭以時出。然即寂即感，四氣之迭以時出又即於四氣之相爲循環，而性又畢竟即是心，故曰「心之與性不可以分合言也」。然則此處之心與性畢竟是一，而其方便地分爲二，卻是平等並列之二，不是上下高低之二了。以下說喜怒哀樂之中又各有喜怒哀樂，此則易明。至喜怒哀樂之化爲七情，甚至爲忿懥、恐懼、憂患，則「去天愈遠，心非其心」，意謂本心之超越性已喪失，此時的心已變成經驗的、感性的心了。

我們總括以上所言，宗周思想中心與性的關係，就正如他自己所說，二者是一而二、二而一的。所謂一，是從究竟處言，心性指的都是獨體，心性是一。所謂二，是說心性指獨體的兩個方面，甚至是獨體的兩個不同的層次。當心性是獨體的兩個層次時，性是就獨體之作爲一形而上的宇宙的實體而說，心則就獨體之作爲一超越的道德的本體而尙未達致形而上的實體而說。於此宗周以「先天之易」和「後天之易」，以及「誠者天之道」和「思誠者人之道」等來區別性與心，意思十分明確，這也就是他所謂「形而上者謂之性，

形而下者謂之心」之意。但當心性是獨體的兩個方面，也就是當思誠而至不思而得之誠之化境時，在此仍可分言心性，仍可就形而下說心，形而上說性，然而此時之形而下已徹底地通透於形而上，形下形上再也不是高低層次的不同，而是並列的兩個方面。這便是宗周所謂「即心離心總見此心之妙」之心與性，也就如下面所說的心與性：

> 天穆然無爲，而乾道所謂剛健中正，純粹以精，盡在帝中見。心渾然無體，而心體所謂四端萬善，參天地而贊化育，盡在意中見。離帝無所謂天者，離意無所謂心者。[134]
> 心中有意，意中有知，知中有物，物有身與家國天下，是心之無盡藏處。性中有命，命中有天，天合道，道合教，教合天地萬物，是性之無盡藏處。[135]

第一段言天也就是言性，所謂「性本天」是也。凡此所言之心性均是平等並列地言，是作爲形上實體的獨體的兩個方面。宗周有時甚至以心爲主而言心性：

> 好惡從主意而決，故就心宗指點。喜怒從氣機而流，故就性宗指點。畢竟有好惡而後有喜怒，不無標本之辨。故喜怒有情可狀，而好惡托體最微。[136]

---

[134]　同上，卷十二，〈學言下〉，頁九上至下。
[135]　同上，卷十一，〈學言中〉，頁十一上。
[136]　同上，卷十二，〈學言下〉，頁二十一上。

這大概是就「性體即從心體中看出」而說。心之好惡既然托體最微，最爲根本，則此時心宗的心必然是作爲形上實體的獨體了。所謂「心一天也」。是以謂從究竟處言，心性是一也。

像這種心性一而二、二而一的關係，若更扼要地言之，我們可以「盡心即性」一語來概括。蓋心之推擴至盡即回復心之本來面目，此即是性，故心性是一。心之未盡時，它只是超越的道德的本心，尚不是作爲涵蓋宇宙的形上實體的性體，故心性是二。心之盡，則與性分別表示獨體之兩面，此時心性是一而二。於是，心性一而二、二而一所包含的三層意義（即心性是一、心性是一獨體之二面及心性乃高低之兩層）皆涵攝於「盡心即性」一語中。此與程、朱「性即理」一系及陸、王「心即理」一系對心性的看法顯然不同。依程、朱，尤其是朱子的傳統，心是經驗心。此氣之靈的經驗心須透過漸進的道德修養的歷程而自我轉化，與超越的性、理合一。但依宗周，心自始便是超越的，而透過道德修養，心體擴充至盡而成性。在本心的自我轉化中，心並非與性合一，而是回復至心之所以爲心的本然，也就是性。在陸、王的傳統方面，心性是一，二者只是同一物之就主觀或客觀方面而言，並無任何本質上的分別。雖然陸、王皆以心爲道德的本心，亦同時以之爲形而上的宇宙的實體，但他們始終不像宗周之以心宗性宗分言心性。就因爲這一點，遂令宗周與陽明的思想分流，也使得他成爲陽明學派的批評者。

在本章，我們藉主靜立極、中和、理氣及心性這幾對觀念的探討來發掘宗周愼獨哲學的內容。從主靜立極的角度看，獨不但是超越動靜的修養境界，它更是一超越的本體，我們稱之曰靜體、獨體。獨體即是中體，而即中即和，和則指天地萬物之得其位育。如是獨

體便成一形而上的宇宙的實體。在獨體之爲形上實體的境界中，以氣爲其本質的萬事萬物皆一起提升至理的層次，以物自身之身份而存在。另外，獨體之作爲道德的本體及形上的實體又分別納於心宗與性宗，而爲獨體之二層。至心盡則與性平列，而爲獨體之二面，最後歸於一獨。於是，盡心即性便成爲宗周愼獨哲學的基本架構，與傳統的性即理與心即理二系均有不同了。

第三章　慎獨哲學的完成——誠意說的確立

　　這一章所謂慎獨哲學的完成，是根據宗周五十九歲時提出對誠意之新解而說的。宗周誠意說的確立實標誌著他的哲學正式進入成熟的階段。但此處所說的成熟，並非意謂他的思想系統至此方完成。事實上，宗周的思想架構在此之前已具備，至此則把其架構貫注到誠意之觀念上，遂產生全新的理解。在重新詮釋下的誠意被納入宗周的思想系統中，佔據主導的地位，使之更形充實和豐富。我們所謂慎獨哲學的完成，即就此一背景而說。

　　宗周之重新注意誠意一觀念，與當時思想界的風氣有莫大的關係。當時王學風行天下，但也出現極大的流弊。宗周就是在面對這些流弊而迫著重新檢討陽明的學說，遂提出誠意的理論。因此，要透徹地了解宗周思想的這一面，我們便不得不注意他如何面對當時思想界的問題，乃至他對這些問題的根源——陽明學說的態度。

一、誠意說確立的背景

1.明末思想界的危機

　　在宗周《陽明傳信錄》的後跋中，黃宗羲的弟子陳奕昌說：

> ……有明之學，白沙開其端，至陽明而闡性道之蘊，今日學
> 脈嗣續而不絕者，伊誰之力歟？陽明其人也。於歿後，其門
> 下持論不無過高，即教法四句已不能歸一，故其後流弊以情
> 識爲良知，以想像爲本體，由擇焉而不精也。子劉子悉加辯
> 正，名之曰傳信，所謂澄源端本，學者庶乎無他歧之惑矣。❶

這篇跋文告訴我們，宗周編輯《陽明傳信錄》的動機之一，便是要
糾正陽明後學的錯誤。宗周認爲他們「擇焉而不精」，並不能繼承
陽明學的精神。所謂「以情識爲良知，以想像爲本體」，正好總結
當時蔚然成風的陽明學的兩大流弊。宗周對此非常不滿，在他的著
作及給朋友弟子的書信中，常流露出對這種狀況的憂慮。他說：

> 今天下爭言良知矣。及其弊也，猖狂者參之以情識，而一是
> 皆良；超潔者蕩之以玄虛，而夷良於賊，亦用智者之過也。……
> 今之賊道者，非不知之患，而不致之患，不失之情識，則失
> 之玄虛，皆坐不誠之病，而求之於意根者，疏也。故學以誠
> 意爲極則，而不慮之良於此起照，後覺之任，其在斯乎？孟
> 子云：我亦欲正人心，息邪說，距詖行，放淫辭，以承三聖。
> 又曰：能言距楊、墨者，聖人之徒也。予蓋有志焉，而未之
> 逮也。❷

此處對陽明學的兩個流弊有較詳細的表述。首先是「猖狂者參之以
情識，而一是皆良」，也就是前面所說的「以情識爲良知」。良知

---

❶　《劉子全書遺編》，卷十三，〈陽明傳信錄三〉，頁三十五上至下。
❷　《劉子全書》，卷六，〈證學雜解〉，頁十四上至下。

本來是至善的，與情識有別。但如果沒有相應的修養工夫的任持、擴充，或工夫不足，良知便很容易與情識相混。此時學者以為其想念行為皆合乎道德，實則只是從人欲而來的主觀意見而已。宗周認為，氣質狂放者較易犯上此毛病。另一個陽明良知之學的流弊是「超潔者蕩之以玄虛，而夷良於賊」，也就是前面所說的「以想像為本體」。一些人不能使良知在日常生活中時時起作用。他們捨離世累，希望體證良知之本體，但卻不知道這只是靜定中的玄虛的想像，真正的良知已在蕩越而不能落實中放失殆盡。宗周認為，氣質超潔者較易犯上此毛病。總之，無論是「情識而肆」或「玄虛而蕩」，❸宗周以為歸根究底都是因為不能做到誠意。由此可見，誠意是一關鍵性的概念。引文中「意根」一詞，其意謂作為根本的意，意即是根，可見意是一根本而重要的事物。宗周又以這兩個流弊比作孟子時的楊朱、墨翟，立志如孟子之拒斥異端。他之視此二流弊所引生之問題為思想上的危機，亦於此可見了。

「情識而肆」與「玄虛而蕩」是王學的流弊，恐怕是不爭的事實。當時王學流行，遍於天下，但扼要言之，陽明學派之重要者不過三系，就是浙中、江右和泰州派。三系之中，宗周似乎對江右派的態度較溫和。他曾稱讚江右派的代表人物如鄒守益（東廓，一四九二～一五六二）及羅洪先（念菴，一五○四～一六四），說鄒守益「卓然守聖矩無少畔援」，羅洪先則「衛道苦心」。❹相比之下，他對當時影

---

❸　這兩個詞語是牟宗三用來總括宗周所說的陽明學的流弊。見《從陸象山到劉蕺山》，頁四五四。

❹　《明儒學案》，〈師說〉，頁四及六。

響甚大的泰州派便不那麼欣賞。他批評泰州派的代表人物王艮（心齋，一四八三～一五四一）時說：

> 王門惟心齋氏盛傳其說。從不學不慮之旨，轉而標之曰自然，曰學樂。末流衍蔓，浸爲小人之無忌憚。❺

此處之「小人之無忌憚」其實就是宗周所謂的狂放或猖狂者。他認爲泰州派標宗自然，良知之覺悟不離日用常行之中，如此不學不慮，其末流便會導致道德修養上的輕率及沉溺於情欲而不自覺。這便是所謂的「以情識爲良知」、「猖狂者參之以情識，而一是皆良」了。

　　至於「以想像爲本體」的流弊，大抵是來自浙中的王畿（龍溪，一四九八～一五八三）。王龍溪是陽明的重要弟子，他把陽明的「四句教」❻推至極端，提出「四無」之說：心是無善無惡之心，意是無善無惡之意，知是無善無惡之知，物是無善無惡之物。❼從表面看來，「四無」似乎很容易令人走向對善惡的否定，而達到禪宗所謂的空寂之境。像這種說法正好爲當時的三教合一提供一理論根據。然而，對宗周來說，一切虛無空寂之境皆不能達至宇宙最終極的實在；這些境界只能是禪定中的幻像而已。把良知本體的境界與這種虛無空寂的「悟境」等同起來，是犯上嚴重的錯誤。因此，宗周非常反對王龍溪的說法。他說：

> 王門有心齋、龍溪，學皆尊悟，世稱二王。心齋言悟雖超曠，

---

❺　同上，頁六。
❻　有關王陽明的「四句教」，可參考本章第二節。
❼　王畿：《王龍溪全集》（台北：華文書局，一九七〇），頁八九至九十。

不離師門宗旨。至龍溪直把良知作佛性看，懸空期個悟，終
成玩弄光景，雖謂之操戈入室可也。**❽**

秦家懿教授已看出宗周以「操戈入室」說龍溪，是「異常嚴屬的批
評」，因爲這等於是說他破壞了整個陽明學派的教法。**❾**在宗周心
目中，即使是王心齋還未至於此！可見他對「四無」，也就是「無
善無惡」之說的反感的程度是如何。如果我們更深入了解宗周對龍
溪的批評，便會發現宗周認爲「無善無惡」之說不但是「玄虛而蕩」
的根源，而且也可導致「情識而肆」的流弊。他說：

> ……若吾儒日在世法中求性命，五慾薰染，頭出頭沒，於是
> 而言無善惡，適爲濟惡之津梁耳。**❿**

依宗周，說無善無惡便等於否定道德在吾人生命中的價值。沒有道
德的標準，由情識而來的想念行爲皆可被接受，結果便入於邪惡。
難怪宗周以無善無惡之說會導致「以爲良知中本無一切對待，由其
說，將不率天下而禽獸食人不已」！**⓫**

　　是故，宗周在當時正面對著思想界的兩個危機。宗周認爲，這
兩個危機都是來自陽明學的流弊，而將要引致嚴重的後果。用現代
的術語來說，它們一是「玄虛而蕩」、「以想像爲本體」的虛無主
義，一是「情識而肆」、「以情識爲良知」的功利主義。宗周甚至

---

❽　《明儒學案》，〈師說〉，頁五。

❾　Julia Ching, ed., *The Records of Ming Scholars*（Honolulu : University of Hawaii
　　Press, 1987）, p. 62.

❿　《明儒學案》，〈師說〉，頁四。

⓫　《劉子全書》，卷二十一，〈重刻王陽明先生傳習錄序〉，頁十八上。

將它們比作孟子時的楊朱和墨翟。在他處宗周更說：

> 學者終身造詣，只了得念起念滅工夫，便謂是儒門極則。此
> 箇工夫以前，則委之佛氏而不敢言；此箇工夫以外，則歸之
> 霸圖而不屑言。遂使儒門淡泊，爲二家所笑，而吾儒亦遂不
> 能舍二家以立腳。以故往往陽闢佛而陰逃禪，名聖眞而雜霸
> 術，虛無、功利之說縱橫以亂天下，聖學不傳。悲乎！⓬

宗周認爲當時學者「只了得念起念滅工夫，便謂是儒門極則」，是
不正確的。有關念起念滅的問題，下文續有討論。這裏只想指出，
那「委之佛氏而不敢言」，而又往往「陽闢佛而陰逃禪」者，正是
超潔者之蕩之以玄虛；而那「歸之霸圖而不屑言」，而又往往「名
聖眞而雜霸術」者，正是猖狂者之參之以情識。前者虛無，後者功
利，所謂「虛無、功利之說縱橫以亂天下，聖學不傳」，這正是宗
周以爲當前思想危機的寫照。

2.宗周與陶奭齡的分歧

我們已知，在宗周的時代王學非常盛行，而宗周卻對王學的流
弊極度不滿。在這個背景之下，我們自然會想到宗周會否接觸過王
學的學者而跟他們有過爭論？事實上，在崇禎四年（一六三一）宗周
成立「證人社」講學，同主事者爲陶奭齡（石梁）。有趣的是，陶奭
齡乃陶望齡（石簣）之弟，陶望齡則是周汝登（海門）的弟子，他們都
是泰州派的人物。

⓬　《劉子全書遺編》，卷十四，〈人譜雜記一〉，頁七下至八上。

　　周汝登曾與許孚遠有過「九解」與「九諦」之辯，主要是圍繞「無善無惡」一觀念而論。周汝登贊成此觀念，而許孚遠則立「至善」之論而反對之。⑬我們已看過宗周如何批評「無善無惡」之說。很明顯，對於這個問題他必然是站在老師許孚遠的立場的。他說：

> 吾師許恭簡公與周海門在南都有九諦九解，辨有辨無，可謂詳盡。而師論辭嚴而理直，凜乎日月爲照。今即從海門作妙解，亦只是至善註腳，終脫不得善字。⑭

宗周的立場很清楚，他認爲「無善無惡」最多只能爲「至善」之註腳，決不能取代之而爲儒學的終極原則。至於與宗周同時講學的陶

---

⑬　從義理的角度言，「九諦」「九解」是一重要的論辯，但由於不是本書的範圍，此處只是把重點提出，不作詳細的探討。詳情可參原文，見《明儒學案》，卷三十六，〈泰州學案五〉，頁三七四至三七八。有關現代學者對這個論辯的整理與討論，可參蔡仁厚：《新儒家的精神方向》（台北：學生書局，一九八二），頁二三九至二七六。許孚遠的「九諦」是：1、經傳皆言善，而非無善無惡。2、善惡有別，不容增損。3、善爲天下之大本。4、人性本善。5、世道之純正，全靠秉彝之良。6、志道者須下學而上達，改過遷善，而非頓悟無善之宗。7、善不可有意而爲，並不等于無善。8、無善無惡之說恐非陽明之正傳。9、龍溪四無之說反足以病陽明之教。周汝登的「九解」是：1、經傳中言心性處，善率不與惡對。2、以善與惡對，是增損法；不可增損者，絕名言無對待。3、無一物可著者，正是天下之大本。4、赤子之心無惡，豈更有善？5、無作好無作惡之心，是彝之良。6、無惡無善，修爲無跡，才是眞修爲。7、有意爲善，雖善亦私之言，正可證無善之旨。8、無善惡之旨，不與致良知異。9、四無之說，並非自創，實千聖所傳者。

⑭　《劉子全書》，卷十三，〈會錄〉，頁五十一下。

奭齡，我們沒有直接的證據顯示他對這場辯論的態度。但從陶奭齡學問的背景，以及其弟子秦弘祐（履思）「以敬菴先生九諦爲非，而信周海門先生之九解」❶⑤看來，陶奭齡贊同周汝登，承認「無善無惡」之說，是可以推想而知的。

宗周與陶奭齡在義理上不同的取向似乎已注定二人共同講學失敗的命運。在崇禎五年（一六三二），也就是「證人社」成立後一年，宗周〈年譜〉載謂「諸生王朝式、秦弘祐、錢永錫等，奉石梁先生爲師模，糾同志數十人，別會白馬巖居，日求所謂本體而識認之」。雖然宗周「間嘗過從」，但始終不能掩飾二者思想有分歧的事實。❶⑥然而，必須指出的是，宗周與陶奭齡終其一生都互相尊重。宗周曾稱讚陶奭齡說：

> ……於吾鄉得陶先生，學有淵源，養深自得，不難尊爲壇坫，與二三子共繹所聞。每一與講席，輒開吾積痼，退而惘然失所據也。一時聞者興起，新建微傳，庶幾有託。❶⑦

是認爲陶奭齡之學確有心得，能接王學之傳。陶奭齡卒於崇禎十三年（一六四〇），宗周即爲文祭之，謂其說「不出良知遺鐸」。❶⑧又勉勵自己的學生以敦篤自修，不當黨同伐異。❶⑨雖然宗周甚尊重陶奭齡及別會白馬巖居的學者，但畢竟無法抹煞彼此爲學路向的不同。

---

❶⑤　同上，卷十九，〈書上〉，〈與履思十〉，頁十四上。

❶⑥　同上，卷四十，〈年譜上〉，頁四十七上至四十八上。

❶⑦　同上，卷十九，〈書上〉，〈答王金如三〉，頁三十二上。

❶⑧　同上，卷二十三，〈祭文〉，〈祭陶石梁先生文〉，頁四十四上。

❶⑨　同上，卷四十，〈年譜下〉，頁二下。

劉汋在描述陶奭齡學術的譜系時曾有如下的評論：

> 越中自陽明先生倡學後，其門人最著者爲王龍溪，由龍溪而
> 傳及周海門，海門同時爲陶石簣，俱本良知爲宗，而遞衍遞
> 失其旨。石梁先生固嘗從事於斯而有得。是時會講，仍揭良
> 知以示指歸。❷⓿

劉汋明言陽明之學傳至周汝登（海門）及陶望齡（石簣），已「遞失其旨」。這似乎是暗示著雖然陶奭齡（石梁）「嘗從事於斯而有得」，但陽明學的流弊已在其中發露端倪。由此遂引致宗周不同意其說而有的一番討論。❷❶

與劉汋的評語相比，黃宗羲的批評便顯得更強烈。黃宗羲說：

> 當是時，浙河東之學，新建一傳而爲王龍溪（畿），再傳而爲
> 周海門（汝登）、陶文簡，則湛然澄之禪入之。三傳而爲陶石
> 梁（奭齡），輔之以姚江之沈國謨、管宗聖、史孝咸，而密雲
> 悟之禪又入之。會稽諸生王朝式者，又以捭闔之術鼓動以行
> 其教。證人之會，石梁與先生分席而講，而又爲會於白馬山，
> 雜以因果僻經妄說，而新建之傳掃地矣。❷❷

從黃宗羲的這段記錄，可知陽明學之三傳至陶奭齡以後，已雜入禪家思想，尤其是湛然圓澄（一五六一～一六二六）及密雲圓悟（一五六六～一六四〇）的禪學。而開啓此通接禪學之方向的，恐怕與龍溪的四無

---

❷⓿　同上，〈年譜上〉，頁四十七上。

❷❶　同上，有關這番討論的分析，見下文。

❷❷　同上，卷三十九，〈行狀〉，頁三十八下至三十九上。

及周汝登九解之言無善無惡不無關係。黃宗羲又謂陶奭齡及其弟子「為會於白馬山，雜以因果僻經妄說」，這大概跟他自己的親身經歷有關：

> 石梁之門人皆學佛，後且流於因果，分會於白馬山。羲嘗聽講，石梁言一名臣轉為馬，引其疾姑證之。羲甚不然其言。❷❸

可見黃宗羲對佛教因果輪迴之說甚不以為然，而此「妄說」竟流傳於陽明後學當中，遂目之為墮落，所謂「新建之傳掃地矣」！

反觀宗周，其言論雖不若門人黃宗羲之激烈，對陶奭齡及白馬山諸生亦始終保持尊重的態度，但學術所關，彼此的同異，卻仍是非常自覺的。他在給弟子的一封信中說：

> ……吾鄉陶石梁子，雅為吾黨推重。特其入門，不免借途於釋氏。一時從遊之士，多以禪起家，卒難驟反於正，亦其弊也。僕與石梁持論每有異同，或至山窮水盡之日，將有廢然而返者，未可知也。❷❹

此處宗周明白地承認自己持論與陶奭齡不同，且不以其混雜禪佛之說為然。

也許因為彼此互相尊重，我們沒有發現宗周與陶奭齡有過激烈爭論的記錄。這便印證了〈年譜〉中「先生與陶先生宗旨各異，然相對少有辨難，惟虛己請事而已」的說法。❷❺雖是如此，在他們共

---

❷❸　《明儒學案》，卷六十二，〈蕺山學案〉，頁六七五。

❷❹　《劉子全書》，卷十九，〈書上〉，〈答王生士美〉，頁三十六上至下。

❷❺　《劉子全書》，卷四十，〈年譜下〉，頁七上。

同講學的一年中，對問題有不同意見也還是有的。除了一些如死生等課題之外，二人最顯著的分歧是在本體與工夫的問題上：

> 陶先生曰：學者須識認本體。識得本體，則工夫在其中。若不識本體，說甚工夫？先生曰：不識本體，果如何下工夫。但既識本體，即須認定本體用工夫。工夫愈精密，則本體愈昭煥。今謂既識後，遂一無事事，可以縱橫自如，六通無礙，勢必至猖狂縱恣，流為無忌憚之歸而後已。❷❻

陶奭齡的說法反映了泰州派的風格，也就是自然與學樂。這便是為何陶奭齡強調識認本體的重要。蓋本體即是良知，此良知之本體一旦呈現，工夫即在其中。真正的道德修養工夫必是在自然中的工夫，在自然中才可有遊刃有餘的樂趣，而這一切都是在良知之本體呈現下才有可能。然而宗周卻不同意此說法。他並沒有否認要識得本體，只是在識得本體後，仍須戒慎恐懼，存養此本體而勿失，所謂「認定本體用工夫」是也。此時離良知本體之充分呈現尚有一段差距。如果不強調工夫，本體便容易放失，於是情欲抬頭，吾人之生命便浸假而為種種猖狂縱恣所掩沒。我們仔細觀察，便會發現宗周所批評者正是以情識為良知的功利主義！

　　然而，有人或許會同情陶奭齡的說法，因為從引文看來，他似乎沒有真的抹煞工夫的重要性，只是工夫不離本體而已。事實上，陶奭齡的學生秦弘祐在崇禎七年（一六三四）即重提此論而企圖替老師辯護：

---

❷❻　同上，卷十三，〈會錄〉，頁二十下。

秦弘祐謂陶先生言識認本體，識認即工夫，惡得以專談本體
少之？（宗周）曰：識認終屬想像邊事，即偶有所得，亦一時
恍惚之見，不可便以為了徹也。且本體只在日用嘗行之中，
若舍日用嘗行，以為別有一物，可以兩相湊泊，無乃索道於
虛無影響之間乎？㉗

秦弘祐認為識認本體之識認本身便是工夫，不可謂陶奭齡專言本體
不重工夫。但宗周卻認為秦弘祐所謂的識認只屬想像，這已預設了
本體是在日用常行之外，究其實，不過是一幻相而已。在日用常行
之外的本體並非真本體，就如識認一幻相之識認並非真工夫一樣。
即使已真見得本體，仍須努力任持乃至擴充之以至盡，使之在日用
常行中時起作用。否則良知之本體只流於恍惚之見，只停於抽象的
狀態而永不能落實。我們發現，宗周在此所批評的，正就是以想像
為本體的虛無主義！

　　由上可知，對宗周來說，陽明學的兩大流弊均可見於陶奭齡及
其弟子的教法中。在某一義上，這兩個流弊可視為一體之兩面，都
是由於不能真正認清良知之本體所致。值得一提的是，宗周的批評
似乎沒有產生多大影響。雖然宗周「數致規正，諸生自信愈堅，先
生遂不復與之辨」。㉘陶奭齡歿後，其門下勢力益盛，宗周則更為
收斂，不與之爭。㉙這些別會於白馬山的學者們也許並不覺得自己

㉗　同上，頁二十一下。有關此條的年份（崇禎七年），是根據《劉子全書》
　　卷十三，〈會錄〉，頁二十四下的按語。〈年譜〉則繫此條於崇禎五年，
　　恐誤；《姚譜》已訂正之。

㉘　《劉子全書》，卷四十，〈年譜上〉，頁四十七下至四十八上。

㉙　《姚譜》，頁二七三。

的學說有問題。他們充滿自信，是因爲他們繼承了王學的傳統，在背後支持著他們的是王陽明的學說。

如果我們仔細檢查宗周與白馬山學者這兩點爭議，我們會發現，若從另一角度看，白馬山學者的看法未必就如宗周所說的不堪。陶奭齡謂「學者須識認本體」，這是逆反而覺識本體的大前提，宗周不可能也並沒有反對。至謂「識得本體，則工夫在其中」，大概是指「即本體即工夫」，這是陽明「致良知」教所蘊涵之義，意味著離開本體之工夫並非眞工夫。至於秦弘祐所謂「識認即工夫」，其中「識認」可以廣義地被理解爲道德修養的本質工夫，也就是時時自覺此眞實的自我、良知之本體。如果眞的如此理解，宗周似乎沒有必要加以反對。然則宗周爲何提出異議？這恐怕是因爲宗周已從他們的言行中看到了陽明學流弊的實質影響，而推源於其教法，雖然仍是陽明學的矩矱，但已有走作之勢。換句話說，宗周的批評很可能是配合他們的言行而說的。而更重要的是，此走作之勢似乎不單是陽明後學的問題，且是陽明學本身的問題；陽明學實有以啓之者。我們相信，正因爲這個緣故，宗周遂重新檢視陽明學說，使他回到《大學》，最後提出對《大學》「誠意」一觀念的新解，成爲他晚年的定論。

二、宗周對陽明學說的批評

1.宗周對陽明學說態度之三變

到目前爲止，我們有理由認爲，標誌著宗周哲學成熟的誠意說，

是他面對當時思想危機的挑戰而作的回應。宗周發現，「玄虛而蕩」
及「情識而肆」的流弊，已見於他的同輩如陶奭齡及其弟子的言論
之中。而這些流弊又可溯源於陽明學派的泰州派及浙中派的王龍溪。
當然，究竟王龍溪及泰州派是否如他所說，可以是另一問題，但至
少宗周當時認為是如此。現在的問題是，這些流弊是否可進一步上
溯至陽明思想本身？也就是說，陽明學說是否須對這些流弊的出現
負責？宗周的答案是肯定的。但他的答案並不是一開始就提出來，
而是對陽明學說經過一段長期的反省後的結果。這便說明了為何在
他的著述中出現對陽明不同甚至不一致的意見：他一方面十分推崇
陽明，另一方面又嚴厲地批評陽明的學說。要釐清這些表面的混亂，
我們實在有必要看看宗周對陽明學說態度轉變的過程，如此才可確
定他對陽明思想究竟作出怎樣的評價。

　　首先，我們得感謝劉汋與黃宗羲，他們早已注意到宗周對陽明
態度轉變的問題。劉汋的陳述較黃宗羲詳細。劉汋說：

　　　　先生於陽明之學凡三變，始疑之，中信之，終而辨難不遺餘
　　　　力。始疑之，疑其近禪也。中信之，信其為聖學也。終而辨
　　　　難不遺餘力，謂其言良知，以孟子合大學，專在念起念滅用
　　　　工夫，而於知止一關全未勘入，失之粗且淺也。❸

這大概就是宗周對陽明態度的一個清楚而忠實的記錄。「念起念滅」

❸　《劉子全書》，卷四十，〈年譜下〉，頁二十四下。黃宗羲的說法則大同
　　小異而較略，其言曰：「蓋先生於新建之學凡三變，始而疑，中而信，終
　　而辨難不遺餘力，而新建之旨復顯。」見《劉子全書》，卷三十九，〈行
　　狀〉，頁三十九下。

中的「念」是一負面性的觀念，它不但是宗周用來批評陽明的觀念，而且在宗周的哲學系統中也具有一定的位置。此將於下節詳論。依宗周，「知止」與「知先」、「知本」意同，皆是來自《大學》，表示一極爲根本的事物而爲從事道德修養所必須覺知者。宗周認爲陽明於此「一關全未勘入」。我們將會看到，「失之粗且淺」的確忠實地反映了宗周對陽明教法的最後評價。但達到這個判斷以前，宗周曾經歷兩個不同的階段，也就是「始疑之」和「中信之」的階段。然而，雖然這三階段所顯示的變化好像很大，若小心觀察，仍可發現三者之間實有一貫相承之跡。以下就讓我們以此三階段作爲綱領，敍述宗周對陽明學説態度的轉變。

(1)第一階段：始疑之

第一階段實鮮明地反映在宗周於萬曆四十一年（一六一三）給友人陸以建的信中。當時宗周三十六歲，信中明白表示不好象山、陽明之學。他說：

> ……然象山、陽明之學，皆直信本心以證聖，不喜談克己工夫，則更不用學問思辨之事矣。其所言博學等語，乃爲經傳解釋，非陽明本旨。要之，象山、陽明授受，終是有上截無下截，其旨險痛絕人，與龍溪四無之説相似。苟即其説而一再傳，終必弊矣。觀於慈湖、龍溪可見，何況後之人乎！ ❸

---

❸　《劉子全書遺編》，卷四，〈書上〉，〈與陸以建二〉，頁一上至下。劉汋以此信中之語繫於萬曆三十一年，誤。見《劉子全書》，卷四十，〈年譜上〉，頁十上。《姚譜》已正之；見《姚譜》，頁三十三。

宗周批評象山、陽明「終是有上截無下截」，換言之，他們只重本
體不重工夫。此處所謂工夫，當是指克己及學問思辨之事。宗周認
爲，此流弊已見於他們的弟子楊簡（慈湖）及王龍溪，其後只會愈演
愈烈。可見宗周在此時期對陸、王的傳統並不滿意。

　　在萬曆四十五年（一六一七），也就是宗周四十歲那年，他在〈與
王弘臺年友〉的信中說：

> ……然吾儒與釋氏終異途徑，即陽明先生未嘗不涉足二氏，
> 而其後亦公然詆之，且援子靜爲非禪，則必有獨覺禪之爲謬
> 者。而後人輒欲範圍三教，以談良知之學，恐亦非先生之心
> 矣。……陽明先生主腦良知，而以格物爲第二義，似終與大
> 學之旨有異。儒釋之分，實介於此，在先生固已擇焉而不精，
> 語焉而不詳矣，又何怪後人之濫觴乎？❸❷

依宗周當時的看法，陽明雖然也批評二氏，但他強調良知而以格物
爲第二義，便已違離《大學》的宗旨，而不能眞與禪學劃清界線。
對宗周來說，雖則範圍三教以談良知之學並非陽明的本意，只是其
後學所爲，可是當他說陽明以格物爲第二義，便已表示陽明不重工
夫，或者即使言工夫，也不過是離物求心之工夫而非眞工夫，如此
實不能自別於禪學。❸❸像這樣對陽明的批評，基本上是四年前的評
論的引申。值得注意的是，宗周相信陽明的本意並非贊同禪學，但
同時卻認爲陽明學說之「擇焉不精，語焉不詳」是引發問題之所在。

---

❸❷　《劉子全書》，卷十九，頁三上至下。
❸❸　同上。

這便是劉汋所謂宗周於陽明學之一變之「始疑之，疑其近禪也」。

(2)第二階段：中信之

　　宗周對陽明學說態度轉變，開始進入第二階段，應該是在天啓七年（一六二七），當時宗周五十歲。是年宗周編輯《皇明道統錄》告成。大概就在編輯的過程中，宗周細讀《陽明文集》，始信之不疑，非復早年的態度。❸他評論說：

> 先生承絕學於詞章訓詁之後，一反求諸心，而得其所性之覺曰良知，因示人以求端用力之要，曰致良知。良知爲知，見知不囿於聞見；致良知爲行，見行不滯於方隅。即知即行，即心即物，即動即靜，即體即用，即工夫即本體，即下即上，無之不一，以救學者支離眩鶩，務華而絕根之病，可謂震霆啓寐，烈耀破迷。自孔、孟以來，未有若此之深切著明者也。……禪則先生固嘗逃之，後乃覺其非而去之矣。……而求本心於良知，指點更爲親切；合致知於格物，工夫確有循持。……先生之言曰：良知只是獨知時。❸本非元妙，後人強作元妙觀，故近禪，殊非先生本旨。❸

---

❸　《劉子全書》，卷四十，〈年譜上〉，頁二十九上；《姚譜》，頁一二七。
❸　此語是陽明詩中的一句，見王陽明：《王陽明全集》，卷二十，頁三八五。
❸　《明儒學案》，〈師說〉，頁三至四。宗周的《皇明道統錄》已失傳。但學者如姚明達、秦家懿及陳榮捷已指出，黃宗羲《明儒學案》〈師說〉的內容是來自《皇明道統錄》。見《姚譜》，頁一二五；Julia Ching（秦家懿）：*The Records of Ming Scholars*, pp. 16—17, 50；及陳榮捷：〈論明儒學案之師說〉，收入《王陽明與禪》（台北：學生書局，一九八四），頁一八二至一八三。

此處我們看到宗周對陽明態度的改變。他稱讚陽明學說，且說它與
禪學無關。陽明學之所以近禪，只是「後人強作元妙觀」，「殊非
先生本旨」。此外，在萬曆四十一年（一六一三），宗周曾批評陽明
學說「有上截無下截」，只重本體不重工夫。現在卻說他的致良知
教「即工夫即本體，即下即上」，如此則陽明並非不重工夫，有上
截亦有下截，原本具足，無些少欠缺。宗周又曾於萬曆四十五年（一
六一七）批評陽明以良知爲主，以格物爲第二義，但此處卻認爲他「合
致知於格物，工夫確有循持」。依陽明，《大學》的致知就是他的
致良知。因此，當宗周說陽明「合致知於格物」，便意味著他不再
認爲陽明以格物爲第二義了。

　　上面的一段引文代表宗周對陽明學說的第二階段的意見，所謂
「中信之，信其爲聖學也」。宗周高度稱讚陽明，說其教法「自孔、
孟以來，未有若此之深切著明」，又說「先生命世人豪，龍場一悟，
得之天啓，亦自謂從五經印證過來，其爲廓然聖路無疑」，更說「天
假之年，盡融其高明踔絕之見，而底於實地，安知不更有晚年定論
出於其間，而先生且遂以優入聖域」❸，眞可謂推崇備至。然而，
我們同時也不應忽略在同一段文字中宗周對陽明的評語，雖然這句
評語似乎不甚顯著。宗周說：

> 特其急於明道，往往將向上一機，輕於指點，啓後學躐等之
> 弊有之。❸

---

❸　《明儒學案》，〈師說〉，頁四。
❸　同上。

此處言「躐等」，是表示越過了或欠缺一段能達至道或良知之本體的工夫。沒有這段工夫，道即不能達至，所呈現之本體亦非眞本體，很可能已混情識於良知之本體而不自覺。宗周似乎在暗示，不單陽明後學，而且陽明本人也要爲陽明的流弊負責。儘管陽明要負的責任輕微，但弊端畢竟由他那處開啓。也許有人會說，宗周此時已與第一階段不同，他不同意的只是陽明的教法，所謂「將向上一機，輕於指點」，而不是陽明的思想本身。但至少我們仍可說，即使在最肯定陽明哲學的時候，宗周心目中仍不能對它完全滿意。事實上，我們將會看到，陽明的教法跟他的思想亦不無關係。

(3)第三階段：終而辨難不遺餘力

崇禎四年（一六三一），宗周成立「證人社」，與陶奭齡一起講學。大概就在這段時期，從與陶奭齡及其弟子的交往中，宗周直接面對他們思想中的虛無主義及功利主義兩種趨勢。很可能就在這種思想的刺激之下，宗周迫著要嚴肅地對待這兩個趨勢，並探討其根源，由此遂引發他對陽明的重新評價。這重新評價從醞釀到成熟，應該是在崇禎九年（一六三六），當時宗周五十九歲。這一年不但標誌著宗周思想的成熟，也標誌著宗周對陽明的態度開始進入「終而辨難不遺餘力」的第三階段。但正就在這第三階段中，我們發現宗周對陽明有一些表面不太一致，容易令人覺得模棱的評述。

宗周大概以爲陽明那著名的「四句教」跟陽明對《大學》的理解有關，於是便重新研究《大學》，結果提出自己的誠意説，認爲陽明致良知教的毛病是來自陽明對《大學》中「意」的觀念的誤解。

❸提出誠意說，表示宗周自己思想進一步的發展。認為陽明不明《大學》中的意，表示宗周對陽明的態度又有一重轉變。雖然如此，宗周在崇禎十二年（一六三九，宗周六十二歲）於其所編的《陽明傳信錄》的〈小引〉中，仍對陽明學說有相當的肯定。宗周說：

> ……而先生之言良知也，近本之孔、孟之說，遠溯之精一之傳。蓋自程、朱一線中絕，而後補偏救弊，契聖歸宗，未有若先生之深切著明者也。……意者先生因病立方，時時權實互用，後人不得其解，未免轉增離歧乎？❹

這段話認為陽明思想乃純粹儒學，只是在教法上「因病立方，權實互用」，後人不解，「未免轉增離歧」，遂雜於禪而產生種種流弊。如此則陽明學的流弊又好像跟陽明的思想本身無關，而是由後學的不解所引致；這是「人病」，並非「法病」。這樣的判斷便與第二階段的立場非常近似。而類似的對陽明思想持完全肯定的態度的說法亦見於宗周前一年的書信❹及同一年的〈重刻王陽明先生傳習錄序〉中。❹這也許就是為何劉汋於敘述宗周對陽明學說態度的三變之後說：

---

❸ 在宗周的著述中，曾不止一次提到陽明誤解《大學》中的「意」，如《劉子全書》，卷十，〈學言上〉，頁二十六上至下；卷十一，〈學言中〉，頁十五下至十六上。

❹ 《劉子全書遺編》，卷十一，〈陽明傳信錄〉，頁一下。

❹ 《劉子全書》，卷十九，〈書上〉，〈答王金如三〉，頁三十一上至下；〈答胡萬高（嶽）、朱綿之（昌祚）、張莫夫（應鼇）諸生〉，頁三十五上至下。

❹ 同上，卷二十一，〈序〉，頁十六上至十八上。

夫惟有所疑，然後有所信。夫惟信之篤，故其辨之切。而世
之競以玄渺稱陽明者，烏足以知陽明也與！❸

劉汋的按語正好呼應宗周編輯《陽明傳信錄》的動機。也就是說，
宗周真正明白陽明學說的精神，而透過他的辨正，可以掃除陽明後
學的歧出，回到陽明學說原有之義。這似乎意味著，宗周認為只須
經過一番了解和辨正，陽明之學便會恢復其作為成聖之學的本來面
目。我們相信，在宗周對陽明態度的最後定論中，的確包含這一面，
但如果只執著這一面，便很容易以為宗周只是陽明學說的修正者。
事實上，在《陽明傳信錄》中，宗周曾強烈批評總括陽明學說的四
句教，這表示他們的思想確存在基本的不同。❹尤有甚者，在《陽
明傳信錄》的引言寫定後一年，也就是崇禎十三年（一六四〇，宗周六
十三歲），宗周即有一信批評陽明說：

良知之說，本不足譚，即聞見遮迷之說，亦是因病發藥。但
其解《大學》處，不但失之牽強，而於知止一關全未勘入，
只教人在念起念滅時，用箇為善去惡之力，終非究竟一著。……
然則陽明之學，謂其失之粗且淺、不見道則有之，未可病其
為禪也。❺

引文中「於知止一關全未勘入」、「只教人在念起念滅」用工夫以
及「失之粗且淺」均見於劉汋言宗周對陽明態度三變之按語，可見

---

❸　同上，卷四十，〈年譜下〉，頁二十四下。

❹　《劉子全書遺編》，卷十三，〈陽明傳信錄三〉，頁三十四上至三十五上。

❺　《劉子全書》，卷十九，〈書上〉，〈答韓參夫〉，頁四十一下。

劉汋按語乃本此而來，並認為此信之觀點正好反映宗周對陽明學說的定論。如果我們注意引文的最後一句，便會驚訝地發現，雖然宗周畢竟不以陽明之學為禪，但卻不單說它「粗且淺」，更說它「不見道」！面對這樣的批評，我們還能說宗周只是陽明學說的修正者嗎？

有學者認為宗周在六十二歲前以慎獨合於良知之說，之後態度改變，便很少提到致良知，言慎獨不再合於致良知之上。**⓮**其實宗周本來就沒有所謂合不合良知之說。六十二歲後亦非全不提良知。崇禎十五年（一六四二，宗周六十五歲），宗周著〈原旨〉七篇，其中有藉良知之說表達其哲學。**⓯**但我們有理由相信宗周所提倡的良知並不完全是他心目中的陽明的致良知教。**⓰**崇禎十六年（一六四三，宗周六十六歲），宗周在其著述仍有肯定陽明的哲學。如說：

> ……夫陽明之良知，本以救晚近之支離，姑借《大學》以明之，未必盡《大學》之旨也。而後人專以言《大學》，使《大學》之旨晦，又借以通佛氏之玄覺，使陽明之旨復晦。又何怪其說愈詳而言愈厖，卒無以救詞章訓詁之錮習，而反之正乎？……是故知本所以知至也，知至所以知止也，知止之謂

⓮ 此說見東方朔：《劉蕺山哲學研究》（上海：上海人民出版社，一九九七），頁三○四至三○五，三四三。

⓯ 同上，卷七，〈原學中〉及〈原學下〉，頁五下至八下。

⓰ 例如在宗周專門批評陽明良知教的〈良知說〉中，宗周謂陽明與自己均言致知（在陽明來說致知即是致良知）。這表示他所說的致（良）知實不同於陽明。見同上，卷八，〈說〉，頁二十六上。

致良知，則陽明之本旨也。❹

此處謂「知本」、「知至」、「知止」都是陽明「致良知」之本旨，便與三年前謂陽明「於知止一關全未勘入」似有不同，好像又採取了肯定陽明的態度。但在前面又說陽明之良知「未必盡《大學》之旨」，其流甚至於「通佛氏之玄覺」，不能救正時弊，則似認陽明思想本身與陽明學流弊仍脫不了關係。宗周在他處又說他所反對的「四句教」「蓋陽明先生偶一言之，而實未嘗筆之於書，爲教人定本」。❺可謂對陽明仍有迴護之意。然而，我們不要忘記，在同一年宗周著〈良知說〉，雖在開首說陽明言良知「最有功於後學」，但隨即就「四句教」嚴厲地批評陽明的致良知教。❺順治二年（一六四五，宗周六十八歲）也就是宗周去世的一年，在〈答史子復〉書中，宗周明說：「僕不敏，不足以窺王門宗旨，抑聊以存所疑」。❺而在臨終前數日，宗周告其婿秦祖軾曰：

> 爲學之要，一誠盡之矣。而主敬其功也。敬則誠，誠則天。若良知之說，鮮有不流於禪者，吾今免乎！❺

這段話的末句反映了宗周對陽明致良知教的最後定論。所謂「誠」，當然是指誠意，這其實就是慎獨的另一表述。獨即天，主敬即是誠，

---

❹　《劉子全書》，卷六，〈證學雜解〉，〈解二十五〉，頁十四上。

❺　同上，卷十二，〈學言下〉，頁十五下。

❺　同註四十七，頁二十四下至二十六上。

❺　《劉子全書》，卷十九，〈書上〉，頁六十下。

❺　同上，卷十三，〈會錄〉，頁五十二下。

也就是慎的工夫。如是，這段話包含宗周哲學的核心意義，而宗周將之與陽明之良知說區分開來！

總而言之，宗周對陽明思想態度之三變雖有很大的差異，但其間實也有共同之處。我們細心觀察，便會發現無論在那個時期，宗周都沒有完全肯定或否定陽明的學說。在三變之中，宗周似乎都沒有懷疑過陽明哲學動機的純正。然而，宗周在第一階段反對陽明學說，在第二階段肯定陽明學說但不滿其教法，在第三階段則雖有迴護但亦對其學說辨難不遺餘力。一方面，宗周從第二階段起已發現陽明學說確有獨到處，另一方面，無論在任何階段他都覺得陽明思想與自己的體會總有一段距離。如果我們能細體宗周的微意，便可從第三階段那些表面不大一致的評述中看到他在最後期對陽明學說的一貫態度，即：宗周承認陽明哲學的洞見，以之為儒學之正傳，並非禪學，然而此良知之洞見卻失之粗且淺，遂啓後學之近於禪之機，終至釀成「玄虛而蕩」及「情識而肆」的虛無、功利的流弊。這便可解釋為何他一方推崇陽明，因為陽明哲學確有所見，為聖學無疑，但一方又強烈批評之，因為其哲學之洞見終不免粗淺，可有極大的流弊。然則，在宗周看來，問題早已存在於陽明學說的本身了。

2.宗周對四句教的批評

宗周曾謂陽明學說「深切著明」，最後卻認為它「失之粗且淺」。我們將會看到，宗周之發現《大學》誠意觀念的「正解」，便是使他改變對陽明學說態度的關鍵，也使他的思想進入成熟的時期。

現在是適當的時候看看宗周在第三階段對陽明學說的批評，也

就是他對陽明學說的定論。事實上，宗周的批評基本上是圍繞著陽明的四句教。宗周認爲，四句教是陽明理解《大學》的一個理論上的引申。四句教是：

> 無善無惡是心之體，有善有惡是意之動。知善知惡是良知，
> 爲善去惡是格物。❺❹

四句教之所以重要，是因爲它不僅包含陽明哲學的根本觀念，而且是整個陽明哲學的濃縮。秦家懿已指出，四句教及陽明之倡《大學》古本及〈朱子晚年定論〉，同爲後世帶來長期的爭論。尤其是四句教，其內容的「不確定性實容許多樣的詮釋」。❺❺在這些詮釋當中，也許最著名的便是有關陽明二大弟子王龍溪與錢德洪（緒山，一四九七～一五七四）的討論。❺❻上文已提到，龍溪把四句教推至極端，提出四無之說，並由四無說「先天之學」，由四有說「後天之學」。❺❼龍溪認爲四句教只是陽明「先生立教隨時，謂之權法，未可執定」。但作爲陽明忠實門徒的錢德洪卻認爲「此是師門教人定本，一毫不可更易」。當時陽明仍在世，曾評論二人的意見，謂應該「互相取

❺❹ 《王陽明全集》，卷三，頁七十六。

❺❺ Julia Ching: *To Acquire Wisdom: The Way of Wang Yang-ming*（ New York and London: Columbia University Press, 1976）, pp. 149—150.

❺❻ 有關二人意見分歧的整理及討論，可參看同上，pp. 150—153. 又，劉述先：《黃宗羲心學的定位》（台北：允晨文化實業公司，一九八六），頁三十五至四十三。

❺❼ 所謂四無，是指《大學》中心、意、知、物四條目均是無善無惡。所謂四有，則指心意知物均是有善有惡。龍溪認爲四無是爲上根人立教，四有是爲中根及以下人立教。所以前者稱爲先天之學，後者稱爲後天之學。

益，使吾教法，上下皆通，始爲善學」，蓋龍溪所見之四無，是接
上根人教法，德洪所見之四有，是接中根以下人教法。陽明並警告
謂龍溪所見，人多信不及，「此顏子、明道所不敢言」。❸而更重
要的是，陽明謂切不可失去四句教的宗旨。❹果如所言，則龍溪對
四句教的理解雖不至違背師說，甚或是王學調適上遂的發展，但畢
竟不是陽明的原意。反觀錢德洪，雖然其說在陽明心中尚須「進此
一格，始爲玄通」，但他始終以四句教爲師門定本，其理解實較龍
溪爲可靠。錢德洪說：

> 心體是天命之性，原是無善無惡的。但人有習心，意念上見
> 有善惡在。格、致、誠、正、修，此正是復那性體工夫。❻

秦家懿認爲錢德洪以四句教的第一句表示心之本體在「中」之狀態，
而修養工夫的目的便是要回復此狀態。其後三句則表示一以實踐爲
中心的教法，是針對人心之已失去原初的天眞與純淨而言。❻此外，
唐君毅對四句教的解釋也跟錢德洪類同。他說：「四句教作爲一整
體的意義只是對道德實踐的循環歷程的描述，此歷程由超越善惡之
分別開始，進而知善惡之分別，而爲善去惡，最後又止於那超越善
惡之分別的本心的狀態。」❻

---

❸ 以上引文均見《王龍溪全集》，頁八十九至九十二。
❹ 《王陽明全集》，卷三，頁七十七。
❻ 同上，頁七十六。
❻ Julia Ching: *To Acquire Wisdom*, p. 151.
❻ Tang Chun-i: " The Development of the Concept of Moral Mind from Wang Yang-ming to Wang Chi," in Wm. Theodore de Bary, ed., *Self and Society in Ming Thought* （New York and London: Columbia University Press, 1970）, p. 112.

　　通過錢德洪及兩位學者的敘述，我們對四句教的含義已大致有一個輪廓。相信對陽明學說有過研究的學者都會承認，正如唐君毅所言，四句教「的確是陽明學說的總括。」❻❸至於龍溪對四句教的詮釋，實多所發明，問題亦較複雜，然而非本書範圍，姑置不論。❻❹但必須指出，雖則王龍溪與錢德洪對四句教的理解不同，他們都肯定四句教中「無善無惡是心之體」的一句。這一句正是導致後世長期爭論的主要原因。有學者反對此句，認為它有取消本心之善的危險，而純善的本心正是一切道德行為的超越根據。宗周的立場與這些學者相同。為了肯定陽明的地位，宗周曾說四句教非陽明教人定本，但他始終不能抹煞四句教是陽明所說，也就不得不批評之，說它「本欲易簡，反涉支離」。❻❺宗周在其《陽明傳信錄》中也說：

　　……若心體果是無善無惡，則有善有惡之意，又從何處來？知善知惡之知，又從何處來？為善去惡之功，又從何處來？無乃語語絕流斷港？快哉四無之論，先生（按指陽明）當於何處作答？❻❻

宗周意謂如果心體真是無善無惡，則作為心體的呈現的意、知、物之用（依陽明，心外無物）也就不可能從中見到善惡的分別。依宗周，心體之無善無惡必可邏輯地推出意、知、物也是無善無惡；這正就

---

❻❸　同上。

❻❹　牟宗三對王龍溪的四無四有之說曾作詳細的分析。見所著《從陸象山到劉蕺山》，頁二六六至二八二。又可參劉述先，同註五十五。

❻❺　見註四十九。

❻❻　《劉子全書遺編》，卷十三，〈陽明傳信錄三〉，頁三十四下。

是龍溪所說的四無。他大概以為陽明如果堅持無善無惡是心之體，便不可能反對龍溪四無的提法。無論如何，在龍溪看來，四無實彰顯出陽明教法的真正意涵，但依宗周，四句教之無可避免地轉成四無，卻將掉進禪佛教的深淵，這絕不是宗周所樂見的。就宗周來說，無善無惡之論只會導致虛無主義與功利主義，徹底地破壞至善的道德的標準。

　　究竟禪佛教是否蘊涵對道德的否定，這並非我們要討論的範圍。至於陽明學說是不是有此傾向，卻極須我們考究一番。無可否認，陽明的確承認無善無惡之說，但他對無善無惡的理解卻好像與一般的理解不同。陽明說：

> 無善無惡者理之靜，有善有惡者氣之動。不動於氣，即無善
> 無惡，是謂至善。……聖人無善無惡，只是無有作好，無有
> 作惡，不動於氣。[67]

對陽明來說，無善無惡即是至善，而聖人無善無惡，只是無有作好，無有作惡。也許有人會懷疑「無有作好，無有作惡」是否表示一種對道德冷漠的態度。在回答類似的問題時陽明說：

> 不作好作惡，非是全無好惡，卻是無知覺的人。謂之不作者，
> 只是好惡一循於理，不去又著一分意思，此即是不曾好惡一
> 般。[68]

---

[67]　《王陽明全集》，卷一，頁十九至二十。
[68]　同上，頁二十。

很明顯，對道德冷漠只能是指「全無好惡」，無知無覺的人，而不是「不作好作惡」。後者「只是好惡一循於理」，也就是指修養工夫達至純熟的境地時，好惡或對善惡的分別都沒有絲毫的造作或執著。這是分別善惡而無分別之相，因此也就完全相應於理。所謂理，順引文的脈絡而言，是天理。依陽明，此天理就是道，也就是良知。

如果這段引文眞的反映陽明無善無惡説的意思，宗周對無善無惡的批評便只能是誤解。但宗周並不是不知道陽明這段話，而且還把它編入《陽明傳信錄》中，更評論説：「先生之言自是端的，與天泉證道之説迴異。」❻❾所謂「天泉證道之説」，指的就是四句教。宗周在他處又謂「陽明先生所謂無善無惡心之體，未必然也」，但同時又肯定修養工夫上的弔詭的表達方式，如「有善非善」及「有其善，喪厥善」。❼⓿這些都表示，一方面，宗周十分明白且承認「無善無惡」可以用來表示「至善」具體呈現的境界，另一方面，他始終不認同陽明四句教的第一句。這意味宗周拒絕把陽明的第一句的無善無惡理解爲至善的具體眞實的呈現。試問宗周爲何會如此？

從表面看來，宗周反對四句教的第一句似乎並不合理。但要知四句教曾經龍溪轉手，浸假而導致虛無主義與功利主義的流弊。宗周不滿此現象，甚至追溯其源而拒斥之，也許不是不可理解的事。然而，更重要的是，我們將會看到宗周對四句教第一句的判斷並非只是有感於王學末流而發，而是經過理性分析後的結果。

這個理性分析的基礎就在於宗周把第一句放在整個四句教的脈

---

❻❾　《劉子全書遺編》，卷十三，〈陽明傳信錄三〉，頁十三上。
❼⓿　《劉子全書》，卷十九，〈書上〉，〈與履思十〉，頁十四上及下。

絡中而作裁斷。依宗周，陽明四句教的第二句「有善有惡是意之動」
實犯上嚴重的錯誤，遂對四句教造成致命的傷害。宗周說：

> 意爲心之所存，則至靜者莫如意。乃陽明子曰：有善有惡者
> 意之動。何也？意無所爲善惡，但好善惡惡而已。好惡者，
> 此心最初之機，惟微之體也。**❼**

前文已說過，在面對當時王學末流的危機中，宗周迫著認眞檢視陽
明的四句教，以至陽明對《大學》的詮釋，最後提出自己對《大學》
的新解。不用說，宗周不同意陽明對《大學》的解釋，認爲並不符
合經典的原義。然而《大學》的原義歷來都是眾說紛紜，莫衷一是。
宗周的不同意只能表示在閱讀經典的過程中他與陽明的哲學取向並
不相同。這不是符合經典原義與否的問題，而實際是哲學立場不同
的問題。因此，就讓我們姑且擱置《大學》的原義不問，而直接看
看宗周如何批評陽明從他所理解的《大學》發展出來的教義吧。

　　回到剛才的引文，我們注意宗周說「意爲心之所存」。宗周又
說：「意者，心之所存，非所發也。」**❼**這句話指出了宗周與陽明
理解《大學》的基本不同處。根據宋明儒的主流，無論是程、朱或
陸、王的傳統，通常都是把意解釋爲心之所發的。朱子在其〈大學
章句〉中即以心之所發訓意，而誠意即是實其心之所發。**❼**陽明的
「有善有惡是意之動」中的意當然也是心之所發的意思。言發便有

---

❼　同上，卷十，〈學言上〉，頁二十六上。

❼　同上。

❼　《四書集註》，〈大學〉，頁六。

發動之意，所以陽明有時即以發字動字連言，而以「心之發動」説「意」。❼這樣看來，作爲心之所發的意，其實就是一般所説的意念。

可是，在重新檢討過《大學》之後，宗周卻提出意不能是心之所發，而應被解釋爲心之所存。借用他自己的話，這個作爲心之所存主的意是「意根」的意，非意念的意。意根是生命的總根源，是絕對的至靜，其實就是心之所以爲心的心之本體。宗周批評朱子與陽明以心之所發訓意之非是。他説：

> ……如意爲心之所發，將孰爲所存乎？如心爲所存，意爲所發，是所發先於所存，豈《大學》知本之旨乎？❼

他認爲以心之所發訓意實違反《大學》的原意。蓋依《大學》八條目的次第，誠意爲正心之本。如果意爲心之所發，則誠意爲正心之本，先誠意而後正心，便等於先誠心之所發的意念，先在意念上做工夫，然後回復心之純正。但依宗周，心體之本身未正，如何可保其所發之意念必誠？這是違反《大學》要從根本上做工夫的宗旨。宗周更進一步説：

> ……（陽明）曰：無善無惡者心之體，有善有惡者意之動。夫正心而既先誠意矣。今欲求無善無惡之體，而必先之於有善有惡之意而誠之，是即用以求體也。即用求體，將必欲誠其意者先修其身，欲修其身者先齊其家，又先之治國平天下，

---

❼　《王陽明全集》，卷三，頁七十八；卷二十六，頁四七二。

❼　同註❼。

種種都該倒說也。**⑯**

此處的「即用求體」，意謂不直接在體上用工夫，而只在用上做工夫以求體。若以誠意的意為心之所發，配合八條目的次第，便會產生即用求體的效果，這是宗周所不以為然的。宗周之強調工夫只能在體上用，與他「靜存之外無動察」及「致中所以致和」的思路其實是相當一貫的。他認為沿著即用求體的原則往下推，便會形成誠意先修身，修身先齊家，先治國平天下的倒說現象。這也許是引申太過。但宗周總認為若不從根本下手，便非向上一路，而且會有理論上的困難。他說：

> ……今（陽明）云：有善有惡意之動。善惡雜揉，向何處討歸宿？抑豈《大學》知本之謂乎？如謂誠意即誠其有善有惡之意。誠其有善，固可斷然為君子；誠其有惡，豈不斷然為小人？吾不意良知既致之後，只落得做半個小人。**⑰**

依宗周，誠意的意作為心之所存的意根，應該是有善無惡的。如今陽明以之為意念，則有善的意念，也有惡的意念，便成意有善有惡。於是，誠其善意當然為善，但誠其惡意豈不為惡？也就是說，在把意理解為心之所發的前提下，意有善有惡，誠意便不能保證人之為善，更遑論成聖？因為陽明曾說《大學》的根本之道在誠意，**⑱**宗周便質疑這樣意義下的誠意如何可成為《大學》所描述的整個儒家

---

⑯ 《劉子全書》，卷十一，〈學言中〉，頁十六上。

⑰ 同上，卷十二，〈學言下〉，頁十下至十一上。

⑱ 同上，頁十上。又，《王陽明全集》，卷七，頁五十八。

道德事業的根本。我們也許可回答說，誠意之實在致知，也就是陽明所謂的致良知。是以四句教的第二句實不能孤立地看；在意上做工夫之實在良知之知善知惡，知善而存之，知惡而去之，此便是誠意之實功。由此遂有第三句之「知善知惡是良知」。這也就是爲何宗周說「乃陽明宛轉歸到致良知爲《大學》宗旨」。⑦

　　然而，這樣回答似乎不能說服宗周，因爲他已從四句教的第二及第三句之間看到了另一個嚴重的問題：

> 有善有惡意之動，知善知惡知之良。二語決不能相入，則知與意分明是兩事矣。將意先動而知隨之邪？抑知先主而意繼之邪？如意先動而知隨之，則知落後著，不得爲良。如知先主而意繼之，則離照之下，安得更留鬼魅？若或驅意於心之外，獨以知與心，則法惟有除意，不當誠意矣，且自來經傳無有以意爲心外者。求其說而不得，無乃即知即意乎？果即知即意，則知良意亦良，更不待言。⑳

此處宗周列出陽明四句教的第二、三句的關係的三種可能，也就是意（念）先於知、知先於意（念）或知屬於心而意（念）則否。宗周企圖說明三種可能皆不合理。從宗周的立場看，第三種可能大概最接近禪佛教的態度，因爲他心目中的禪是主張除去一切意念的。但這明顯不是儒家的立場，儒家言誠意，且從來不以爲意在心之外。至於第二個可能，大概最易爲陽明後學所接受。但宗周卻提出一個問

---

⑦　同上。

⑳　同上，卷十二，〈學言下〉，頁十二上。

題：如果知先於意，也就是良知之存在先於意念，則由純善的良知而有善意不成問題，但試問惡意又從何生起？這個問題實不易回答，這等於問如果人性本善則惡從何來？當然，宗周的問法較具體而細微，然實則一致。我們將會看到，宗周在不同的思想脈絡中實面對著同樣的問題。

宗周大概認爲第一個可能，也就是意先於知較符合四句教的原意。這個想法是很自然的，因爲這不僅符合四句教先言意後言知的順序，也好像合乎吾人從事道德修養的體驗。就如唐君毅所說的：「當吾人以知善知惡爲首要且爲道德實踐的第一步時，原初的善與惡的想念與行爲必定早已存在在那裏了。因此，知實際上是後於吾人所作的善與惡的事物的。」⑧如果這眞是四句教的二、三句所要傳達的訊息，便意味善惡的存在常先於知善知惡。對宗周來說，這同樣會產生嚴重的問題，即對於所作之惡而言，良知將永遠落於後著，不能保證善的優先性。這便是宗周所謂「知落後著，不得爲良」。

同樣地，宗周對四句教的第三句「知善知惡是良知」提出強烈的質疑。他批評說：

> ……即所云良知，亦非究竟義也。知善知惡與知愛知敬相似而實不同。知愛知敬，知在愛敬之中；知善知惡，知在善惡之外。知在愛敬中，更無不愛不敬者以參之，是以謂之良知。

---

⑧ Tang Chun-i: " Liu Tsung-chou's Doctrine of Moral Mind and Practice and His Critique of Wang Yang-ming, " in Wm. Theodore de Bary, ed., *The Unfolding of Neo-Confucianism* （New York and London: Columbia University Press, 1975）, p. 313.

知在善惡外，第取分別見，謂之良知所發則可，而已落第二
義矣。且所謂知善知惡，蓋從有善有惡而言者也。因有善有
惡，而後知善知惡，是知爲意奴也，良在何處？又反無善無
惡而言者也。本無善無惡，而又知善知惡，是知爲心祟也，
良在何處？且《大學》所謂致知，亦只是致其知止之知。知
止之知，即知先之知；知先之知，即知本之知。惟其知止、
知先、知本也，則謂之良知亦得。知在止中，良因止見，故
言知止，則不必更言良知。若曰：以良知之知知止，又以良
知之知知先而知本，豈不架屋疊床之甚乎？㊷

宗周認爲陽明四句教中的良知並非究竟義。首先，既然善惡先在然
後良知知善知惡，則良知與善惡是分開的。換句話說，良知是能知
的主體，而善惡是被知的對象。宗周認爲四句教如此安排良知是「第
取分別見」。宗周把四句教的知善知惡與知愛知敬（如知愛敬父母）區
分開來。後者意謂知在愛敬中，知即是愛敬，更無不愛不敬；這種
知便是良知。然而，前者則意謂知與善惡乃相對而不一；這種知也
可從良知而來，但已落於第二義，而非眞實的良知了。

　　所謂「知爲意奴，良在何處」，前文已述，就是「知落後著，
不得爲良」的意思。這是相對第二句而來的詰難。至於關連到第一
句，宗周亦看出其間的不一致，謂心體本無善無惡，而良知知善知
惡，明顯地已歧出本來無善無惡的範圍，故說「知爲心祟」，不可
謂之爲善。此說的根據顯然是，如果心體是無善無惡，則作爲心體
之用的意知物，也應與之相應，均是無善無惡。

㊷　《劉子全書》，卷八，〈說〉，〈良知說〉，頁二十五上至下。

　　最後，回到《大學》原文，宗周認為致知的知即是《大學》中知止、知先及知本的知。在這些觀念中，並沒有能知的知及所知的止、先或本的主客的分別。所謂「知在止中，良因止見」，良知的意義實已蘊涵於知止等觀念之中，所以其實沒有必要再提一良知的觀念了。從宗周的立場看，陽明要以良知知止、知先、知本，便等於「架屋疊床」，作無謂的重覆。而致知或致良知與知止等便形成兩重工夫，成聖之學本是一以貫之，至此竟變得支離了。❽

　　從宗周不能接受四句教的前三句看來，我們大概可以肯定他也不會認同「為善去惡是格物」的第四句。依陽明，格物即是正物，而物即意之所在。❽因此，陽明認為格物即正其意之所在。但依宗周，就如意不能被解釋為意念，物也不能被解釋為意之所在。他說：「陽明子以格去物欲為格物，是以念為物也。後世心學不明如此。」❽這是認為以念為物與《大學》的物字原意不符。此外，宗周又批評「為善去惡」，說：

> ⋯⋯言為善便是去惡，言去惡便是為善，即陽明先生所謂去
> 人欲便是存天理是也。以此思之，則陽明先生所謂為善去惡
> 是格物，亦未必然也。❽

宗周的意思是，如果物被理解為意念之所在，則意有善有惡，為善去惡的工夫便意味著一方面保存並發展善意，一方面卻又要去除惡

---

❽　同上，卷十，〈學言上〉，頁二十五下至二十六上。

❽　《王陽明全集》，卷一，頁四。

❽　《劉子全書》，卷十一，〈學言中〉，頁十四上。

❽　同上，卷十九，〈書上〉，〈與履思十〉，頁十四上至下。

意。如是，爲善去惡便成爲兩種不同的工夫。依宗周，由於物不是意念，在作爲本體的物的呈現中，爲善與去惡便只能是一個工夫——去惡即是爲善，爲善即是去惡。

由此看來，從四句教所反映的陽明致良知教遭到宗周強烈的批評。如果我們仔細觀察這些批評，便會發現，宗周認爲所有問題都是來自一根本的錯誤。藉宗周自己的話來表達，便是：

> 只因陽明將意字認壞，故不得不進而求良於知，仍將知字認粗，又不得不退而求精於心。種種矛盾，固已不待龍溪駁正，而知其非《大學》之本旨矣。[87]

在宗周看來，陽明最具關鍵性的錯誤是在把意理解爲意念。意念是屬於經驗心活動的範疇。意念既有善有惡，超越善惡的至善便不能在意念中求。於是，陽明便只好把至善寄託在知，也就是他所說的良知之上，由良知來負責至善的存在。但在四句教的脈絡中，意先於知，良知落於後著，非徒無益，反而有害。試看宗周說：

> 起一善念，吾從而知之。知之之後，如何頓放此念？若頓放不妥，吾慮其剜肉成瘡。起一惡念，吾從而知之。知之之後，如何消化此念？若消化不去，吾恐其養虎爲患。[88]

宗周以爲，落於後著的良知縱然已知一善念或惡念之起，知之之後，如何頓放或消化，還是需要一番工夫，若稍有不愼，仍會後患無窮。

---

[87] 同註[81]，頁二十五下。

[88] 《劉子全書》，卷十二，〈學言下〉，頁二十一下至二十二上。

於此良知實無甚補益。尤有甚者，此良知實更有害，宗周說：

> ……若知在善不善之後，無論知不善，無救於短長，勢必至
> 遂非文過。即知善反，多此一知，雖善亦惡。㊾

此段前一句與上段引文意同。後一句謂「多此一知，雖善亦惡」。
意思很明顯，即是說此落於後著的良知其實亦不過是意念而已——
在心中別起一意念去覺知在前的意念。於是，這樣的良知便只能是
「第取分別見」、「知爲意奴」、「知爲心祟」、「架屋疊床」而
「反涉支離」，實在已喪失《大學》言致知的根本含義了。其影響
所及，物之本體便不能達到，爲善去惡的工夫亦不能一貫而湊效。
在此意義下，宗周遂認爲陽明「將知字認粗」，因爲在其四句教之
下，整個修養工夫都是在意念的起滅中進行，已失去一眞正超越的
含義。當然，宗周認爲在意念的起滅中作眞正的道德修養工夫是不
可能的。他說：

> （陽明）且教在意念上著實用爲善去惡工夫，久之心體自明。
> 蒙謂纏著念時，便非本體。人若只在念起念滅上用工夫，一
> 世合不上本體了，正所謂南轅而北轍也。㊿

在宗周心目中，也許陽明不是完全不知道他把良知認粗，不免仍陷
於念起念滅之流中。宗周以爲這便是爲何陽明提出「無善無惡是心
之體」的第一句，以心之體爲超越善念惡念，企圖保住本心的超越

㊾　同上，頁二十一下。

㊿　《劉子全書遺編》，卷十三，〈陽明傳信錄三〉，頁三十四下。

性。但這樣「退而求精於心」，結果只會產生矛盾：心體之用的意知物都是有善有惡的，而心體之自身卻是無善無惡，於是體用便不能一貫，分屬兩個不同的範疇。心之本體遂離用而存在，此是孤離之體，已非眞實的本體了。

如果我們再仔細觀察，便會發覺，在粗視之下的良知在念起念滅之流中，其實便是混於情識的良知，所謂「情識而肆」。而宗周謂陽明「求精於心」，但此心之精實際上已離意知物乃至人倫日用，而蕩越開去，所謂「玄虛而蕩」。這便說明宗周不願把陽明的「無善無惡是心之體」理解爲至善的具體呈現的理由，這是因爲在四句教的脈絡中，宗周看出此第一句實帶有虛無主義性格的緣故。

如是，在看過宗周如何批評陽明的四句教後，我們可以了解爲何宗周說陽明學說「失之粗且淺」，甚至說他「不見道」。依宗周，當中主要的問題是陽明以意爲心之所發的意念，並以之爲修養工夫的起點，結果便只在念起念滅之流上用工夫，合不上本體。陽明致良知教的超越的意含，就在這個意義下被削弱了。十分明顯，宗周相信在他同時期出現的王學末流的虛無、功利的流弊，早已見於陽明的四句教。

3.宗周的四句[91]

宗周對陽明四句教的不滿使他在晚年（大概是在五十九歲那一年）作出回應，提出自己的四句。雖然宗周沒有十分強調他的四句，也沒

---

[91]　本節曾經修改刊於《中國文哲研究通訊》，第八卷第三期（一九九八），頁一〇五至一一六。

有對四句作詳細的解釋，但四句的確反映他對《大學》成熟的理解，而且在某一義上，一如陽明的四句教，也算是宗周學說的總括。如是，我們便不應忽略它在宗周哲學中的地位。

在正式探討宗周的四句之前，我們有必要理解一下宗周對《大學》中心、意、知、物的關係的看法。宗周說：

> ……先生（陽明）他日有言曰：心意知物，只是一事。此是定論。既是一事，決不是一事皆無。蒙因爲龍溪易一字，曰：心是有善無惡之心，則意亦是有善無惡之意，知亦是有善無惡之知，物亦是有善無惡之物。不知（陽明）先生首肯否？❷

宗周同意陽明「心意知物，只是一事」之說。龍溪也同意此說，並由此懷疑陽明的四句教，認爲心既是無善無惡，則意、知、物也應是無善無惡；這便是龍溪那著名的四無。宗周卻不同意龍溪的四無，以之近禪，而認爲心、意、知、物四者都是有善無惡的。換句話說，宗周在「心意知物，只是一事」的前提下，贊成龍溪對四句教的質疑，但卻不同意龍溪把四句教修正爲四無——心、意、知、物四者皆無善無惡，而應該修正爲四者皆有善無惡。

我們認爲，宗周這樣修正的背後，是隱藏著他對四句教的一種判斷。他認爲，四句教是以心爲體，以意、知、物爲心體之用。但前者是無善無惡的，是超越善惡的，後者則有善有惡，是在有善有惡的經驗的意識之流中。如是，體用便割裂爲兩層，不能一貫。在他的心目中，心、意、知、物應該都是超越的，而且是有善無惡的。

---

❷　同註❽，頁三十四下至三十五上。

所謂「有善無惡」，當然亦不是指經驗意義下相對的有善無惡，而是指絕對的純善而言。由此以觀，心、意、知、物實際上只是從不同角度看之同一物事，其中既沒有如四句教所含的相對的善惡之義，也沒有如龍溪四無的那種虛無主義的色彩。❾所以宗周說：

> 然則良知何知乎？知愛而已矣。知敬而已矣。知皆擴而充之，
> 達之天下而已矣。格此之謂格物，誠此之謂誠意，正此之謂
> 正心，舉而措之謂之平天下。陽明曰：致知焉盡之矣。余亦
> 曰：致知焉盡之矣。❾

我們已知，宗周所謂知愛、知敬，知即是愛，即是敬，「知在愛敬之中」，並不是以愛敬為被知的對象。因此知本身即是善的，而且知也就是物、意、心。陽明結合《孟子》與《大學》而提出致知即是致良知，宗周則從《大學》及《中庸》提出慎獨及誠意。宗周並不反對重致知，在他看來，知與意，致知與誠意只是一事，以何者為其哲學的基礎只是重點的不同，不構成實質的分別。問題只是他不認為陽明真正了解《大學》致知的含義。

　　宗周認為心、意、知、物皆有善無惡，我們姑且稱之為宗周的

---

❾　宗周曾批評龍溪說：「龍溪四無之說，心是無善無惡之心，是為無心；意是無善無惡之意，是為無意；知是無善無惡之知，是謂無知；物是無善無惡之物，是謂無物。並無格致誠正，無修齊治平，無先後，無本末，無終始，畢竟如何是《大學》的義？曰不思善不思惡時，見本來面目，不更洩漏天機在？此龍溪意中事也，幾何而不為異學？」見《劉子全書》，卷十，〈學言上〉，頁三下至四上。

❾　《劉子全書》，卷八，〈說〉，〈良知說〉，頁二十六上。

「四善」句。四善不同於陽明的四句教及龍溪的四無。四善意謂心、意、知、物皆是純善的，而且是同一事物之從四種不同角度看。我們可以進一步問：這四種角度或側面的內容究竟如何？這便把我們帶到宗周的四句：

> 有善有惡者心之動，好善惡惡者意之靜；知善知惡者是良知，爲善去惡者是物則。**⑨⑤**

正如杜維明所觀察，這是重新改寫陽明的四句教，而深刻地轉化了其中的含義。**⑨⑥**我們首先可以注意到，心、意、知、物的先後次序與陽明的四句教相同，但宗周似乎更著重表示四者的次序所呈現的關係是完全符合《大學》本旨的。也就是說，他認爲在《大學》裏，正心以誠意爲本，誠意以致知爲本，致知以格物爲本，而他的四句中的心、意、知、物的關係也是如此——心以意爲本，意以知爲本，知以物爲本。與此相反，他認爲陽明四句教中四者的次序雖表面上與《大學》相同，但四者的關係卻非《大學》本旨。我們已說過，這本來只是對經典理解不同的問題。陽明的四句教未必不符《大學》原意，縱使不符，只是藉經典的詞語表達自己的學說，亦無不可。但在尊重經典的傳統下，宗周從他自己的理解出發，認爲陽明誤解《大學》，且進一步認爲這種「誤解」正反映陽明學說本身的問題。

到目前爲止，我們也許可簡單歸納一下宗周對心、意、知、物

---

⑨⑤ 同上，卷十，〈學言上〉，頁二十六上。

⑨⑥ Tu Wei-ming: "Subjectivity in Liu Tsung-chou's Philosophical Anthropology," in Donald J. Munro ed., *Individualism and Holism: Studies in Confucian and Taoist Values* （Ann Anbor: The University of Michigan, 1995）, p. 226.

的看法：(1)心、意、知、物皆是有善無惡的，或是超越地純善的。(2)
心、意、知、事，只是一事。(3)心、意、知、物只是就同一物事的
較根本的面向而言。以此爲背景，我們可進而具體地看看宗周的四
句。爲了論述的方便，我們姑就第四句說起。第四句「爲善去惡是
物則」，其中物字陽明曾訓爲「意之所在爲物」，陽明又訓格爲正，
於是格物便是正其意之所在，也就是正其不正的意念，使歸於正的
意思。但如此釋物字，物便成爲經驗層上生滅不停的意念；這決不
是宗周所能同意的。爲了突顯物的超越義，宗周把四句教中的格物
改爲物則，以物爲則，物即是則，故曰物則。這個則字大概是從格
字轉來。用「格者正也」的訓釋，則字便有法則之意。這個法則是
什麼？當然就是天則、天理，也就是那絕對普遍的道德法則。此道
德法則當然也是超越地純善而無惡的。人能服從此法則，或者說，
人能在他的生命中呈現此物則、天則或天理，則他自然便能爲善去
惡。這便是「爲善去惡者是物則」的意義。在此必須注意一點，即
在作爲天則天理的物的呈現之下，「爲善去惡」的意義便不能像一
般地被理解爲有個善可爲，有個惡可去，而去爲善去惡——宗周大
概會認爲四句教中的爲善去惡即含有此意；其實意應該是爲善即去
惡，去惡即爲善。換句話說，在「爲善去惡者是物則」中，並沒有
預設有善有惡的分別。在宗周心目中，「爲善去惡」的意思，應該
是如唐君毅所理解的，是透過吾人行爲的法則（道德的法則、物則、天則、
天理），吾人只見善的存在，不見惡的存在。❿惡只在經驗層的意念
之下才有其地位，在本性的源頭處是無根的。在天理物則朗現的終

---

❿　同註❽，p.325.

極意義底下，一切莫不是天理的流行。

作為天理的物則既呈現，則知善知惡的良知亦當下呈現。宗周四句的第三句表面上與陽明四句教的第三句完全相同：「知善知惡者是良知」。但從上文的討論，我們可立刻察覺，宗周的「知善知惡」與陽明——至少是他理解下的陽明——的「知善知惡」並不同。前者沒有預設有善有惡，而後者則是。依宗周，良知知善知惡，並不是覺知這個是善，那個是惡，從而為善去惡。他曾批評四句教中的良知知善知惡，只是「知在善惡之外，第取分別見」；而相連第二句有善有惡之意，是「因有善有惡而知善知惡，是知為意奴」；又相連第一句無善無惡之心，是「本無善惡而又知善知惡，是知為心祟」；又認為《大學》致知的原意只是知先、知本、知止，如今更言良知，以良知之知知止、知先、知本，「豈不架屋疊床之甚乎？」❾❽像這些批評，其根本，都是以為四句教中的良知，畢竟只是落在經驗層面上對一切善念惡念的反省、覺識而已。表面上仍是覺知善惡，但實際上只是「以念止念」，「又添一分意思」，何嘗清澈得本源？於是，這個以念慮為底子的「良知」，順著經驗而歧出，依著意念之有善有惡，遂見善惡之兩在（有善有惡）。而知此善惡之良知，即在善惡之外，分別為主客、能所之對立（「第取分別見」）。既能所對立，則必先有善惡之存在，然後方有良知去知之，如是，良知便永遠落於後著（「知為意奴」）。這落於後著永遠只能隨善念惡念

---

❾❽ 以上引文均見註八十一。亦可參上一小節之分析說明。此外，當代學者也有以宗周批評陽明為專題而作處理的，如楊祖漢：〈從劉蕺山對王陽明的批評看蕺山學的特色〉，收入鍾彩鈞主編：《劉蕺山學術思想論集》，頁三十五至六十五。可參看。

而起的良知，也不可能是那無善無惡的心體的本來面目了（「知爲心崇」）。此良知既不能是吾人修養的根本，不是修養所當止之處，則要以此良知去知本知止，不更是支離走作嗎（「架屋疊床」）？

　　其實，陽明四句教的良知是否眞如宗周所批評，恐怕是大有商榷的餘地的。但我們也不應忘記，宗周對陽明學說的態度凡三變，而最後對良知教「辨難不遺餘力」，是他晚年對陽明著作下過一番研究工夫的結果。這背後究竟是怎樣的一個問題，此將於第五章詳論。但無論如何，宗周認爲陽明畢竟粗看良知，致使良知之知善知惡只成爲經驗層面上第二序的覺識或反省，則可無疑。與此相反，他所體會到而提出的良知當然就沒有上述的種種毛病。首先，良知是超越的，它是在無有作好作惡的純善的靈明的狀態中，因此，它雖知善知惡，卻無一毫粘滯於善惡，不去執定這個是善，那個是惡，不見善惡之兩在，而只是物來順應。其次，眞正的良知是在愛敬之中，知愛知敬，知即是愛敬，當下全幅是愛敬的流露，而絕不是以愛敬爲被知的對象。這裏面並沒有能所對立的分別之見。再者，良知既屬超越層，則它能轉化意念，不隨著經驗層上一切善惡意念之生滅而轉，亦甚顯然。良知之當體即心體之本來面目，更不能說「知爲心崇」。最後，良知之知實即是《大學》知本、知先、知止之知，彼此無二無別，並沒有「架屋疊床」的問題。因此，宗周與陽明的第三句雖然表面完全相同，但如果了解宗周思想的背景，便知他實把同一句子賦予更深刻的意義，至少他自己認爲是如此。

　　宗周四句的第二句是「好善惡惡者意之靜」。上文已說過，宗周心目中的意，是心之所存，並不是心之所發。心之所發者只能是意念，或曰念。宗周說：

> ……意之好惡，與起念之好惡不同。意之好惡，一機而互見；起念之好惡，兩在而異情。以念爲意，何啻千里。⑲

所謂「以念爲意，何啻千里」，這樣嚴分意與念，把它們分屬兩層，是宗周晚年思想成熟時期的一個創見。他便是由此而提出他的誠意說，與他的慎獨說合起來成爲他思想中兩個最重要的觀念。

意的超越性很可以從「意之靜」看到。此與陽明「有善有惡者意之動」中的「意之動」適成對比。一般的意念都是心所發動，刹那生滅變化，所以說「動念」。宗周此處說「意之靜」，當然不是指意念靜止下來，而是以靜來形容意，這便顯出意的超越性。這個靜字並不是偏向一邊而與動字相對的靜。它是「靜而無靜」的，實際就是宗周「主靜」的靜，也就是慎獨的獨體。有關主靜與慎獨，我們已在上章交代過了。

這個「意之靜」的意，或超越的意，其特色是「好善惡惡」的。「好善惡惡」並不是意念上的好善惡惡。意念上的好善惡惡是分化而相對的，有個善爲我所好，有個惡爲我所惡，不但善惡相對，更有好惡與被好惡的主客對立，所謂「兩在而異情」是也。超越的意的好善惡惡卻是「一機而互見」，好與善、惡與惡之間並無能所相對，且好善即是惡惡，彼此同攝於一機，在一機湛然之中，無有作好作惡，而只是一「淵然有定向」的純善之意而已。

既然意、知、物只是一事，則形容此三者的「好善惡惡」、「知善知惡」和「爲善去惡」其實亦是一事。在宗周四句的脈絡底下，它們雖然都具有「善惡」這對詞語，但卻沒有預設有善有惡，或善

---

⑲ 《劉子全書》，卷十一，〈學言中〉，頁六下。

惡之兩在，否則意知物便將下委而爲經驗層上的意念，生滅無常，
不可能成爲道德實踐上的超越的根據。既然沒有預設有善有惡，則
在某一義上「無善無惡」也不是完全不可説。是以宗周説：

> 心無善惡，而一點獨知知善知惡。知善知惡之知，即是好善
> 惡惡之意。好善惡惡之意，即是無善無惡之體。此之謂無極
> 而太極。⓿

這裏以無善無惡説心之體。無善無惡之所以受到宗周的肯定，是因
爲宗周把它放在自己四句的脈絡中看，而不是從他認爲的陽明的四
句教來看。因此無善無惡遂得以被理解爲至善的心體的具體呈現，
而可以無病。然而，依宗周的思想，他大概不會喜歡用無善無惡一
詞。雖然在正確理解下的無善無惡可以無病，但此詞畢竟易與陽明
後學的流弊相混，助長虛無、功利之勢，這不是宗周所能接受的。
由此推論，宗周絕不會像陽明一樣，在他的四句的第一句中以無善
無惡言心。我們很容易想到宗周會把第一句所言的心規定爲超越的
有善無惡（純善）的本心。可是，宗周卻説：「有善有惡心之動。」

　　表面上，這第一句與本節一路下來的解釋是相違反的。如唐君
毅便把這句理解爲吾人的經驗意識中具有種種意念，而意念是有善
有惡的。他更認爲這句相當於陽明四句教的第二句：有善有惡意之
動。⓿但如果我們採取唐君毅的解釋，我們便會遇到下面的困難，
即宗周四句所言的心與「四善」所言的心並不一致，前者是有善有

⓿　同上。

⓿　同註⓭。

惡的，後者則有善無惡；後者是超越的，與意、知、物爲相同，前
者是經驗的，與意、知、物分屬不同的層次。同是一心，宗周爲何
容許有截然不同，甚至相反的解釋？論者或謂此實無關緊要，因爲
宗周本可不必相應他的「四善」而言四句，或四句而言「四善」。
只要不影響到他的思想系統，釐清分際，偶爾從經驗一面言心，或
從超越一面言心，皆無不可。蓋言心本可有此二面，傳統所謂「道
心」、「人心」，正是就此而言。

我們設想的這個說法表面言之成理，實則不然。關於道心、人
心的問題，在上章已略爲述及，現在且仔細看看宗周如何解釋二者：

> 虞廷十六字，爲萬世心學之宗。請得而詮之曰：人心，言人
> 之心也；道心，言心之道也，心之所以爲心也。可存可亡，
> 故曰危；幾希神妙，故曰微。惟精，以言乎其明也；惟一，
> 以言乎其誠也，皆所謂惟微也。明亦可暗，誠亦可二三，所
> 謂危也。二者皆以本體言，非以工夫言也。至允執厥中，方
> 以工夫言。……後之儒者，……因以上援虞廷，分精分一，
> 既分精分一，則不得不分人分道，種種支離，而聖學遂不傳
> 於後世矣。[102]

宋明理學的傳統都是以道心爲超越的，以人心爲經驗的。但宗周此
處卻釋人心爲超越的本心，而道心只是指這本心之所以爲本心的那
個道。換句話說，人心與道心其實是一。所謂「人心惟危」，亦不
過是指這超越的本心「可存可亡」，容易亡失，故危險矣，並不是

---

[102]　《劉子全書》，卷十二，〈學言下〉，頁三十四上至下。

因為它是經驗心，在念慮浮沉中作不得主，所以危險。若窮究此超越的本心，則幾希神妙，惟微而精明誠一，所謂「道心惟微，惟精惟一」是也。至「允執厥中」，則又指敬謹地執持中體，亦即本心之體的工夫。如是，道心只是就人心或本心之根本處說，二者實不可分。末句更表示分開人心與道心的支離的做法，正是聖學不傳於後世的原因。宗周雖承認有經驗層的意念，但他只是以「念」來代表這一層。關連著心來說，都是心念對揚。試看下面一段話：

> 心意知物是一路，不知此外何以又容一念字。……故念有善惡，而物即與之為善惡，物本無善惡也。念有昏明，而知即與之為昏明，知本無昏明也。念有真妄，而意即與之為真妄，意本無真妄也。念有起滅，而心即與之為起滅，心本無起滅也。[103]

這是十分明顯地區分心、意、知、物屬超越一路，而「念」則屬經驗一路。面對這些證據，我們還可以堅持宗周四句中的心屬經驗層，與意、知、物區別開來嗎？即使不理會「四善」句以及宗周論心的其他文字，只獨立地看四句之言心，認定心屬經驗層，我們仍不能避免下述的困難，即：四句是一整體，不能割裂言心的第一句於言意、知、物的其他三句以外觀之；如是，則宗周言心之有善有惡，然後有意之好善惡惡，於是意之好善惡惡便永遠落於後著，如何可證心性之本善？這正就是宗周批評四句教的「知為意奴，良在何處」！宗周有沒有可能犯上他自己激烈批評的毛病？或者說：不能這樣看

---

[103]　同上，卷十一，〈學言中〉，頁十一上。

第一句及第二句的關係。因爲依宗周，意是心之所存，非心之所發，它是超越地蘊含於心，不是隨著心之善惡而後起之好善惡惡之意念。這樣理解當然也可以，但始終不能令人心安的是：宗周若置有善有惡的經驗心於首句，與陽明「有善有惡意之動」意思相同，則他就陽明此句而批評陽明只教「在意念上著實用爲善去惡工夫，久之心體自明」爲不妥，認爲「纔著念時便非本體，人若只在念起念滅上用工夫，一世合不上本體」，❿如此一面批評陽明，一面又重蹈覆轍，豈不是以己之矛，攻己之盾？

　　宗周在批評陽明的四句教時，總愛強調「心意知物，總是至善中全副家當」。❿如果我們正視這句話，便不致認爲宗周從四句教轉手而來的四句，會犯上他自己批評的錯誤。如是，把四句的第一句「有善有惡者心之動」理解爲經驗心之有善有惡，恐未必得其實。但從文字的表面意思看來，第一句實難有別解。不過，如果我們深入宗周的思想，便可發現這一句的確是另含深意。在《劉子全書》中，四句之後即載有一條云：

> 心何以有善惡？周子所謂「形既生矣，神發知矣，五性感動而善惡分，萬事出矣。」正指心而言。……周子曰：幾善惡，正所謂指心而言也。❿

光看這段話，對其中含義似乎還不易掌握。且看看他如何解釋周濂

---

❿　見註❽。

❿　《劉子全書》，卷八，〈說〉，〈良知說〉，頁二十五下。

❿　同上，卷十，〈學言上〉，頁二十六下至二十七上。

溪的「幾善惡」:

> 濂溪曰:幾善惡,即繼之曰:德,愛曰仁,宜曰義,理曰禮,
> 智曰智,守曰信,此所謂德幾也,道心惟微也。幾本善,而
> 善中有惡,言仁義非出於中正,即是幾之惡,不謂忍與仁對,
> 乖與義分也。先儒解幾善惡,多誤。**⑩**

我們注意前面一段的「五性感動而善惡分」及後面一段的「幾善惡」。
先儒怎樣理解這兩句話,且不管。宗周的意思大概是五性(仁、義、
禮、智、信)本是純善的,感於外物而動,遂有善惡之分。也就是說,
本然純善的五性因感應外界而有所呈現,而一旦呈現,遂有形相而
落於善惡相對的分別中。同理,「幾善惡」者,「幾本善而善中有
惡」,此即是說,本然純善之幾本非無有,就在其微微發露呈現之
際,即落於形相而有善有惡。宗周認為這正是指心而言,因為依宗
周,心之動是必然地關聯著形相的,它是「囿於形」的,是「形而
下」的。我們還記得,宗周「心宗」意義下的心正是如此。但「囿
於形」、「形而下」,並不表示它就是經驗的。**⑩**一如周濂溪所謂
幾善惡而幾本善,宗周所言的心是囿於形而有善惡,卻不妨礙它本
身是超越地純善的。

---

⑩ 同上,卷十二,〈學言下〉,頁十一下。

⑩ 宗周曰:「夫心,囿於形者也。」見同上,卷七,〈原性〉,頁二下。又
曰:「形而下者謂之心」,見同上,卷十,〈學言上〉,頁二十五下。所
謂「囿於形」、「形而下」,是表示待形而彰著之意,並非意謂心是經驗
的。可參上章第五節。亦可參牟宗三:《從陸象山到劉蕺山》,頁四九二、
四九六及五〇八。

　　依宗周，心是超越的而又可「有善有惡」。我們不禁追問：這
畢竟如何可能？因爲既是超越的，便是超越善惡，如何同時又墮於
善惡的相對之中？關於這個問題，我們必須了解，四句中第一句的
「有善有惡」，實不必表示經驗層上的善念惡念。問題的關鍵是在
心是囿於形的，即心是透過形相以呈現它自己的。當心透過形相以
呈現它自己，卻滯著於此形相，則心便失去其自身之超越性，而墮
於經驗的意識之流中。此時的心，便是經驗的。在宗周看來，決定
善惡者是在於心能否保有其虛靈而不滯著於相，抑或是逐相而沉。
若是前者，它便是善的；若是後者，便是惡。嚴格地說，墮於經驗
層上的善意亦不能算是真正的善，因爲它著於形相，已不是真實的
道德的呈現了。

　　至此，宗周自覺其「有善有惡者心之動」實不同於陽明的「有
善有惡是意之動」，應該是很明白的。宗周更藉濂溪與陽明的對比
再說明此問題：

　　　濂溪曰：幾善惡。故陽明亦曰：有善有惡。濂溪曰：動而未
　　　形，有無之間者，幾也。陽明亦曰：意之動。然兩賢之言相
　　　似而實不同，蓋先儒以有無之間言幾，後儒以有而已形言幾
　　　也。曰善惡，言有自善而之惡之勢，後儒則平分善惡而已。⑩

案「先儒」指濂溪，「後儒」指陽明。依宗周，濂溪的「幾善惡」
與陽明的「有善有惡」表面相似而實不同。後者的善惡是兩在而相
對，而前者則無此義。宗周認爲「幾善惡」是指心而言。心本善，

----

⑩　《劉子全書》，卷十二，〈學言下〉，頁十一上。

而其中有「自善而之惡之勢」。此「自善而之惡之勢」，正是指心
透過形相以呈現它自己，而容易滯著於形相而言。心滯著於形相，
即落於經驗層，念念生滅，善惡相對，紛擾不停，宗周即視之為惡。
當心透過形相呈現而不滯於形相，常在虛靈不昧的狀態中，它即保
有其本來之純善，而無惡。是以心之「有善有惡」是「幾善惡」，
指有「自善而之惡之勢」，並不是落於經驗中的善惡。在道德實踐
中，學者戒慎恐懼，此心即常保其超越的純善的本然狀態；若偶一
不慎，心即順形著之勢，逐相而沉，遂一往而不返。此正宗周上文
所謂人心「可存可亡，故曰危也」之意。

　　宗周的「有善有惡」是「幾善惡」，與陽明的「有善有惡」不
同，然則二人「心之動」與「意之動」之「動」字的意思當然亦不
同。借用上引文的話，宗周「心之動」的「動」是「動而未形，有
無之間者」，陽明「意之動」的「動」則是就「有而已形」言。所
以前者之動相實較後者更精微深細。順著上文的疏導，這個結論自
然也是十分清楚的。

　　我們已把宗周的四句及其意涵詳細地敘述了一遍，尤其是第一
句，的確容易令人產生誤會。我們也已看出，宗周的四句，就如他
的「四善」句，其中心、意、知、物都是超越的，而且純善的，它
們都是就同一物之較內在或根本的面向而言。如果我們沿著此一思
路再細心觀察，便會發現四句實隱含另一個重要的訊息。依宗周，
「物即是知」、「知藏於意」而「意蘊於心」，⑩四者其實是一。

---

⑩　同上，卷十，〈學言上〉，頁二十五上。有關宗周對心、意、知、物關係
　　的看法，下節還會有較詳細的分析。

然而，當「心」是在「幾善惡」的背景下被理解時，它仍是超越的本心，但因它畢竟是關連著形相而言的，已多少著於形相，已有自善而之惡之勢。這樣，它便是「後天而奉天時」的心，也就是宗周「心宗」意義下的心體。至於意（即是知即是物），它不是「幾善惡」，而是「幾」之本身，是純粹至善而並無自善而之惡之勢的。宗周說：

> 或曰：「意非幾也。」則幾又宿在何處？意非幾也，獨非幾乎？⑪

這是以反問的方式質疑或人之認為意非幾。在宗周心目中，作為意根的意就是幾，而獨體也是幾。下面一條說得更清楚：

> ……吾請以孔子之言折之曰：「幾者，動之微，吉之先見者也。」曰「動之微」，則動而無動可知。曰「先見」，則不著於吉凶可知。曰「吉之先見」，則不淪於凶可知。此誠意真註疏也。周子曰：「幾善惡」，正所謂指心而言也。⑫

很明顯，那動而無動不著於吉（善）凶（惡）的至善的幾就是意，而幾善惡則指心而言。如是，這好善惡惡的意已是一毫不黏著於善惡之相者，因此它真可說是形而上的，是「先天而天弗違」的心，也就是宗周「性宗」意義下的性體。當然，形下實即於形上，因此心、性（或宗周四句中的意）到底是一。有關此點，我們在上章已討論過了。

從上面的分析，我們發現，在宗周批評陽明乃至提出自己的四

---

⑪　同上，卷十二，〈學言下〉，頁十一上。
⑫　同上，卷十，〈學言上〉，頁二十六下至二十七上。

句的背後，是隱含著他的慎獨的兩重架構，也就是心宗性宗的思想
架構。這個架構是獨特的，與其他思想系統不同。無可否認，宗周
哲學的終極意義在於性宗（當然，盡心即性，此時的心宗即與性宗相當）。
因此，等同於性體的意，也就在宗周的四句中扮演著關鍵性的角色。
在討論的過程中，我們已知意的基本含義。以下我們將正式考察其
內容，看看作爲意根的意以及誠意是如何反映著宗周慎獨哲學的另
一個重要的側面。

三、宗周的誠意說

1.誠意說的先驅

　　上文已經說過，除了慎獨的宗旨之外，宗周更在晚年（崇禎九年，
一六三六，宗周五十九歲）提出誠意說。他對這個觀念的創造性的詮釋使
其內容與慎獨完全一致。這不僅表示他重新理解《大學》，還反映
他對陽明致良知教的最後判斷，甚且還標誌著他思想的成熟。隨著
宗周思想的發展，他的慎獨哲學除了紮根在《中庸》及其他經典之
外，至此更重新以《大學》爲基礎，把《大學》的重要觀念納入其
系統中，使各得其恰當的位置。

　　宗周把意解釋爲心之所存，非所發。黃宗羲即認爲此是宗周思
想另一個重要的特色。⑬但這個足以使宗周有別於其他重要的宋明
儒者的洞見其實並非始於他本人。宗周的弟子黃宗羲與董瑒均承認，

---

⑬　同上，卷三十九，〈行狀〉，頁三十七上。

早在泰州派的王棟（一菴），已有意不能是心之所發的說法。⑭王棟
說：

> 舊謂意者心之所發，教人審幾於動念之初。竊疑念既動矣，
> 誠之奚及？蓋自身之主宰而言謂之心，自心之主宰而言謂之
> 意。心則虛靈而善應，意有定向而中涵。非謂心無主宰，賴
> 意主之。自心虛靈之中，確然有主者，而名之曰意耳。……
> 人心所以能應萬變而不失者，只緣立得這主宰於心上，自能
> 不慮而知。不然，孰主張是？孰網維是？聖狂之所以分，只
> 爭這主宰誠不誠耳。若以意爲心之發動，情念一動，便屬流
> 行。⑮

雖然王棟並沒有用相同的語彙，但他以意不能是心之所發，而應爲
心之主宰，實無異宗周的意爲心之所存。王棟似乎不像宗周之以意
爲幾，⑯不過可以肯定的是，他所說的心是超越的，是「虛靈而善
應」，而意則涵於心中而定向於善，也是超越的，與有善有惡的意
識的流行的念慮不同。

　　王棟與宗周另一個非常類同的地方，便是王棟主張誠意即是慎
獨。他說：「誠意工夫在慎獨。獨即意之別名，慎即誠之用力者耳。」
又說：「知誠意之爲慎獨，則知用力於動念之後者，悉無及矣。」⑰很

---

⑭　《劉子全書》，〈序〉，頁一上至下；〈卷首〉，〈抄述〉，頁五上至七
　　下。

⑮　《明儒學案》，卷三十二，頁三二五。

⑯　同上。

⑰　同上。

明顯，在王棟來說，獨並非獨處或獨知之謂。一如心之主宰的意，獨是本心之體而超越於意識的念慮。此與宗周之言獨也十分近似。

宗周未嘗見王棟的遺集，而當他提出意爲心之所存的說法時，曾備受學者的質疑。因此，後來黃宗羲與董瑒發現王棟的遺教，自然感到欣慰，認爲先師並非孤立，其所見至理之所在，與前人不謀而合。⑱雖然如此，若從哲學史的角度看，我們便要進一步比較二人對此新觀念的闡發其完備的程度是如何。無可否認，以意爲心之所主的觀念先見於王棟，但我們也不能否認，宗周不曾看過王棟的著述，二人對意字的解釋的確是不謀而合的。然而，在敍述王棟以意爲心之主宰的看法時，唐君毅已看到「他的說法並不是很詳盡」，而「他的意與心之其他方面的關係不甚明朗」。⑲事實上，對意作出詳細而有系統的詮釋的，仍推宗周。而且，意在宗周性宗思想的脈絡底下，實蘊含一微妙而深遠的意義。既然意這個觀念在王棟的思想中未見有充盡的發揮，我們便不能確定王棟對意的理解是否已達到宗周那微妙而深遠的程度。

除了王棟之外，唐君毅也發現另一位不以心之所發言意的重要學者，他便是江右派的王時槐 (塘南)。王時槐說：

　　……陽明曰：《大學》之要，誠意而已矣。格物致知者，誠

---

⑱　同註一一四。又見《明儒學案》，卷三十二，頁三二四。

⑲　Tang Chun-i: "The Criticisms of Wang Yang-ming's Teachings as Raised by His Contemporaries," in *Philosophy East and West* 23 （1973），p. 183. 又可參見唐君毅：《中國哲學原論：原教篇 (下)》（香港：新亞研究所，一九七九），頁四七二至四七四。

意之功也。知者意之體，非意之外有知也。物者意之用，非意之外有物也。但舉意之一字，則寂感體用悉具矣。意非念慮起滅之謂也，是生幾之動而未形、有無之間也。獨即意之入微，非有二也。❿

就如王棟與宗周一般，王時槐區分意與念，而且把意與獨等同起來。無可否認，他的意與宗周所謂的心之所存非常相似，至少是屬於同一層次。他更將意比作「生幾之動而未形、有無之間」。如果我們還記得宗周亦嘗引用此濂溪之語來說意，便知王時槐與宗周對意的理解真是何其接近。根據唐君毅的觀察，王時槐更「把意表述為心之生理之呈露，而源於心之性者，又以之與心之其他方面連繫起來，把王一菴（按即王棟）言意之學推進一步。」⓬

然而，即使從王時槐的思想看到對意的更有系統的陳述，我們仍沒有證據說宗周的說法必定受王時槐的影響。宗周的哲學大抵都是他自己的創發。而更重要的是，儘管二人某些觀念相同，他們的思想系統似乎並不一樣。其中最關鍵性的分別在於王時槐「不以性等同心之知與意」。⓬對王時槐來說，知與意屬於心，均是性之呈露，所以性是「心之創造性之源」，且「是超越於其所呈露的而與之不同」。⓭王時槐的這個立場實不能與宗周心宗、性宗的說法相

⓪　《明儒學案》，卷二十，頁一九八。

⓫　同註⓬。

⓬　同上。

⓭　同上。又可參《明儒學案》，卷二十，頁二〇〇。

混，因為從究竟處言，宗周的心與性畢竟是一。⑫

　　我們沒有打算深入王棟與王時槐的思想內部進行研討，否則便會踰越本書的範圍。我們只想說明，透過以上粗略的對比，可見宗周的誠意說仍不失其獨特的價值與貢獻。

2.意與念

　　除了以意為心之所存之外，宗周言意的另一個重要特色便是嚴分意與念。念是經驗的，無論善念惡念，都是在意識的起滅不斷之流中。意則是超越的本心或純粹意識之所存主，是絕對至善而不見有起滅不斷之流的。我們已看過，王棟與王時槐亦有類似的說法。

　　雖然如此，宗周則更把意放在《大學》的脈絡中，而發明意的另一個重要而深微的含義。就如宗周四句的第二句所言，他認為意是好善惡惡的。如此言意實際是源於《大學》。《大學》有云：

> 所謂誠其意者，毋自欺也，如惡惡臭，如好好色。此之謂自謙，故君子必慎其獨也。⑬

此處的「如惡惡臭，如好好色」正是宗周以好善惡惡言意的文獻及義理上的根據。但如此說卻立刻出現問題：要知好惡屬情，是屬於經驗意識的層次，試問如何可以好惡來形容超越的意根？有人曾問

---

⑫　牟宗三更批評王時槐之區分心、性實脫離陽明學說之思路而反近於朱子。見牟宗三：《從陸象山到劉蕺山》，頁四二一至四四七，尤其是頁四四六至四四七。如果依照牟先生的看法，便不可能產生王時槐思想系統中的意與宗周的意含義相同的結論。

⑬　《四書集註》，〈大學〉，頁六。

宗周類似的問題，試看他怎樣回答：

> 意者，心之所存，非所發也。或曰：好善惡惡非發乎？曰：
> 意之好惡，與起念之好惡不同。意之好惡，一機而互見；起
> 念之好惡，兩在而異情。以念爲意，何啻千里。⑫

其實，我們在上一節論宗周的四句時已引用過這一條，並對好善惡
惡稍作說明。現在就讓我們較詳細地說一說。宗周的回答是認爲意
之好惡與念之好惡並不相同。後者的觀點易明，可以常識的角度來
了解。當吾人好或惡某事物時，必有一對象爲吾人所好或惡，無論
此對象是具體的事物，或抽象的觀念，總之不得不成爲一被好或惡
之對象。此被好或惡之對象決定吾人好惡之不同內容。此外，就好
惡本身來說，二者都是情，是好之情便不得是惡之情，是惡之情便
不是好之情。於是好善不等同惡惡，所以說「兩在而異情」。此念
之好惡的另一特點是念是在生滅不斷的意識之流中，因此好惡之情
亦不能常住而不變。吾人此時此地所好或惡之事物，並不能保證在
異時異地亦好或惡之。

　　至於意之好惡，其中情況便不同。在意之好惡中，一切好惡與
被好惡的主客的分別、好之之情與惡之之情的分別，乃至由好到惡
由惡到好的變動不居，皆被超越。意只是淵然定向於善，且其好善
即惡惡，惡惡即好善。意之好惡只是「一機而互見」。意之體是一，
好惡只是一體之二用。體不離用，體即是用，所以無論是好善或惡
惡，皆是意之體的全幅的呈露，於是好惡便非兩在，而是互相滲透

---

⑫　《劉子全書》，卷十一，〈學言中〉，頁六下。

而無有作好作惡。此外，好惡並無與之相對的對象；若非要說一對
象不可，則此是無對象相之對象，或說是對象之自身，對象之在其
自己。由於意乃定向於善，其所好之善乃作爲眞實存有之善，其所
惡之惡乃作爲非眞實存有之惡。惡在終極存有之性上是無根的。

　　至此我們應該很清楚，意之好惡之情絕不是一般的好惡之情，
它可以說是一種超越之情。⓬這很容易令我們想起上章提過的喜怒
哀樂之四情，也是超越之情。也許有人會問這兩種超越之情在宗周
哲學中的關係是如何？宗周說：

> 正心章言好樂，見此意之好者機；言忿懥，見此意之惡者機；
> 言恐懼憂患，見忿懥之變者機。蓋好惡之性發而爲四端矣。
> 只爲意不誠，則此心無主，往往任情而發，不覺其流失之病
> 有如此者，樂而淫，怒而恚，哀而傷，余謂只此是心不正供
> 狀。⓭

問題的答案就在當中「好惡之性發而爲四端」一句。四端是仁義禮
智，依宗周，即理即氣，即性即情，所以也就是喜怒哀樂。換言之，
好惡之情發而爲喜怒哀樂之情。由好惡而四端，乃至任情而發，不

⓬　此處所謂超越之情，實際上可包括宗周所謂意之好惡之情及喜怒哀樂之四
　　情，而可與念之好惡之情及七情，乃至等而下之各種情區別開來。此超越
　　之情其實亦相當於唐君毅論宗周哲學時所提出的天情或純情。見所著《中
　　國哲學原論：原教篇（下）》，頁四七七及五○四。亦可參考他的 "Liu
　　Tsung-chou's Doctrine of Moral Mind and Practice and His Critique of Wang
　　Yang-ming," in Wm. Theodore de Bary, ed., *The Unfolding of Neo-Confucianism*,
　　p.320.

⓭　《劉子全書》，卷十二，〈學言下〉，頁十五下。

覺其流失而爲好樂、忿懥、恐懼、憂患，則已落於經驗，爲等而下之者。若回到超越之情，則只是喜怒哀樂。宗周說「誠通處便是喜而樂，誠復處便是怒而哀」，⑫可見四情之中，樂由於喜，哀由於怒，實以喜怒爲根本。而喜怒又從好惡而來，所謂「畢竟有好惡而後有喜怒，不無標本之辨，故喜怒有情可狀，而好惡托體最微。」⑬以喜怒之有情可狀爲標，好惡之托體最微爲本，可知此好惡幽深微妙，絕非一般的好惡之情可比。然而，由好惡而喜怒而四情，它們一皆是超越的，一皆不著於其自身之相而可互相滲透，是故喜怒哀樂不過一好惡，好惡亦不過一意之體而已。

　　意之好惡的含義釐清以後，我們很自然地便會發現宗周修養工夫的重點全都落在保任此意之上。意是本體，因此「誠其意」或「誠意」並不表示意本不誠或有善的意有惡的意待吾人去誠，否則意便滑落而爲心之所發的意念。如是，則宗周誠意說中的誠字究當如何理解？我們可以看出，在宗周的思想脈絡底下，此誠字其實並無實義。宗周解釋說：

> ……意本如是，非誠之而後如是。意還其意之謂誠，乃知意者心之主宰，非徒以專主言也。⑭

由此可知，「意本如是」，誠不過是「意還其意」，如此誠便是一虛說的誠，並無實質的意義。但有時宗周也會以誠字來形容意之本

---

⑫　同上，卷二，〈易衍〉，〈第八章〉，頁十四下。

⑬　同上，卷十二，〈學言下〉，頁二十一上。

⑭　同上，頁八上。

體，稱之曰「誠體」，所謂「意根最微，誠體本天」。❶❸❷在此意義下，誠字便有實義，其含義便與意根相當。

於是，依宗周，誠意便是意還其本來，而此意是意根的意，非意念的意。但這樣區分意與念又把我們帶到另一個問題：如果意之本體是根本，是本來至善的，惡則來自念，然則念又從何來？這個有關惡的來源的問題其實在整個宋明儒乃至儒學傳統中都是普遍地存在著的，因為人性本善是大部分儒者，尤其是宋明儒的共同信念。孟子首先提出性善之論，在當時已處理過這方面的問題。❶❸❸至宋明儒，則對這個問題有更進一步的發揮，如區分義理之性與氣質之性而以惡來自氣質，便是顯例。在宗周的哲學中，這同樣的問題以更精微的姿態出現，就是念從何來的問題。而宗周對此的回答很可以加深我們對他的意與念的關係的了解。宗周說：

> 心意知物是一路，不知此外何以又容一念字。今心為念，蓋心之餘氣也。餘氣也者，動氣也。動而遠乎天，故念起念滅，為厥心病。……故聖人化念歸心。❶❸❹

如果我們真的了解宗周的心宗及其四句的第一句，則他這段話的意思便很容易掌握。毫無疑問，意（包括心、知及物）是超越的，而念則屬經驗。二者雖然分屬兩層，但並不是截然分開。事實上，念是從

---

❶❸❷　同上，頁十八上。

❶❸❸　有關孟子在這方面的討論，可參考《孟子》〈告子上〉。

❶❸❹　《劉子全書》，卷十一，〈學言中〉，頁十一上至下。

心意而來，是心之所發，也就是宗周此處所謂的「心之餘氣」。餘氣是指心每次活動之後所遺留下來的勢能。⑬這餘氣其實就是一種習氣。⑯當心感於物而應之，即呈現一形相。感應之後，過化存神，心本來是不著於那形相而回復原本主靜的狀態，如此心便保有其超越性。然而，在心呈現而為一形相的過程中，心即累積一股勢能，產生一未了之餘波，使心留駐於其所呈現之形相，而不能回復其原來之主靜。心之著於相，不復其原來之主靜，遂落於一動態中，而為意念之起滅。換言之，念是心之呈現所積聚而成的餘氣，它是僵化、破裂了的心，使心成為一生滅不斷的意識之流。此是心之病，也就是惡的根源。

如是，要回復心意本來之至善，便須對念施行對治。宗周堅持修養工夫只在念上用實無濟于事。這便是為何他批評陽明的四句教，因為他認為在四句教中良知之知在有善有惡的意念之後，如此落於後著，便只能是另一重意念，不是真正的良知。對宗周來說，以念止念只會令情況更壞。但吾人亦不能除念，因為念來自心之呈現，實與心並存。依宗周，唯一的辦法便只有回到此超越的本心之源，戒慎恐懼，不讓餘氣在心之呈現之際累積，使心於相而不著。於是，念不是被消除，而是在餘氣不再累積而為著於相的勢能之下被轉化，

---

⑬　可參考Tang Chun-i: "Liu Tsung-chou's Doctrine of Moral Mind and Practice and His Critique of Wang Yang-ming," in *The Unfolding of Neo-Confucianism*, p. 318.

⑯　有關習氣或習的問題，宗周有一文專論之。其義與此處所言心之餘氣實相通，可參考。見《劉子全書》，卷八，〈說〉，〈習說〉，頁十九下至二十下。

而回復至心之本然。因此宗周說「聖人化念歸心」。此種轉化或修養工夫之基礎，永遠是落在超越的本心之上，而不能是在相對的生滅之流的意念之上。

除了「化念歸心」之外，宗周亦說「化念歸思」。「思」的字面意思是思想，但其實它不應該是一般意義下的思想，而實具有更深刻的意涵。也許它可以被理解爲能照察一切念慮的智慧。宗周說：

> ……夫學所以治念也。與思以權而不干之以浮氣，則化念歸思矣。化念歸思，化思歸虛，學之至也。夫思且不可得，而況於念乎？此爲善去惡之眞法門也。上蔡舉天下何思何慮。
> 程子曰：尚說的蚤在。已而曰：正好用工夫也。❿

此處之「浮氣」實即「心之餘氣」，而「化念歸思」亦即「化念歸心」。然而宗周更說「化思歸虛」，以此爲「學之至」。此「化思歸虛」實值得我們注意。

我們認爲，宗周的心宗與性宗的思想架構正好反映在「化念歸思（或心）」和「化思歸虛」這兩個概念之中。前者表示心宗，後者則表示性宗。「虛」字正好表示性體及意根的境界。蓋在性體的境界中，「天下何思何慮」，❿正是由思而至不思而得，也就是一切思慮皆完全合於天理的境地。至此一毫皆著不得，宗周甚至認爲「謂性本無性焉亦可」。❿所謂「性本無性」，正是「虛」一語之所示。

---

❿ 同上，〈治念說〉，頁二十四下。

❿ 此語源自《周易》〈繫辭下〉第五章。

❿ 《劉子全書》，卷七，〈原旨〉，〈原性〉，頁三上。

　　「虛」這個觀念也與意根的境界相應，因爲作爲心之主宰的意，實亦無主宰之相可言。宗周即謂「其實誠意則無意」。⑭宗周又說：

> 此箇機緣，正是意中眞消息。如定盤鍼在盤子中，隨盤子東西南北，此鍼子只是向南也。聖人學問到此，得淨淨地，並將盤子打碎，鍼子拋棄。所以平日用無意工夫，方是至誠如神也。無聲無臭，至矣乎！⑭

宗周之意謂意爲心之所存，就好比指南針在指南針盤之中。隨盤子如何動，針只是向南，就如意蘊於心，只是淵然定向於善。但到了聖人境界，便如將盤子打碎，針子拋棄一般，達到至誠如神，無聲無臭的境地。這也就是「無意」的境界。但這「無意」並不表示在意之上更有一「無意」，在誠意之外更有「無意」工夫。如前所說，「其實誠意則無意」，無意只表示意而無意，意作爲心之主宰只是「有主而無主」。⑭所以宗周說：

> 此箇主宰，要它有，又要它無。惟聖爲能有，亦惟聖人爲能無。有而無，無而有，其爲天下至妙至妙者乎！⑭

這是無意，同時就是虛，也就是誠意的眞實具體的呈現。值得一提的是，此處「無意」、「虛」及「性無性」都不能與龍溪的「四無」相提並論。在宗周心目中，不但龍溪的「四無」，甚至陽明的「無

---

⑭　同上，卷九，〈問答〉，頁十九上。
⑭　同上，頁十三上。
⑭　同註⑭。
⑭　同註⑭。

善無惡」，都已含有虛無主義的傾向。

3.意在《大學》中的地位

透過與念的對比，我們對意的內容已有一定的了解。現在就讓我們看看宗周如何把他所想的意與《大學》其他重要觀念關連起來。宗周中年（崇禎二年，一六二九，五十二歲）有《大學古記》、《大學古記約義》及《大學雜言》，至晚年（順治二年，一六四五，六十八歲）作《大學古文參疑》。從宗周五十九歲立誠意說看來，以上四種著作當以後者才能完全反映宗周對《大學》的最後意見。❹大抵宗周對誠意的新解啓發了他對《大學》八條目的整體的體會。他認爲八條目其實是一個有機的結構。他說：

> 身者，天下國家之統體，而心又其體也。意則心之所以爲心也。知則意之所以爲意也。物則知之所以爲知也，體而體者也。物無體，又即天下國家身心意知以爲體，是之謂體用一源，顯微無間。又云：《大學》八條目，如常山之蛇，擊其首則尾應，擊其尾則首應，擊其中則首尾皆應。❹

我們從宗周的四句已知他所謂的心、意、知、物是一而四、四而一的。現在加上身、家、國、天下，八目實連成一體。如是，物格的物、知致的知、意誠的意、心正的心、身修的身、家齊的家、國治的國及天下平的天下，都回到了其自身。因爲它們是連成一體的，

---

❹　有關宗周對《大學》看法的轉變，可參林慶彰：〈劉宗周與《大學》〉，收入鍾彩鈞主編：《劉蕺山學術思想論集》，頁三一七至三三六。

❹　《劉子全書》，卷十，〈學言上〉，頁二十五上。

如常山之蛇，所以如果一目回到了其自身，其他七目亦回到其自身；而另一方面，任一目之真回到其自身，亦必須其他七目之回到其自身才有可能。所謂回到其自身，是指在慎獨的境界下，一切皆升上來而具形上的意義，每一目之物自身的身份皆得以呈現，物物皆互相滲透而連成一有機的整體。這是一個物自身的世界，而非現象的世界。藉宗周的話來說，這是真實的世界，而非妄世界。⑯

　　然而，雖則八目可通而為一，但無論在存有或修養工夫上前者實較後者更為根本。這便是為何宗周說「身者天下國家之統體」。在修身中當然要正視本心。在正心中當然須注意本心更內在的面向，也就是意、知與物。我們在討論宗周的四句時已說過，心、意、知、物是就同一物的較內在而根本的面向而言。宗周在他處更對它們的關係給予清楚的說明：

> 《大學》之言心也，曰忿懥、恐懼、好樂、憂患而已。此四者，心之體也。其言意也，則曰好好色，惡惡臭。好惡者，此心最初之機，即四者之所自來，所謂意也。故意蘊於心，非心之所發也。又就意中指出最初之機，則僅有知好知惡之知而已，此即意之不可欺者也。故知藏於意，非意之所起也。又就知中指出最初之機，則僅有體物不遺之物而已，此所謂獨也。故物即是知，非知之所照也。《大學》之教，一層切一層，真是水窮山盡學問，原不以誠意為主，以致良知為用神者。⑰

---

⑯　《劉子全書》，卷六，〈證學雜解〉，〈解二〉，頁一下。
⑰　同上，頁二十五上至下。

有關此段，首先要說明的是，宗周以爲《大學》之言心，是以忿懥、恐懼、好樂、憂患爲心之體。此處的「體」是體段，非本體之意。上文已說過，忿懥恐懼等已落七情，已屬經驗的層次。然則以此等情爲心之體段是否表示心就是經驗的？我們相信，宗周如此說，是想表示心是形而下的，並非要說它是經驗的。形而下在宗周的思想中有別於一般的含義，是表示囿於形、藉形而彰之意。形而下的心有自善而之惡之勢，故以忿懥恐懼等言之，並非謂心已完全下落至此。《大學》言心之原意我們且不管，但就宗周而言則必然是超越的，否則如何可與其他七目連成一體，如常山之蛇？如心已下落爲經驗心，則「擊其中則首尾皆應」，七目豈不皆下塌而落於經驗層？落於經驗層，則相對顯然，又如何可以連成一體？是以揆之宗周對心的一貫看法（此上文已言），以及他晚年對《大學》的見解，此處所言之心必不是經驗心便很明白了。

心是形而下的，其以後的身、家、國、天下當然也是形而下的，但形而下即於形而上，形而上內處於形而下，如是就此心之往上往內而推，便見那形而上的意、知與物。配合上兩段引文而言，「意則心之所以爲心」、「意蘊於心，非心之所發」；「知則意之所以爲意」、「知藏於意，非意之所起」；「物則知之所以爲知」、「物即是知，非知之所照」，正好說明心、意、知、物四者一層深入一層，前者以後者爲本的關係。但要知這種「更爲根本」的關係並不表示與「心、意、知、物，原是一事」之說有衝突。心、意、知、物不是異質異層的，它們是同質同層的。它們不但是同質同層，而且更是同一個事物。同一事物，而說爲四者，只是就此物事中「指出最初之機」，指出它內在的，或內在又內在的面向而已。至於意

「非心之所發」，知「非意之所起」，物「非知之所照」，很可能是對遮陽明或一般儒者對意知物的理解，以意爲心之所發是陽明乃至宋明儒學傳統的看法。以知爲意之所起是宗周考察陽明四句教，看到知落於意的後著而得的結論。以物爲知之所照是就陽明意之所在爲物而說，其中的照當然不是覺照，而是認知關係之照。這些意義下的意知物，都是落於經驗的，當然不是宗周所能同意的了。

如上所言，無論在存有或道德修養上，宗周都應以物爲最根本。首先，以格物爲最根本的工夫本來就是《大學》所明言。更何況宗周說「就知中指出最初之機，則僅有體物不遺之物而已，此所謂獨也」，正是以物爲獨體，此非最根本而何？然則爲何宗周不順著《大學》原文強調格物，反之卻重誠意？宗周解釋說：

> 《大學》之教，只要人知本。天下、國、家之本在身，身之本在心，心之本在意。意者，至善之所止也，而工夫則從格致始。正致其知止之知，而格其物有本末之物，歸於止至善云耳。格致者，誠意之功，功夫結在主意中，方爲眞工夫，如離卻意根一步，亦更無格致可言。故格致與誠意，二而一，一而二者也。⑭

依宗周，《大學》的主旨是教人知本。這個本不單是人事之本，而且是天地萬物之本。宗周認爲這個本就是意，也是至善棲止之地。在致知中，知是知此意，知即是意。在格物中，物即是知，也即是意。因此，在宗周心目中，其實誠意已具有終極的意義。吾人若強

---

⑭ 同上，頁二十五下。

調知與物，不是不可以，但宗周似乎認爲意字更顯得落實而具體。所以他說「功夫結在主意中，方爲眞功夫」，而格物致知皆已蘊涵在誠意之內。一旦意得以誠，意還其意，或意回到其自身，則一切皆得成就，所謂「慎獨而天下能事畢矣」。

結合上面所引有關心意知物的幾段話來看，宗周的意思實甚顯豁而順適，但有學者比對這些資料後，卻認爲宗周把其中知止之知混雜於「知藏於意」之知，遂使「物即是知，非知之所照」一語出現問題。蓋知止之知是虛位字，而「知藏於意」之知是良知，是實體字，二者本不可混，但宗周卻混而同之，使「物即是知」之知本應是實體性的知，卻有了知止之虛位字的知的嫌疑。此猶如在「知良知」一語中，前面的知是虛位字，與實體性的良知之知不同。若問爲何「物即是知」之知可引出此歧義，此一方面固然因爲宗周在其著述中多次以知止之知言致良知之知，沒有分開二者，另一方面則因按宗周的原文，「物即是知」的上文是「就知中指出最初之機，則僅有體物不遺之物而已，此所謂獨也」，其中「體物不遺之物」，物是獨，體物即體獨，如此體字猶知止之知，順此而下，「物即是知」之知便帶上體字之作爲虛位字的意思了。[149]

我們認爲這個批評是源於對宗周的誤解。宗周的思想其實非常一貫，沒有任何混雜。首先，我們必須認定宗周言物字，至少在上引幾條資料中，基本上都是獨體的意思。即使言「格其物有本末之物」，物字仍是獨體。所謂「物有本末」，正是「物無體，又即天

---

[149] 有關這個批評的詳細內容，見牟宗三：《從陸象山到劉蕺山》，頁四七三至四八四。

下國家身心意知以爲體」之意，並不可理解爲有本物，亦有末物，蓋如此物便不成其爲獨體了。至於「僅有體物不遺之物而已，此所謂獨」，便須有簡別。我們認爲句中前物字與後物字不同。後物字固指獨體，前物字則指萬物。宗周沒有明言二物字之不同，很可能是以爲援用《中庸》「體物而不可遺」之語，其中物指一切事物，應是普遍接受的理解。其次，或許更重要的是，「體物不遺之物」的兩物字正表示「物有本末」，前物字是物之末，即萬物，後物字是物之本，即獨體。宗周說：「盈天地間皆物也。自其分者而觀之，天地萬物各一物也。自其合者而觀之，天地萬物本一物也，一物本無物也。」⑩正好表示他的「物有本末」之意（須知宗周的「物有本末」，絕非意謂有本物，有末物，將本末分開來說，而是指一物之體用，即獨體之體用。物之體或本乃獨體自身，物之用或末乃萬物，二者之義皆涵於一物字之中）。於是全句之意便應是：僅有能遍體萬物而沒有遺漏的這個物而已，所謂獨體便是。如此解則體萬物之體便與知止之知不同，不可相提並論。再說知止與致（良）知，如順《大學》原文，則知止之知確是虛位字，與良知不同。但宗周解《大學》自有其一套，我們只應注意其解釋，不必計較其解釋是否與《大學》原意相符。試看他說：「且《大學》所謂致知，亦只是致其知止之知。……惟其知止、知先、知本也，則謂之良知亦得。知在止中，良因止見……」。⑪評者謂宗周以知止謂之良知亦得，「實則並不得」。其理據只在知止之知是虛位字，與良知之知之爲實體字不同這一點。但宗周明說「知在止中，良因

---

⑩　《劉子全書》，卷三十八，〈大學古記約義〉，頁六下。

⑪　《劉子全書》，卷八，〈說〉，〈良知說〉，頁二十五上至下。

止見」。評者又謂此二語非孟子陽明說良知之意。❷究竟孟子陽明是否贊同此二語並不重要。重要的是此二語說得通否？我們認爲是說得通的。蓋依宗周，知止猶知先、知本，所以止就是先、本，而本即獨體。獨體是至善的，是以「良因止見」一語沒有任何問題。問題只在「知在止中」，因爲止即獨體或良知，知止即知獨體或知良知，如此便好像陷於評者的質疑，即：虛位字的知與實體性的良知（止）不同，如何可混雜而說「知在止中」？然而我們細心想一想，如陽明所謂「致良知」是如何致法。這其實沒有任何繞出去的巧妙辦法，還是靠良知本身。良知本身自有不容已地湧現出來的力量，所以「致良知」實即良知之自致。同樣地，知良知之知，如果不只是認知意義下的知（此知只是外部地知，甚至等如不知），而具有實踐意義的話，則知良知到底仍是良知之自覺自知，仍是良知之自我活動自我擴充而已。是以知良知（止）之知雖是虛位字，實可轉化爲實體字，與良知無別。於是，知止之知謂之良知亦得，而「知在止中」亦可得而說。我們相信，宗周正是從這一角度而說出上述那些話，而「物即是知，非知之所照」一語究竟亦無病。宗周言心意知物時並無混雜與繳繞，應該是十分明顯的。

　　透過本節的分析，我們已看出，在宗周思想裏，誠意在《大學》八條目中實具有最根本及關鍵性的地位。他曾說誠意是「《大學》之專義」，也是「《大學》之完義」。一言以蔽之，「《大學》之道，誠意而已矣」。❸

---

❷　評者語見同註一四八，頁四八一。

❸　《劉子全書》，卷二十五，〈雜著〉，〈讀大學〉，頁一上。

　　當然，誠意不但是《大學》之道，且是宗周哲學中的主導性的觀念。我們已說過宗周的意根即獨體即性體，因此不難發現宗周時有「誠意之功，愼獨而已」、「指此意而言，正是獨體」及「獨即意」等的話。❺宗周在他處更說：「靜中養出端倪，端倪即意即獨即天。」❺誠如劉汋所說，「先君子學聖人之誠者也。始致力於主敬，中操功於愼獨，晚歸本於誠意。」❺因此，在獨體、靜體、中體、性體及心體（盡心即性）之外，宗周更提出意根誠體，成爲他的哲學中另一含有終極意義的觀念。宗周對誠意的創造性的詮釋豐富了誠意的內涵，而這誠意的新內涵又豐富了宗周的哲學，使宗周思想邁進成熟的階段。

　　雖然如此，誠意說的出現並沒有改變宗周哲學的基本架構。正如上章所言，這個思想架構可以心宗、性宗來代表，亦可見於宗周四句之言心意知物，乃至他的「化念歸思（心）」及「化思歸虛」之中。讓我們一再強調，這個基本架構使宗周學說成爲獨特的，有別於其他重要的宋明理學的思想系統。

---

❺　三語分別見於同上；同上，卷十九，〈書上〉，〈答門人〉，頁二十九下及〈答史子復〉，頁五十五上。

❺　同上，卷十三，〈會錄〉，頁二十八下。

❺　同上，卷四十，〈年譜下〉，頁五十下。

第四章　慎獨哲學的實踐——〈人譜〉的分析

一、〈人譜〉的結構❶

　　〈人譜〉可說是宗周最具系統及最通行的一部著作。「表面上，它是一幅圖像、圖形、記錄表或教本，用以教人遷善改過以成就其道德的生命。然而，這部論著的基礎是建立在透過慎獨工夫而得的對自我修養的整體性的洞察。」❷

　　〈人譜〉作於崇禎七年（一六三四），時宗周五十七歲。❸但根據劉汋的說法，〈人譜〉曾經宗周一再修訂，直至他在順治二年（一六四五）臨終前一個月爲止。❹毫無疑問，這部著作代表宗周的最後定見。除此之外，宗周更有〈人譜雜記〉。這是根據〈人譜〉所列的

---

❶　本書〈附錄一〉載有〈人譜〉的全文，讀者可參看。

❷　Tu Wei-ming: "Subjectivity in Liu Tsung-chou's Philosophical Anthropology," in Donald J. Munro ed., *Individualism and Holism: Studies in Confucian and Taoist Values*, p. 231.

❸　《劉子全書》，卷一，〈人譜〉，頁一下。

❹　同上，頁十六下。

條目，收集歷史人物的嘉言善行而分類編排的一本匯集。宗周未能完成此著作，臨終授命，由劉汋補述而成。❺儘管〈人譜雜記〉充滿著許多古人的事蹟，內容豐富，但由於沒有顯著的哲學意涵，所以並非我們要討論的對象。值得我們注意的，是〈人譜〉。它充分表現宗周的實踐理論，亦即工夫論。當然，他的工夫論與其本體論是不可截然分開的。

　　〈人譜〉可分爲三部分：〈人譜正編〉、〈人譜續編二〉及〈人譜續編三〉。在〈人譜正編〉中，有「人極圖」及「人極圖說」。很明顯，宗周是模仿周濂溪的「太極圖」及「太極圖說」，轉化了其中的意涵而納入自己的愼獨哲學之中。周濂溪的「太極圖」原本共有五圖，但宗周的「人極圖」卻把「太極圖」的第二圖，即陽動陰靜之圖，分而爲二，以陽動之圖置於陰靜之圖之前，共成六圖。而更重要的是，在「太極圖」的第二圖中，本來代表陰靜的部分，在「人極圖」中卻成了陽動之圖；本來代表陽動的部分，在「人極圖」中卻成了陰靜之圖。宗周已明白指出這些改變，但卻沒有給予說明。❻然而，我們不難看出，宗周以陰、陽之圖互易，是要表示即陰即陽，二者實無法眞正地分開之意，所謂「陰陽互藏其宅」是也。「人極圖」中的陽動之圖，是表示無而未始淪於無，即無而有之「中」；而陰靜之圖，則表示有而未始著於有，即有而無之「和」。至於置陽動之圖於陰靜之圖之前，是因爲在道德修養上要以中爲本。當然，陽動之動是「動而無動」之動，陰靜之靜是「靜而無靜」之

---

❺　《劉子全書遺編》，卷十五，〈人譜雜記二〉，頁四十八下至四十九上。
❻　《劉子全書》，卷一，〈人譜〉，頁二上。

靜，而即陰即陽，即中即和，在其妙合無間中，中便是本體、獨體、心體（心─天也之心）、性體、天或太極，凡此皆以第一圖來表示。至於第四、五、六圖，其意易明，不煩多說。「人極圖」之後是「人極圖說」，對「人極圖」每一圖都有扼要的說明，最後，以盡人之學的意義作結。

　　在「人譜續編二」中，有「證人要旨」，裏面說道德修養或證人的六個步驟，所謂「六事功課」。這六個步驟與「人極圖」的六個圖相應，以第一個步驟較第二個步驟爲根本，第二個步驟又較第三個步驟爲根本，如此類推。相應第一圖「無極太極」，第一個步驟是「凜閒居以體獨」；相應第二圖「動而無動」，第二個步驟是「卜動念以知幾」；相應第三圖「靜而無靜」，第三個步驟是「謹威儀以定命」；相應第四圖「五行攸敘」，第四個步驟是「敦大倫以凝道」；相應第五圖「物物太極」，第五個步驟是「備百行以考旋」；相應第六圖「其要無咎」，第六個步驟是「遷善改過以作聖」。嚴格來說，第六事其實不能算是步驟，而是統攝前五者的工夫。

　　「人譜續編三」則包括「紀過格」、「訟過法」、「改過說一」、「改過說二」及「改過說三」。在「紀過格」中，「人極圖」的六圖均作了一些改變，表示「六事功課」實踐不當時所出現的過錯。於是，相應具反面意義的第一圖「物先兆」，便是「微過，獨知主之」；相應具反面意義的第二圖「動而有動」，便是「隱過，七情主之」；相應具反面意義的第三圖「靜而有靜」，便是「顯過，九容主之」；相應具反面意義之第四圖「五行不敘」，便是「大過，五倫主之」；相應具反面意義的第五圖「物物不極」，便是「叢過，百行主之」；相應具反面意義的第六圖「迷復」，便是「成過」。

成過爲「眾惡門」：「微過成過日微惡」，此是「崇門」；「隱過成過日隱惡」，此是「妖門」；「顯過成過日顯惡」，此是「戾門」；「大過成過日大惡」，此是「獸門」；「叢過成過日叢惡」，此是「賊門」。雖是如此，「人雖犯極惡大罪，其良心仍是不泯，依然與聖人一樣，只爲習染所引，壞了事。若纔提起此心，耿耿小明，火然泉達，滿盤已是聖人」。所以說「以克念終焉」。❼「紀過格」之後便是「訟過法」，亦即「靜坐法」，教人如何在靜坐中反省自己的過惡。「訟過法」之後便是「改過說」三篇，都是有關改過的理論。「改過說一」認爲改過工夫總在微處得力；「改過說二」言人心自明而之暗，工夫只在明上提醒，不在暗中除暗；「改過說三」則說知過即改過，知過之知即改過之行的知行合一的道理。

　　以上便是〈人譜〉的結構及其內容大概。

二、〈人譜〉的特色

　　我們沒有必要詳細介紹〈人譜〉的全文，讀者只要參看原文，便可一目了然；宗周的論述是十分清楚的。❽無論如何，單從上節言〈人譜〉的綱領已可知，〈人譜〉對吾人的道德實踐及過惡作了系統的分析，而這系統的分析又以宗周的道德的形上學爲基礎。從宗周對〈人譜〉的重視看來，它的確是宗周著述中最具代表性的作品。它不但包含宗周哲學的根本要素，而且很可以反映其學說的性

---

❼　同上，頁十一上及下。

❽　見註❶。

格。以下就讓我們從幾個方面闡發〈人譜〉所蘊涵的意義。

1.去惡即是為善的嚴正道德意識

　　首先，如果我們把〈人譜〉放回它的歷史脈絡中，便會發現宗
周著〈人譜〉的目的，並不只是要表達有關道德修養的觀念，它實
際是宗周面對當時哲學危機而作出回應的產物。表面看來，〈人譜〉
是宗周為了反對袁了凡（一五三五──一六○八）的〈功過格〉及顏壯其
的〈迪吉集〉而作的。❾事實上，他是有感於秦弘祐的〈遷改格〉
而著〈人譜〉。〈年譜〉載：「是時秦弘祐倣袁了凡〈功過冊〉，
著〈遷改格〉一書，善與過對舉：一理性情、二敦倫紀、三坊流俗、
四廣利濟。陶先生（案即陶奭齡）序而行之。……因有感而著〈人譜〉。」
❿我們在上章已看過，宗周其實對陶奭齡及其弟子們的言論所流露
的虛無與功利的傾向非常不滿。在〈人譜〉自序中，他再次批評這
兩種傾向，說：

> ……今之言道者，高之或淪於虛無，以為語性而非性也；卑
> 之或出於功利，以為語命而非命也。非性非命，非人也，則
> 皆遠人以為道者也。❶

宗周認為虛無、功利，皆不合於人之性命，已從人之所以為人的本
質脫落開去。像這樣的批評，是深刻且嚴厲的。宗周緊接著說：「然

---

❾　《劉子全書》，卷一，〈人譜〉，頁一上；《劉子全書遺編》，卷六，〈序〉，
　　〈初本證人小譜序〉，頁九上。

❿　《劉子全書》，卷四十，〈年譜上〉，頁五十上及下。

❶　同上，卷一，〈人譜〉，頁一上。

此二者同出而異名，而功利之惑人爲甚。」⑫如此說其實是針對秦弘祐的〈遷改格〉而發。在同一時期給秦弘祐的信中，宗周說：

> ……大抵諸君子之意，皆從袁了凡、顏壯其來。了凡之意，本是積功累行，要求功名得功名，求子女得子女。其題目大旨，顯然揭出，雖是害道，然亦自成一家言。諸君子平日瞖義，本是上上義，要識認求良知下落，絕不喜遷改邊事。一旦下稍頭，則取袁了凡之言以爲津梁，浸入因果邊去。一上一下之間，如以爲打合得一，則是道差也；以爲打合不得一，則是教差也。二者宜何居焉？⑬

這明顯是針對〈遷改格〉而來的話。依宗周，袁了凡的〈功過格〉及顏壯其的〈迪吉集〉都是本著佛教的因果觀念，主張行善求福。在宗周看來，此已落於功利而非儒學。如今秦弘祐及白馬山房的學者們仿袁了凡刊行〈遷改格〉，一方正落入行善求福的功利，一方又與他們日求識認無善無惡之心體之說相矛盾。蓋依宗周，如果作爲上上義的無善無惡說能正確地被理解及實踐，則功利的觀念便沒有滋長的餘地。然而〈遷改格〉中正含有功利思想，這便意味著秦弘祐等人的無善無惡說只是「玄虛而蕩」的虛無，適爲「情識而肆」的功利的基礎。

　　如是，〈人譜〉之作正顯示宗周對當時功利思想（亦即虛無思想，二者「同出而異名」）的回應。在給秦弘祐的另一信中，宗周明白表示

---

⑫　同上。

⑬　《劉子全書》，卷十九，〈書上〉，〈與履思十〉，頁十四下至十五上。

他反對秦弘祐的理由，並提出自己的意見。我們相信，這個意見便成爲他撰寫〈人譜〉〈紀過格〉的主導原則。他說：

> 〈遷改格〉「廣利濟」一款宜除，此意甚害道。百善、五十善，書之無消煞處，不如已之。紀過則無善可稱，無過即是善，若雙行便有不通處。愚意但欲以改過爲善。今善惡並書，但准多少以爲銷折，則過終無改時，而善之所列，亦與過同歸而已。有過，非過也；過而不改，是謂過矣。有善，非善也；有意爲善，亦過也。此處頭路不清，未有不入於邪者。至於過之分數亦屬穿鑿，理無大小多寡故也。今但除入刑者不載，則過端皆可滷除，似不必分多寡。但有過而不改，入於文，直須記千萬過耳。平日所講專要無善，至此又說爲善，終落在功利一路。僕以爲，論本體，決其有善無惡；論工夫，則先事後得，無善有惡可也。凡此皆道之所在，不可不謹。❹

秦弘祐的〈遷改格〉已不傳，我們無從考知其詳。但從前面的引文已知它是模仿袁了凡的〈功過格〉的，其大概是要學者依照某種標準把一日所爲的功與過記錄下來，至月底時作詳細的考核與檢討。儘管這樣做對一些中根以上的人來說也許較笨拙，但這實不失爲一切實可行的修養方法。表面看來，如果不太拘泥，容許一些彈性，以之律度吾人的道德行爲，使歸於正，實未嘗不是一種方便。然而，宗周卻看出其背後的一個嚴重問題：這種紀功紀過雙行的辦法，以功補過，以功求福，實預設著一功利的心態。如此實已喪失吾人道

---

❹　同上，〈與履思九〉，頁十三下。

德生命的自主性、自律性。而且以功補過，功過可以相抵銷的想法並不能保證過而能改，蓋可以將功贖罪，則只要不斷爲善有功以作補贖之資，過惡便可姑息而延續下去。試問這樣又如何可說是道德修養？尤有甚者，依宗周，以功求福，正是有意爲善。有意爲善，雖善亦有過，因爲此時有意爲善之心已落於意念的層次，已脫離純善的本心之體了。宗周所批評的功利，正是「情識而肆」的功利主義，對純正的道德行爲實有嚴重的損害。這便是爲何宗周說「此意甚害道」，又說〈遷改格〉爲「害道之書也」。❶

於是，宗周提出自己的見解，認爲從本體言是有善無惡，從工夫言則無善有惡。乍看之下，這好像本體、工夫有矛盾，實則不然，或許需要解釋一下。蓋一般來說，吾人都以「爲善去惡」爲道德實踐的主要內容，而爲善與去惡，又是兩頭工夫——多作善的想念行爲，去除惡的想念行爲，二者並不相同，去惡不是爲善，爲善不是去惡，故須兩面兼顧。但從宗周看來，此一般意義下的爲善去惡已非眞正的道德實踐，已落入情識的功利計較。我們回顧上章，宗周所說的「念之好惡，兩在而異情」，意謂好善不是惡惡，正包括此一般意義的道德實踐而言。蓋由念之好善惡惡而來的爲善去惡，已落於情識，並不眞能成就爲善去惡，因爲在情識的念慮之流中，好善惡惡皆無定準，隨之而來的爲善去惡，亦無一定。若要眞能成就爲善去惡，便須推高一層，在意上立根。「意之好惡，一機而互見」，於是好善即惡惡，惡惡即好善，由此意之好善惡惡而來的爲善去惡，便成爲善即去惡，去惡即爲善，二者同是一機。在一機湛然之中，

---

❶　同上，卷四十，〈年譜上〉，頁五十上。

即工夫即本體，工夫上之去惡，即是爲善，亦即是本體之善的呈現。此便是宗周說「論本體，決其有善無惡；論工夫，則先事後得，無善有惡」的含義了。

　　由此而觀，「去惡即是爲善」便是〈人譜〉言實踐工夫的原則。它之所以可能，是因爲它不是一般世俗或經驗意義下的爲善去惡，而是有了道的參與。換言之，眞正的爲善去惡是在獨體或心體的呈現下進行的。依宗周，若不能從獨體之根本下手，一切爲善去惡的道德實踐均成戲論。於此可見宗周道德實踐意識之嚴正，至少已超過當時的同儕後輩，特別是白馬山房的學者。

　　另外，此工夫上的有惡無善或去惡即是爲善的原則也說明了〈人譜〉「紀過格」言過不言功的理由。在此意義下，宗周的改過思想自然也與一般的改過不同，而更具深層的意義。〈人譜〉「改過說一」云：

> 天命流行，物與無妄，人得之以爲心，是謂本心。何過之有？惟是氣機乘除之際，有不能無過不及之差者。有過而後有不及。雖不及，亦過也。過也，而妄乘之，爲厥心病矣。乃其造端甚微，去無過之地所爭不能毫釐，而其究甚大。譬之木，自本而根而幹而標，水自源而後及於流，盈科放海。故曰：涓涓不息，將成江河；綿綿不絕，將尋斧柯。是以君子愼防其微也。防微，則時時知過，時時改過。俄而授之隱過矣，當念過，便從當念改。又授之顯過矣，當身過，便從當身改。又授之大過矣，當境過，當境改。又授之叢過矣，隨事過，隨事改。改之，則復於無過，可喜也。過而不改，是謂過矣。

> 雖然，且得無改乎？凡此皆卻妄還眞之路，而工夫喫緊總在微處得力云。……**⑯**

上章言宗周以惡源自念，而念者心之餘氣。此處則以過惡來自本心之「氣機乘除之際」之「不能無過、不及之差者」。二說實相通。一言以蔽之，過惡畢竟於心性上無根。雖然，過不能不有，而宗周改過與一般改過之不同，乃在宗周認爲「工夫喫緊總在微處得力」，即是說，宗周要直究至過惡甚微之造端而去之，才算是眞正的改過。蓋在事上所犯之叢過，從境上所犯之大過，從身上所犯之顯過，乃至從念上所犯之隱過，莫不是從微過積來，所謂差之毫釐，謬以千里。若不在造端甚微之處斬截，則盈科放海，蔓不及圖。屆時要改，已覺繁難；即使能改，病根猶在。可見宗周要求改過之徹，反省之深，已不是一般經驗上的、皮相上的改過所可同日而語。

進一步言之，微過是種種過惡的病根，但要察知微過而去之，又須心體之發現。是以改過畢竟以本心之發現爲根本。〈人譜〉「改過說二」云：

> 人心自眞而之妄，非有妄也，但自明而之暗耳。暗則成妄，如魑魅不能畫見。然人無有過而不自知者。其爲本體之明固未嘗息也。一面明，一面暗，究也明不勝暗，故眞不勝妄，則過始有不及改者矣。非惟不改，又從而文之，是暗中加暗，妄中加妄也。故學在去蔽，不必除妄。孟子言：君子之過，如日月之食，以喻人心明暗之機極爲親切。蓋本心常明，而

---

⑯ 同上，卷一，〈人譜〉，頁十三上至下。

不能不受暗於過。明處是心，暗處是過。明中有暗，暗中有
明。明中之暗即是過，暗中之明即是改。手勢如此親切。但
常人之心雖明亦暗，故知過而歸之文過，病不在暗中，反在
明中。君子之心雖暗亦明，故就明中用箇提醒法，立地與之
擴充去，得力仍在明中也。……⓱

凡此皆以本體之明爲根源之地。此處一立，群妄皆消，一切過惡之
暗亦轉而復明。我們注意「學在去蔽，不必除妄」，改過並不是在
妄中除妄，暗中去暗，如此落於對待，只會妄上加妄，暗中加暗，
最多只能治標，決不能治本。就如宗周所謂以念止念，實無濟於事。
眞正得力的工夫，是在妄暗之根源之明處提醒。一眞既立，一切過
妄便立與消融，是以宗周總說靜存之外無動察，致中所以致和，總
要在本體上立根，否則「頭路不清，未有不入於邪者」。

　　本心之體呈現，則知過而去之。此知過之知是良知之知，並非
一般的認知。良知是體知，已具有實踐的意義，故說即知即行。〈人
譜〉「改過說三」云：

　　……夫知有眞知，有嘗知，昔人談虎之說近之。顏子之知，
　　本心之知，即知即行，是謂眞知。嘗人之知，習心之知，先
　　知後行，是謂嘗知。眞知如明鏡當懸，一徹永徹；嘗知如電
　　光石火，轉眼即除。學者緣嘗知而進於眞知，所以有致知之
　　法。……誰謂知過之知，非即改過之行乎！致此之知，無過
　　不知；行此之行，無過復行。惟無過不知，故愈知而愈致；

<hr />

⓱　同上，頁十四上至下。

惟無過復行，故愈致而愈知。此遷善改過之學，聖人所以沒
身未已，而致知之功，與之俱未已也。……**⑱**

宗周區分眞知與嘗知。眞知是本心之知，嘗知是習心之知；眞知即
知即行，嘗知先知後行。眞知是超越的，常主而貞定，故如明鏡當
懸，一徹永徹。嘗知是經驗的，起滅而不斷，故如電光石火，轉眼
即除。以談虎爲例，知虎噬人，是嘗知，至談虎色變，方是眞知。
眞知非嘗知，但亦非棄絕嘗知以求眞知，否則只是懸空的想像。如
是，知過即是改過，知過之知即是改過之行。遷善改過之學，到最
後，只是時時提起本心之知而已。

　　由此可知，「爲善去惡」的道德實踐，在宗周〈人譜〉中，已
被深刻地轉化爲去惡即是爲善、改過即是遷善的改過思想。這是在
本體呈現的前提下所迫至的結論。當然，宗周這個見地不是獨特的。
凡對本心有親切體會的儒者皆可見及此，只是宗周在其嚴正的道德
意識下特別提出此義，將之表彰出來。

2.對過惡深微的洞察

　　在儒學的著述中，絕少有像〈人譜〉那樣，對人的過惡作系統
而細緻的描述。這主要的原因之一恐怕是宗周的嚴正的道德意識所
使然。從「紀過格」所述的獨知之微過、七情之隱過（溢喜、遷怒、傷
哀、多懼、溺愛、作惡、縱欲）、九容之顯過（指足容、手容、目容、口容、聲
容、頭容、氣容、立容及色容之過）、五倫之大過（父子之過、君臣之過、夫婦
之過、長幼之過、朋友之過）、百行之叢過（如色食財氣等過），以及爲眾惡

---

⑱　同上，頁十五下至十六上。

門之成過,可知宗周描述過惡之系統而具體的程度。但一旦涉及具體行爲之過惡,便會產生某具體行爲是否眞正過惡之爭論。如劉人鵬便從女性主義的角度指出〈人譜〉及〈人譜雜記〉中所指出之「過惡」實不乏對女性貶抑排斥的意涵。由於劉人鵬的文章牽涉範圍頗廣,這裏只就其直接有關〈人譜〉的部分略作討論。❶❾

〈人譜〉「紀過格」中,第四「大過,五倫主之」下之「夫婦類」列有「交警不時、聽婦言、反目、帷薄不謹(如縱婦女入廟燒香之類)、私寵婢妾、無故娶妾、婦眼踰閾」七項,註云「以上夫婦類,皆坐爲人夫者,其爲婦而過可以類推」;「長幼類」所列諸項中有「聽妻子離間」一項。凡此皆屬大過。劉人鵬認爲以上「除了『反目』一項是『夫妻反目』之外,其餘皆是夫爲道德實踐的主體,而『妻』或『妾』則是一種潛在的對德行的『破壞性』,一種防範的對象,而不是同樣具有心性良知情感意志的『人』。」她解釋謂「聽婦言」之爲過的重點在「婦」而不是「言」;「帷薄不謹」和「婦言踰閾」之爲過是絕對禁閉女人與婦言;「私寵婢妾」和「無故娶妾」,「婢」、「妾」皆聖學同意之社會存在,唯「私寵」、「無故」者爲大過;「交警不時」是不能警戒丈夫不要留於宴昵之私,此實意味論述者一方不否認女人這個領域的存在甚至必要性,一方面又在道德修養的語言中極力賦予負面印象;「聽妻子離間」之爲過實不將妻子視爲情感血肉之軀,而僅想像並規定爲男性家族維護

---

❶❾ 見劉人鵬:〈聖學道德論述中的性別問題——以劉宗周《人譜》爲例〉,收入林慶彰、蔣秋華主編:《明代經學國際研討會論文集》(台北:中央研究院中國文哲研究所籌備處,一九九六),頁四八五至五一六,特別是頁五零八至五一六。

的一種功用的說辭。❷

這些批評之所以有力，是因為我們很難想像宗周會從上述為人夫之過類推而說妻子之過，而有像「聽夫言」、「夫言踰閾」或「聽丈夫離間」之為過這一類的話。當然，「離間」、「踰閾」都可以是過，但在傳統社會或家族中，很少會認為這些過錯是由丈夫引起，是以根本沒有「夫言踰閾」或「聽丈夫離間」之為過的問題。至於「聽夫言」，在傳統本來就被認作應份之事，何過之有？要說有過，也只能說「聽夫不正之言」為過，但類推回去，丈夫便應以「聽婦不正之言」為過，而非以「聽婦言」為過。宗周明說「聽婦言」為大過，其論述豈非含有貶抑女性的成份？然而，面對這些質疑，我們首先要明白的是，宗周所謂「大過」，並非指嚴重的過錯，而是相對前面獨知之微過、七情之隱過及九容之顯過而就五倫之發露為明顯之行為而說的大過。其次，宗周以「聽婦言」等為過，可能不是憑空而說，而是就當時的實際環境而言。蓋傳統社會重男輕女，婦女所受教育有限，多無知之言，宗周蓋有見於此，遂為之說。「聽婦言」等之為過，很可能是因應當時的社會環境，為中下人立法，並非嚴格的普遍命題。但這樣說並非意謂可洗脫宗周的論述中含有貶抑女性的嫌疑。平心而論，從劉人鵬的分析可知，宗周乃至許多傳統的道德論述都有貶抑女性地位的現象。但單就宗周而論，此並不足以表示宗周就以妻妾的女性為「防範的對象」，為「不是同樣具有心性良知情感意志的人」。人性本善、人人皆可為堯舜，其中人人便包括男性與女性，這是宗周從未動搖過的信念。也許可以這

---

❷　同上，頁五一四至五一六。

樣說：宗周尊重女性，但他所尊重的女性是在傳統男性中心社會扮演附屬角色的女性。這大概就是劉人鵬的文章所要指出的。無庸諱言，此乃宗周時代的局限。須知在傳統社會重男輕女、男尊女卑的氛圍下，要有觀念的突破，乃至社會風氣、制度的變革，誠非易事。於此批評宗周，就好比批評傳統儒者服從帝王專制政治而爲奴儒一樣。批評並不是完全沒有道理，但卻似乎忽略歷史發展的艱難。人活在時代中，受時代的限制，總有其反省所一時未能觸及者。然而，重要的是，這類反映男女不平等的道德論述，將隨時代的變遷、反省所觸及而被揚棄。宗周所立的大過以致叢過的項目，都是因應當時實際環境而設，並無絕對的必然性，就如「禮儀三百，威儀三千」，可以隨時代的不同而斟酌損益。如果認爲宗周始終要爲貶抑女性的論述而負責，此誠是一過故，則依〈人譜〉改過之精神，他亦將認眞正視此過而去除之。這並不影響他的慎獨哲學。但這樣說便會帶出一個問題：像「聽婦言」這些含有貶抑女性的論述，其背後是男尊女卑的觀念，而男尊女卑又是鑲嵌在道德論述的最高位置，是來自儒者對道的體會，則去除男尊女卑的觀念，豈非等於否定常道，又怎麼不會影響其慎獨哲學？

　　或謂何以見得男尊女卑的觀念已鑲嵌在道德論述的最高位置？於此，劉人鵬提出例證，如〈人譜〉「人極圖說」將本體論、宇宙論、價值論混合，認爲「統三才而言謂之極，分人極而言謂之善，其義一也」，接著引《易·繫辭》「繼之者善也，成之者性也」，註曰「動而陽也，乾知大始是也」、「靜而陰也，坤作成物是也」，其後並有「乾道成男，即上際之天；坤道成女，即下蟠之地。……至此以天地爲男女，乃見人道之大」等語。這是從〈繫辭〉「天尊

地卑，乾坤定矣」、「乾道成男，坤道成女」的思考傳統而來。天
尊地卑就意味著男尊女卑。再證之以宗周〈讀易圖說〉的話：「故
盈天地間陽嘗爲主而陰輔之，陰不得與陽擬也明矣」，㉑「以陽統
陰」的意義再被強調。於是，劉人鵬認爲「當男性知識份子將男/女、
陽/陰、動/靜、上/下的配置關係，繫之於乾/坤、天/地時，人間社會
秩序便被定義爲宇宙自然的秩序，『男』之位居尊上，成爲他在宇
宙中的位置。」由此引申，傳統五倫的關係（父子有親、君臣有義、夫婦
有別、長幼有序、朋友有信），尤其是夫婦一倫，便無可避免地帶著上下
先後的層級性。「人極圖說」於乾坤、陰陽、動靜之後，接著說：

> 繇是而之焉，達於天下者，道也。放勳曰：父子有親，君臣
> 有義，夫婦有別，長幼有序，朋友有信。此五者，五性之所
> 以著也。五性既著，萬化出焉；萬化既行，萬性正矣。㉒

如此，則五倫眞是天經地義。但劉人鵬卻看出，「夫婦的關係是尊
卑先後的宇宙自然絕對位置，父子、君臣、夫婦、長幼因而是父君
夫長在上，而子臣婦幼在下的層級秩序」。「男女有別」的意義是
男先於女，「將婦女納入維護父系秩序的第一線」，「將女性隔離
於男性成聖成王的治國以至於平天下的政治、教育等公共領域之
外」。㉓

　　關於這些批評，無可否認，傳統的五倫關係很多時是帶上三綱

㉑　《劉子全書》，卷二，〈讀易圖說〉，頁七上。

㉒　《劉子全書》，卷一，〈人譜〉，頁二下。

㉓　此段的意思，詳見劉人鵬：〈聖學道德論述中的性別問題——以劉宗周《人
　　譜》爲例〉，頁五零八至五一四。

（父爲子綱、君爲臣綱、夫爲妻綱）的色彩。但一些當代的學者已經提出，傳統是可以經過解咒或解消神話的手續，而抉發其中的精義。❷首先，傳統的上下尊卑的關係，並不必然就是宰制與被宰制的關係。即使到了現今，至少在君（上司）臣（下屬）一倫上，仍須保有上下的層次，這裏面本可不涉及宰制與否的問題。由此而觀其他的人倫關係如夫婦，傳統的「夫婦有別」大概是傾向於說夫婦有尊卑內外之別，個中原意很可能是希望透過尊卑的層序及內外的分工以達到夫婦關係的和諧，實無意將女性隔離於男性的公共領域之外。但在理想落實的過程中，尊卑內外的關係便很容易滑落而爲宰制與被宰制的關係，成爲觀念與現實。是故，解咒的第一步，便是推源尊卑內外的關係，覺知其本意是通過一層序及分工，以達至夫婦彼此之和諧，成就彼此之生命，從而解消宰制與被宰制的劣義。這樣「男尊女卑」便可被提起來而在一義上有其正面的價值。但至此仍未足夠。蓋「夫婦有別」之相互成就之價值可透過「男尊女卑」來實現，亦可透過「女尊男卑」或「男女平等」來實現。尤其是到了當代，女性不再扮演附屬男性的角色，而有其獨立的主體。因此，夫婦的關係便不應再是尊卑的關係，而應是相互平等的關係。這便是解咒的第二步。在此一義下，傳統的「夫爲妻綱」（乃至整個三綱）便須被揚棄。但「夫婦有別」（乃至整個五倫）則仍須保留，蓋夫婦之別已非尊卑之別，而是相互平等對待之別。夫婦一倫已經轉化而非復傳統習俗之義。但這不是一種創新，只是透過轉化重新抉發夫婦相互成就

❷ 可參劉述先：〈「理一分殊」的現代解釋〉，收入所著《理想與現實的糾結》（台北：學生書局，一九九三），頁一六一。

其生命的本義而已。透過某種相互的關係而成就彼此的生命，這是
五倫的本義。但如此仍須面臨一問題，就是剛才說過的，男尊女卑
的觀念既已雕刻在道德論述的最高位置，解消此觀念豈非就等如否
定常道？於此，我們需要對有關道的論述進行解咒。這是解咒的第
三步。宗周說：「故盈天地間陽嘗爲主而陰輔之，陰不得與陽擬也
明矣。」依此，可以說陽主陰輔、陽尊陰卑。但陰陽其實是功能性
的概念，並非實體性的概念，它們只代表宇宙人生的兩種傾向或勢
能。這兩種傾向或勢能無論在男性或女性的生命中皆存在著。傳統
以乾道（陽、天）成男、坤道（陰、地）成女，只是順男性之較表現陽
剛之氣質而以乾陽配之，順女性之較表現陰柔之氣質而以坤陰配之，
二者之間無絕對的必然性。如果有一日，女之陰主陽位，呈一陽之
氣質，男之陽主陰位，呈一陰之氣質，則陰陽可以易位，以陽爲女，
以陰爲男。這就如母系社會或女兒國中，女主外而男主內，婦唱而
夫隨，只要是眞誠地成就彼此的生命，採取若何之相互的方式或管
道，均無不可。此實無礙於傳統之以一陰一陽之謂道，而宗周之以
陽主陰輔言道，仍可得而說。於是，宗周的慎獨哲學乃得與時推新。
表面看來，與時推新的代價好像是揚棄其系統不合時宜的部分，甚
或自我解構，實質只是獨體不息，一元常運，萬變不離其中而已。

　　以上是從宗周言具體行爲的過惡而涉及劉人鵬的文章所引起的
討論。我們可以看到，儘管宗周對過惡的分析甚仔細而具體，其所
謂大過及叢過之項目，畢竟是爲中下人立教，其實是可以斟酌損益，
與時推移的。宗周分析過惡的眞正貢獻，乃在他對過惡的深微觀察。
由成過之惡到叢過、大過、顯過、隱過以至微過，宗周對其百行、
五倫、九容、七情以至獨知之體，由內至外，由顯至微，都有極深

的照察。他指出，一切過惡之源，在獨知之微過，並形容微過爲「獨而離其天」之「妄」。他說：

> 以上一過（案指微過），實函後來種種諸過，而藏在未起念以前，彷彿不可名狀，故曰微，原從無過中看出過來者。妄字最難解，直是無病痛可指。如人元氣偶虛耳，然百邪從此易入。人犯此者，便一生受虧，無藥可療，最可畏也。程子曰：無妄之謂誠。誠尚在無妄之後。誠與僞對，妄乃生僞也。妄無面目，只一點浮氣所中，如履霜之象，微乎微乎。妄根所中曰惑，爲利，爲名，爲生死；其粗者，爲酒、色、財、氣。❷⑤

從宗周的描述可見他對微過有極深的體驗。如果沒有深刻的反省與體證，要說出這番話恐怕不容易。宗周好用微字來形容獨體。此處他亦以微字來說過，此微過是妄，是「獨而離其天」，可知在他心目中微過或妄實與獨體並行。是以宗周說微過「原從無過中看出過來者」，而「妄無面目」，「直是無病痛可指」，「如人元氣偶虛耳」。牟宗三即以微過比作佛家的「同體無明」，而謂獨體深至何處，妄即隨之深至何處；獨體達至無限，妄即隨之達至無限；獨體是終極的，妄即隨之爲終極。❷⑥此眞是「最可畏也」。我們很少看到其他儒者對過惡的根源有如此深微的描述。然而，說妄與獨體並行並非表示至善與惡源同在。依宗周，微過或妄之爲惡的根源，究其實，不過是心體呈現時所積聚之餘氣或浮氣，並不是存有論上的

---

❷⑤　《劉子全書》，卷一，〈人譜〉頁七下。
❷⑥　牟宗三：《從陸象山到劉蕺山》，頁五三二。

究極的存在。但吾人必須時時戒愼恐懼，避免心體中餘氣的積聚，即使性體或獨體朗現，偶一不愼，仍可爲一點浮氣所中，百邪由此而生。此即是說，證成人之所以爲人的道德事業，是一永無休止的不斷自我轉化的過程，這其實就是天道的生生不已的過程。在宗周看來，做人即是證人，已遠遠超過一般心理學意義下的社會關係的調整或人際間的和諧了。

因此，勿謂儒家主張性善，便忽略罪惡的觀念。西方的早期學者如羅芙・班尼迪(Ruth Benedict)曾有罪惡文化與羞恥文化的區分。罪惡文化（guilt culture）是指一個強調絕對的道德標準的社會，這個社會的價值是建立在人民的良心及對罪惡的悔悟之上，罪惡必須透過懺悔與贖罪才得以消除。羞恥文化（shame culture）的社會則較著重外在的制裁以促進人的善行，但卻沒有提供令人懺悔的文化資源。儘管一個人的惡行不爲人知，他仍可因爲自己的罪惡而感受痛苦，但羞恥則只是對別人批評的反應。❷當羅芙・班尼迪討論罪惡及羞恥文化時，她所指的分別是美國和日本。她雖然沒有提及中國，但她對羞恥文化的解釋很容易令人聯想與日本同屬東方文化的中國。「羞恥」無疑在日本或中國道德文化中都是一個重要甚至具有代表性的項目。但至少在中國儒學的傳統中，羞恥並不只是外在的制裁，一種對別人批評的反應；它實際上是一種對自身過惡的自覺之情，不論這些過惡是重於泰山，或輕於鴻毛。宗周的〈人譜〉更追溯過惡的根源，爲本心之體的一點浮氣，所謂微過之妄。是以罪

---

❷ Ruth Benedict: *The Chrysanthemum and the Sword* （Boston: Houghton Mifflin Company, 1946）, pp. 222-223.

惡感在儒學的傳統中從未被忽略，而宗周的改過思想也說明了在中
國的羞恥文化中，最深微的過惡亦可透過反思內省的道德修養工夫
而被去除。張灝在探討「幽暗意識」在儒學傳統中的發展時，曾肯
定宗周對人性的過惡的透視：

> 這種生命的感受，在晚明劉宗周的思想裏有更明顯的流露，
> 造成幽暗意識在宋明儒學裏一個空前的發展。例如他在《人
> 譜》一書中，把成德的實踐過程分成六步，每一步都有罪咎
> 的潛伏，都有陷溺的可能。他在總結第六步——「遷善改過
> 以作聖」時，曾有這樣的話：「學者未歷過上五條公案，通
> 身都是罪過，即已歷過上五條公案，通身仍是罪過」。接著
> 在《人譜續編·紀過格》裏，他對這「通身的罪過」有極詳
> 盡的抉發和分析。他把罪過分成六大類，每一大類再細分成
> 各色各種，其中第一大類，劉宗周稱之爲「微過」，最足以
> 表現他對罪過勘查的細微：「以上一過實函後來種種諸過，
> 而藏在未起念之前，彷彿不可名狀，故曰微，原從無過中看
> 出過來者。『妄』字最難解，直是無病疼可指。如人之氣偶
> 虛耳，然百邪從此易入。人犯此者一生受虧，無藥可療，最
> 可畏也。」《人譜》裏面所表現的罪惡感，簡直可以和其同
> 時西方清教徒的罪惡意識相提並論。宋明儒學發展到這一步，
> 對幽暗意識，已不只是間接的映襯和側面的影射，而已變成
> 正面的彰顯和直接的透視了。❷

---

❷　張灝：〈超越意識與幽暗意識〉，收入所著《幽暗意識與民主傳統》（台
北：聯經出版社，一九八九），頁七十二至七十三。

所謂「幽暗意識」,簡言之,便是對宇宙或人性的陰暗面的正視。
❷就此而言,宗周的〈人譜〉的確表現強烈的幽暗意識。張灝還認
為,幽暗意識在宋明儒學中得到空前的提升,可能跟一些外部的因
素如大乘佛教的刺激,及儒學思想中內化的趨勢有關,但這始終仍
未突破聖王觀念所代表的儒家終極的樂觀精神。❸張灝教授的提法,
是從思想史的角度,參照西方基督教傳統而立論。然而,我們單就
〈人譜〉而觀,宗周的「證人要旨」及「紀過格」,一正一反,其
中所表現的成聖觀念及幽暗意識可以沒有任何衝突。有關這一點,
牟宗三曾有具體的說明。他說:

> 罪過,過惡,是道德意識中的觀念。道德意識愈強,罪惡觀
> 念愈深而切,而且亦只有在道德意識中始能真切地化除罪惡。
> 儒聖立教自道德意識入。自曾子講守約慎獨後,通過宋明儒
> 的發展,這道德意識中的內聖之學,成德之教,至蕺山而為
> 更深度更完備地完成。是故道德實踐中正反兩面更為真切而
> 深入,而過惡意識亦更為徹底而窮源,此為內聖之學所應有
> 之文章。相應真體之天而化除此徹底窮源之過惡之妄乃是道
> 德實踐之本分,故對於過惡能有如此徹底窮源清楚明確而且
> 真切之理解,其他教皆不及也。勿謂儒家偏於樂觀,對於人
> 生之負面感受不深。此皆世俗之論,無真正之道德意識者也。
> 焉有自道德意識入而無深切之罪惡感乎?俗儒自是俗儒,焉
> 可為憑?以往因重視當下道德實踐,又顧及風教故,故多講

---

❷　張灝:〈幽暗意識與民主傳統〉,收入同上,頁四。
❸　〈超越意識與幽暗意識〉,同上,頁七十三至七十五。

正面話，反面者多引而不發，然不發非無深入之感也。豈在言之多少乎？真有道德意識而作道德實踐者，若非徒爲世俗之好人，或徒爲具道德之文貌而無道德之精神者，則必正反兩面皆深入，正面必透悟至心體與性體，反面必透悟至知險與知阻。其多言正面者重在立體立本，而險阻則在實踐中隨時遭遇之，即隨時本正面以化除之，此並非可爭辯之問題，故無暇多言也。豈在視作專題而分析之，如存在主義者之所爲，多言而詳言之以挑動人乎？當然多言而詳言之亦自有價值。然必在道德實踐中隨吾人之意識及之，多言而詳言之，此多言而詳言始有真切而痛切之價值；否則徒爲挑動人而爲文學性之戲論，此則理學家所不欲而亦不忍多言者也。……故吾人若不言負面則已，若欲言之，則必套於道德意識中始能徹底而窮源，清楚明確而真切，而且真能實踐地化除之。以往言之不及，亦只是一時之不及，非其本質不能入也。故云至蕺山而完備。**㉛**

车先生這段話很可以表示宗周言過惡對儒學之貢獻。總之，儒家主性善，少言人性的陰暗面，這容易給人儒家抱有過份的樂觀精神的印象。實則凡真有道德意識而作道德實踐者，對罪惡莫不有深切之感，亦莫不知工夫之無盡，成聖之艱難。我們至少可以說，對人性深層的體會，對過惡深微的照察，已經很清楚且系統地展現在宗周的〈人譜〉中了。

㉛ 车宗三：《從陸象山到劉蕺山》，頁五三七至五三九。

3.慎獨的思想架構

　　細心觀察，我們可以發現，宗周的思想架構實亦反映在〈人譜〉之中。我們知道，〈人譜〉「證人要旨」的「六事功課」，言道德實踐的六個步驟，與「紀過格」所言的六過相對應。既然微過是一切過惡之源，則對治微過的第一事，「凜閒居以體獨」，便是最根本而重要的道德實踐工夫。宗周解釋其意義說：

> 學以學爲人，則必證其所以爲人。證其所以爲人，證其所以爲心而已。自昔孔門相傳心法，一則曰慎獨，再則曰慎獨。夫人心有獨體焉，即天命之性，而率性之道所從出也。慎獨而中和位育，天下之能事畢矣。然獨體最微，安所容慎？惟有一獨處之時可爲下手法。而在小人，仍謂之「閒居爲不善，無所不至」，至念及揜著無益之時，而已不覺其爽然自失矣。君子曰：閒居之地可懼也，而轉可圖也。吾姑即閒居以證此心。此時一念未起，無善可著，更無不善可爲，只有一眞無妄在不睹不聞之地，無所容吾自欺也，吾亦與之毋自欺而已。則雖一善不立之中，而已具有渾然至善之極，君子所爲必慎其獨也。夫一閒居耳，小人得之爲萬惡淵藪，而君子善反之，即是證聖之路。蓋敬肆之分也。敬肆之分，人禽之辨也。此證人第一義也。❸❷

　　在宗周心目中，這個最根本最重要的實踐工夫，當然就是慎獨。慎獨是證成人之所以爲人的第一義。慎獨的獨就是凜閒居以體獨的獨，

---

❸❷　《劉子全書》，卷一，〈人譜〉，頁三下至四上。

是獨體而非獨處獨知之意。後者是《大學》《中庸》言愼獨的獨字的本義，到了宗周，便將其義轉化而爲獨體，其本義反卻成爲「凜閒居而體獨」中的「閒居」了。獨體即「天命之性」，是「率性之道所從出」。很明顯，獨體便是作爲形而上的宇宙本體的性體，是以宗周接著即以中和說之，謂「愼獨而中和位育，天下之能事畢矣」。具體地說，在獨體的境界中，「一念未起，無善可著，更無不善可爲，只有一眞無妄在不睹不聞之地，無所容吾自欺……則雖一善不立之中，而已具有渾然至善之極」。所謂「一念未起」，是念復其初之無念之境，也就是回復意根獨體之本然。此時意而無意，故無善可著；無意而意，故無不善可爲。就在有而未始著於有、無而未始淪於無之幾微之際，正是那不可睹聞之地。說「之際」、「之地」乃是方便，實則已超越時位，只是那一眞無妄、無所容吾自欺之常惺惺之獨體。獨體即是性體、中體，在此獨體性體之一善不立之中，已具渾然至善之極，萬化由此而出，萬物由此而育。我們可以看出，此段話的含義，其實就相當於宗周的性宗。

　　依宗周，學爲人，必證其所以爲人。證其所以爲人，便要證其所以爲心。證其所以爲心，便是要證此作爲性體的獨體。但要證得此獨體性體，眞是談何容易！宗周提出愼獨，但愼之一字，仍不易捉摸。宗周又提出敬肆之分，肆則爲萬惡淵藪，爲禽爲獸；敬則善反，爲證聖之路。由此開個路頭，但似嫌未夠切實。於是，宗周再開方便，認爲獨處閒居之時可爲下手法。這閒居獨處之下手法，其實就是靜坐。是以宗周在上引文之後即補充說：

　　靜坐是閒中喫緊一事，其次則讀書。朱子曰：每日取半日靜

坐，半日讀書，如是行之一二年，不患無長進。❸❸

從這句話可知宗周不廢讀書，其實讀書亦爲慎獨工夫所必涵。當然，讀書不是於心外求聞見，而是從聞見印證獨體之不息及廣大。但至少就初學者來說，要證得性體，讀書實不及靜坐來得直接。所以宗周姑置讀書爲第二義，而以靜坐爲閒中吃緊一事。我們不禁仍要問：此靜坐究竟是如何的靜坐方法？於此，〈人譜〉中有「訟過法」，亦即「靜坐法」，對此工夫有具體的說明：

> 一炷香，一盂水，置之淨几，布一蒲團座子於下。方會平旦以後，一躬就坐，交趺齊手，屏息正容。正儼威間，鑒臨有赫，呈我宿疚，炳如也。乃進而敕之曰：爾固儼然人耳，一朝跌足，乃獸乃禽，種種墮落，嗟何及矣！應曰：唯唯。復出十目十手，共指共視，皆作如是言。應曰：唯唯。於是，方寸兀兀，痛汗微星，赤光發頰，若身親三木者。已乃躍然而奮曰：是予之罪也乎！則又敕之曰：莫得姑且供認！又應曰：否否。頃之，一線清明之氣徐徐來，若向太虛然，此心便與太虛同體。乃知從前都是妄緣，妄則非眞。一眞自若，湛湛澄澄，迎之無來，隨之無去，卻是本來眞面目也。此時正好與之葆任，忽有一塵起，輒吹落。又葆任一回，忽有一塵起，輒吹落。如此數番，勿忘勿助，勿問效驗如何。一霍間，整身而起，閉閤終日。❸❹

像這樣具體的描述，必定是親身歷過才說得出來。所謂「正儼威間，

---

❸❸ 同上，頁四上。
❸❹ 同上，頁十二上至下。

鑒臨有赫」，表示靜坐已進入狀況，雜念掃除，良知呈現。此時再無所容吾自欺，便將內心深處之過疚徹底發露於眞我良知之前，進而內自訟一番。這個反省自訟的過程一絲不苟，自身儼然是一罪人，所謂「方寸兀兀，痛汗微星，赤光發頰，若身親三木者」。待痛懲己過，將之徹底發露懺悔之後，「一線清明之氣徐徐來，若向太虛然」，此心便與天通，「便與太虛同體」。此時即是性體呈現，本源清澈，再無對治，乃知從前過疚皆從念起，都是妄緣。妄本非眞，此時則唯見眞實，所謂「湛湛澄澄，迎之無來，隨之無去」，無動靜去來之相，正是性體的本來眞面目。性體雖呈現，但仍須存養保任一番，否則易爲浮氣所中。「一塵起」，表示一點浮氣之妄，此處姑息，便成微過，故「輒吹落」，愼防其微也。「勿忘勿助」，勿忘者，戒愼恐懼，時時自覺；勿助者，戒愼自覺之工夫已是自然而然，即本體即工夫之謂也。最後，靜坐完畢，「整身而起，閉閣終日」。末句可能是指閉門終日或靜處終日，也可能是指雖酬酢終日，性體仍是如如不動之意。

　　如此看來，宗周的靜坐法，就如他自己所說的，是一種訟過法。他很自覺的把自己的靜坐法與禪宗的靜坐區別開來。他在「訟過法」之後補充說：

　　或咎予此說近禪者，予已廢之矣。既而思之曰：此靜坐法也。靜坐非學乎？程子每見人靜坐，便歎其善學。後人又曰：不是教人坐禪入定，蓋借以補小學一段求放心工夫。旨哉言乎！然則靜坐豈一無事事？近高忠憲有靜坐說二通。其一是撒手懸崖伎倆，其一是小心著地伎倆，而公終以後說爲正。今儒

者談學，每言存養省察，又曰靜而存養，動而省察，卻教何
處分動靜？無思無爲，靜乎？應事接物，動乎？雖無思無爲，
而此心嘗止者自然嘗運；雖應事接物，而此心嘗運者自然嘗
止。其嘗運者，即省察之實地；而其嘗止者，即存養之眞機。
總是一時小心著地工夫。故存養省察二者，不可截然分爲兩
事，而并不可以動靜分也。陸子曰：涵養是主人翁，省察是
奴婢。今爲鈍根設法，請先爲其奴者，得訟過法，然此外亦
別無所謂涵養一門矣。故仍存其說而不廢，因補注曰靜坐法。**㉟**

宗周認爲禪宗的靜坐是「坐禪入定」，是「撒手懸崖伎倆」，此已
入於玄虛，而他的靜坐卻絕非「一無事事」，而是「小心著地伎倆」
的訟過工夫。此訟過工夫其實就是省察工夫。但此省察又不是傳統
如朱子所謂「靜而存養，動而省察」的省察，蓋如此便分動分靜，
已落於經驗層。宗周的省察無分動靜，乃是即存養即省察，二者乃
一體之二面，不可截然分爲二事。既然存養即省察，靜存之外無動
察，宗周總以存養爲本，省察爲末。如今訟過強調省察，宗周便姑
以此爲鈍根設法。實則眞正之省察必通於存養，如此亦無所謂針對
鈍根與否了。

訟過法強調省察，乃姑就鈍根設法的方便（實亦可通於利根）。若
從另一面看，訟過法即靜坐法，靜坐偏於靜，其實也是方便。蓋在
日常生活中，事務繁雜，不易從中體證性體，故學者總須與現實暫
時隔離一下，孤心獨往，專注從事體證的工夫。此猶如一般所謂閉
關，也就是宗周所說的靜坐。這也就是靜復以見體的「超越的體證」。

㉟　同上，頁十二下至十三上。

但超越的體證在靜時得力，在動時卻未必得力，必須做到隨時隨地皆能令性體呈現而體證之，所謂造次、顛沛必於是，方為究竟，這便是動靜一如的「內在的體證」。❸❻是以「超越的體證」的靜坐只是一時之權機，必至「內在的體證」才算徹底。宗周於此義也有明白的表示，他說：

> ……此處工夫，最難下手，姑為學者設方便法，且教之靜坐。……坐間本無一切事，即以無事付之。既無一切事，亦無一切心，無心之心，正是本心。瞥起則放下，沾滯則掃除，只與之常惺惺可也。此時伎倆，不合眼、不掩耳、不跌珈、不數息、不參話頭。只在尋常日用中，有時倦則起，有時感則應，行住坐臥，都作坐觀，食息起居，都作靜會。❸❼

這段話我們在第二章已說過。從靜坐至本心呈現，保持常惺惺的狀態，以至在「尋常日用中，……行住坐臥，都作坐觀，食息起居，都作靜會」，也就是行住坐臥食息起居皆保持常惺惺之境，此正表示從「超越的體證」進至「內在的體證」，而靜坐的意義亦被轉化，成為即動即靜，動靜一如之主靜了。

　　總之，道德實踐的工夫無論如何分析，總不離最根本的慎獨。而宗周提出「凜閒居以體獨」，以閒居獨處時之靜坐訟過為慎獨之入手方便。靜坐偏於靜，訟過重省察，故為方便。但省察實通於存

---

❸❻　「超越的體證」與「內在的體證」乃牟宗三的詞語，散見於他的有關宋明理學的著作，如《陸象山與劉蕺山》，頁二三〇。

❸❼　《劉子全書》，卷八，〈說〉，〈靜坐說〉，頁十四上至下。

養，靜復見體之體亦可超越動靜，故最後仍不失慎獨工夫之全譜。

　　然而，雖說「凜閒居以體獨」或慎獨是最根本一著，此處之獨體是作爲性體的獨體。性體是形而上的；形而上即於形而下，是透過形而下以呈現其自身。❸換言之，「性非心不體」，就好像靜存之外無動察，靜存實已蘊涵動察一樣，體證形而上的性的工夫就落在充盡那形而下的心之上。而盡心的工夫即見於「六事功課」的第二事，「卜動念以知幾」。宗周解釋說：

> 獨體本無動靜，而動念其端倪也。動而生陽，七情著焉。念如其初，則情返乎性，動無不善，動亦靜也。轉一念，而不善隨之，動而動矣。是以君子有愼動之學。七情之動不勝窮，而約之爲累心之物，則嗜慾忿懥居其大者。〈損〉之象曰：君子以懲忿窒慾。懲窒之功正在動念時一加提醒，不使復流於過而爲不善。縱有不善，未嘗不知之而止之，止之而復其初矣。過此以往，便有蔓不及圖者。昔人云：懲忿如推山，窒慾如填壑。直如此難，亦爲圖之於其蔓故耳。學不本之慎獨，則心無所主，滋爲物化。雖終日懲忿，只是以忿懲忿，忿愈增；以慾窒慾，慾愈潰。宜其有取於推山填壑之象。豈知人心本自無忿，忽焉有忿，吾知之；本自無慾，忽焉有慾，吾知之。只此知之之時即是懲之窒之之時，當下廓清，可不廢絲毫氣力，後來徐加保任而已。易曰：知幾其神乎？此之謂也。謂非獨體之至神，不足以與於此也。❸

---

❸　讓我們再次強調，宗周所言的形而下並不必意謂就是經驗的；見第二章。
❸　《劉子全書》，卷一，〈人譜〉，頁四上至五上。

在第一事的「凜閒居以體獨」中，宗周形容獨體的境界爲「一念未起」，此明顯是「思慮未起，鬼神莫知」的性宗的境界。此處則言「動念其端倪」，又言「七情著焉」。要知一涉及念與七情，便已落於經驗層，已脫離性宗，但宗周卻緊接著說「念如其初，則情返乎性」，又說「在動念時一加提醒，不使復流於過而爲不善。纔有不善，未嘗不知之而止之，止之而復其初」。如此則尚未落於經驗層，只是有落於經驗層之勢，而在「才動即覺，才覺即化」的自覺中保持其超越性。此明顯是「思慮既起，吾心獨知」的心宗的境界。過此以往，便眞正落於經驗層，屆時治念，便只是以念止念；懲忿窒慾，便只是以忿懲忿，以慾窒慾，改過有如推山塡壑之難。因此，「凜閒居以體獨」及「卜動念以知幾」這兩重實踐境界，可分別以「一念未起」和「念如其初」爲其特徵。前者工夫重存養，後者工夫重省察，而即存養即省察。若存察工夫未至圓熟，則七情有著，念有微跡，「念如其初」之「念」義較顯。至若存察工夫至圓熟，則情返乎性，念而無念，「念如其初」的「初」義較顯，此即回復「一念未起」的獨體的境地。是故宗周於此段最後引《易經》「知幾其神乎」，「謂非獨體之至神，不足以與於此也」。知幾正表示雖有動而即復其初之獨體之義。由此可見，宗周的性宗、心宗及其關係確實反映在〈人譜〉的實踐綱領之中。這兩步工夫實踐代表宗周道德修養的根本。當然，下面還有「謹威儀以定命」、「敦大倫以凝道」、「備百行以考旋」及「遷善改過以作聖」，但這些工夫其實都已蘊涵在第一及第二步中。此第一及第二步都是緊扣著道德的根源，此道德的根源之充其極就是宇宙的根源，也就是宗周的心宗與性宗所言的心體與性體。

4.人極的徹底完成

唐君毅已看出〈人譜〉「人極圖說」在宋明儒學的發展史上實有其重要的地位。他說：

> ……在蕺山之教中，此心性之於穆不已者即天，而天之太極，不外于此心之性。故人成聖而能立人極，則天人之道備。故歸於著人極圖，以「無善而至善，心之體也」爲首句，以言立人極之道。此即是將濂溪所謂太極之義，皆攝於此人極之義之中。蕺山爲宋明儒學之最後之大師，而濂溪則爲宋明理學之開山祖。故吾嘗謂宋明理學以濂溪之爲太極圖說，以人之主靜立人極以合太極始，而以蕺山之人極圖說之攝太極之義于人極之義終也。❹

唐君毅的觀察很值得我們注意。他這段話實標誌著宗周在儒家哲學上的貢獻，就是把宋明儒學的一個核心觀念的發展推至完成。如果我們承認「證人」——印證、證成人之所以爲人——是儒學，至少是宋明儒學的中心課題，我們便會發覺所有宋明儒學內的討論都直接或間接地與此課題有關。我們知道，證人並不只是要求生理、心理上的健康，或社會人際關係的和諧或成功。它實具有一精神或宗教的向度，而爲它的終極的關懷。在宋明儒學的觀念中，也許周濂溪的「立人極」最能表現「證人」的終極的含義。「立人極」見於濂溪的「太極圖說」。在「太極圖說」中，人與天地鼎足而爲三，所謂「立天之道曰陰與陽，立地之道曰柔與剛，立人之道曰仁與義」，

---

❹　唐君毅：《中國哲學原論：原教篇（下）》，頁四九二。

而人極則與太極相對應，立人極以合於太極，此即濂溪引《易傳》所謂「聖人與天地合其德，日月合其明，四時合其序，鬼神合其吉凶」。❹換言之，濂溪的「立人極」是以人參贊天地之化育而同時與天地鼎足而爲三者。人作爲三才之一，透過其道德實踐參與宇宙生生不已的創造，其地位已從被創造的萬物之一甚至萬物之靈上升而爲宇宙創造過程的參與者。「太極圖說」的重要意義之一，便是重新指出人的道德的創造實通於宇宙的創造。

通觀宋明儒學，濂溪此一對人的體認實爲其他儒者所共認。然而，濂溪以人極合於太極，雖然人可體證太極，但在某一義上，太極屬陰陽剛柔的天地一邊，是客觀超越的，人極則屬人一邊，二者總予人有分立而以太極爲主之感。濂溪以後，宋明儒學發展的一個重要方向便是道體或太極的內在化，特重其爲人所本有，如程、朱以性言太極，至陸、王則更以心爲太極，都明顯表現此一趨勢。但無論如何，此一發展要到宗周才至其極，因爲到了他才對「立人極」這個觀念重新予以充份的正視。他認眞看待此觀念並推闡之，不以人極合於太極，而以太極攝於人極之中，並作「人極圖」及「人極圖說」以明此義。正如他在〈讀易圖說〉的〈自序〉中說：

> 余嘗著〈人極圖說〉，以明聖學之要，因而得易道焉。盈天地間皆易也。盈天地間之易，皆人也。人外無易，故人外無極。人極立，而天之所以爲天，此易此極也；地之所以爲地，此易此極也。……又曰：易有太極。三極一極也，人之所以

---

❹　《周子全書》，卷二，頁二十三及二十九。

為人，心之所以為心也。**㊷**

這明顯是以人極為主以統三才，又以人極統太極的思想。若問如何將太極統攝於人極？我們且看宗周的「人極圖說」：

> 無善而至善，心之體也。（即周子所謂太極，太極本無極也。統三才而言謂之極，分人極而言謂之善，其義一也。）繼之者善也。（動而陽也，乾知大始是也。）成之者性也。（靜而陰也，坤作成物是也。）緣是而之焉，達於天下者，道也。放勳曰：父子有親，君臣有義，夫婦有別，長幼有序，朋友有信。此五者，五性之所以著也。五性既著，萬化出焉。萬化既行，萬性正矣。（五性之德，各有專屬，以配水、火、木、金、土。此人道之所以達也。）萬性，一性也。性，一至善也。至善，本無善也。無善之真，分為二五，散為萬善。上際為乾，下蟠為坤。乾知大始，吾易知也；坤作成物，吾簡能也。其俯仰於乾坤之內者，皆其與吾之知能者也。（乾道成男，即上際之天；坤道成女，即下蟠之地。而萬物之胞與，不言可知矣。〈西銘〉以乾坤為父母，至此以天地為男女，乃見人道之大。）大哉人乎！無知無不知，無能而無不能，其惟心之所為乎！易曰：天下何思何慮？天下同歸而殊塗，一致而百慮。天下何思何慮。（無知之知，不慮而知。無能而能，不學而能。是之謂無善之善。）君子存之，善莫積焉；小人去之，過莫加焉。吉凶悔吝，惟所感也。積善積不善，人禽之路也。知其不善，以改於善。始於有善，終於無不善。其道至善，其

㊷ 《劉子全書》，卷二，〈讀易圖說〉，頁一上。

要無咎。所以盡人之學也。（君子存之，即存此何思何慮之心。周子
所謂主靜立人極是也。然其要歸之善補過，所繇殆與不思善惡之旨異矣。
此聖學也。）**❹**

「太極圖說」與「人極圖說」的不同在於，濂溪以人極與太極分說
而以太極為主，宗周則直以太極即人極。如是，人極不外本心之體，
而此本心不單是道德心，且是宇宙心；不單是道德的本體，且是宇
宙的本體，也就是作為性體的獨體。於是，心體的道德的創造同時
也就是宇宙生化之創造，由心體而來的道德倫理的價值同時就具有
本體宇宙論的意義。此真所謂倫理學與本體宇宙論的結合，而道德
的秩序即宇宙的秩序，即善所謂為真者也。是以心體之無善而至善，
即是無極而太極；繼善成性，即是陽動陰靜，亦即是乾知大始、坤
作成物。心體呈現為五性（仁、義、禮、智、信），為五倫（父子有親、君
臣有義、長幼有序、夫婦有別、朋友有信），以成人道之萬善，亦即天道之
以五行（木、金、火、水、土）成萬化。俯仰於乾坤之內的萬事萬物，
亦不外吾心本體之知能。張載的〈西銘〉以乾坤為父母，父母之子
為人，此猶有天人之別。宗周此處則以天地為男女，即人即天，乃
見人道之大，人道即天道。宗周更謂，人道之大，正因心體之無知
而無不知，無能而無不能，此乃〈易〉所謂「天下何思何慮」。而
盡人之學，正在存此何思何慮之心。他認為這便是濂溪的主靜立人
極。其要只在善補過。最後，宗周把其「無善而至善」、「何思何
慮」之說與「不思善惡」之旨區別開，大概認為後者屬於禪宗，其
說入於空寂，另一方面亦可能暗指陽明後學甚至陽明「無善無惡」

---

❹　同上，卷一，〈人譜〉，頁二上至三下。

說之不諦。凡此皆在上章討論過了。

宗周的「人極圖說」很清楚地表明，人極即太極，換句話說，證成人之所以爲人在證成此心，而此心就是宇宙的本體。人不單是宇宙創造過程的參與者，且本質上是此創造的本身。宗周「立人極」的意義，便是要回到此創造性之自身。這絕不是一種自我膨脹，其實質不過是宋明儒所共認的「仁者與天地萬物爲一體」之義。象山早有「吾心即宇宙」之說，即使孟子亦言「萬物皆備於我」。但似乎只有在宗周的學說中「證人」一義才嚴肅地被處理且充份地發揮其含義。透過〈人譜〉的「人極圖說」，宗周把「人極」的意義表露無遺。雖然此義本爲宋明儒的共識，但一直要到宗周才得到嚴肅的正視，也才得以徹底地彰顯出來。

我們看過〈人譜〉的四個特色後，可以總結謂此的確是宗周的代表著作。〈人譜〉並沒有包含宗周所有重要的哲學觀念，但卻具備其哲學的基本架構，並充分反映其哲學的特色與精神。從「人極圖說」對「人極」充分得證成，「證人要旨」反映的慎獨兩重架構，「紀過格」對過惡深微的觀察，及「改過說」去惡即爲善的嚴正的道德意識，都可見宗周思想特色之所在。除了慎獨的兩重架構是宗周獨特的思想系統之外，其他的都可能爲重要理學家意識之所及，但畢竟不如宗周之正視且有系統而清晰地將之表達出來。宗周所以能如此，恐怕是因爲他一開始便以作爲宇宙本體的性體（而非只是道德本體的心體）爲證人、立人極的根本原則。蓋以性天之尊爲準，宗周便不得不成爲一極端的道德完美主義者。要完全體證性體這終極的存有，便必須對一切道德上的過惡小心翼翼、戒愼恐懼，因爲稍有差弛，即使是微過，亦會障礙性體的呈現，造成不能證成人之所以

爲人的嚴重後果。這便說明爲何宗周特顯對過惡深微的觀察，對一般爲善去惡所隱含的功利的反感，以及對人極最終極含義的洞察。這些都爲宗周所正視而予以清楚的說明，而爲其他儒者所不及。以性體爲其學說的中心，使宗周哲學具有深度及原創性。誠如唐君毅所說，他的確是宋明儒學的最後的大師。

第五章　愼獨哲學的衡定

一、宗周哲學的總述及其意涵

　　宗周哲學的重要內容，我們已大致討論過了。如果要作一個總結，則藉黃宗羲的歸納來說明，應該是恰當不過的。黃宗羲認爲宗周「宗旨爲愼獨」，他有「發先儒之所未發者，其大端有四」：

　　　　一曰：靜存之外無動察。……一曰：意爲心之所存，非所發。……
　　　　一曰：已發未發以表裏對待言，不以前後際言。……一曰：
　　　　太極爲萬物之總名。❶

這四點其實在上文有關之處已一一引過，此處只是統而觀之而已。我們認爲黃宗羲的歸納已經道出宗周愼獨哲學的最重要的特色。「靜存之外無動察」實不外宗周「主靜立人極」之旨。宗周以主靜建立人道之極致，主靜即敬，而此敬或主靜的工夫並不落於經驗層上的動靜，乃是即動即靜，靜存之外無動察，而主靜遂爲超越的靜而無靜、動靜一如的靜。「意爲心之所存，非所發」即是指宗周的誠意說。宗周把意上提至超越層而爲意根，爲心之所存，心之所發則爲

---

❶　《劉子全書》，卷三十九，〈行狀〉，頁三十六上至三十八上。

念，是需要對治者。於是，意便與心、知、物同屬超越的，更與《大學》的八條目連成一有機的整體。「已發未發以表裏對待言，不以前後際言」，指的是未發之中與已發之和，它們並不是一靜一動、一先一後的關係，而是表裏一如、顯微無間的即體即用的關係。中作爲道德的本體，和便是喜怒哀樂的超越之情；但中同時也是宇宙的本體，則和便是得其位育的春夏秋冬四時，乃至天地萬物。「太極爲萬物之總名」則指理氣緊吸以至無緊吸之相而爲一理平鋪亦即一氣平鋪之化境或如實之境，所謂「盈天地一氣」便是。凡此皆已在上文作過詳細的分析。

此四端的確能反映宗周學說的重點，但我們細心觀察，卻發現黃宗羲沒有提及心性及其關係此一特色。再看黃宗羲的原文，他把宗周「道心即人心之本心」一句引於第四點「太極爲萬物之總名」下，算是交代了心性的問題。❷然而，這便看出黃宗羲對宗周的心性論沒有給予足夠的正視。❸須知心性論在許多宋明理學家的思想系統中都佔有重要的位置。如程、朱與陸、王兩大系統的分別，便是落於心性關係的問題之上。宗周於此亦不例外，他的心性論確可反映其系統有別於其他系統的殊異之處，而顯出其思想的特色。就以上述的四端爲例，如果能加上心性論，便可收畫龍點睛之效。以下請試言之。

假定我們對宋明理學已有一定的了解，對宗周學說的四點特色，

---

❷　同上，頁三十八下。
❸　我們在第二章已提過，首先重視宗周思想中心性關係的問題的，當推牟宗三先生。見第二章第五節。

驟眼看去，除「意為心之所存，非所發」外，可能會覺得無甚特出
的新意。「靜存之外無動察」，簡言之，便是主靜之說。此說實本
於濂溪，其他的理學家如陳白沙（獻章，一四二八～一五〇〇）亦有「靜
中養出端倪」之說，雖然內容未必盡同，要之主靜之說並不陌生。
「已發未發以表裏對待言，不以前後際言」，宗周於此義分析甚仔
細，言之極精，但要之亦不外即中即和之義，此已見於陽明學說，
不過宗周發揮較徹底而已。至於「太極萬物之總名」，其意是反對
理氣二分，主張理不離氣。此意肇端於張橫渠，其他如羅欽順（整庵，
一四六五～一五四七）亦有類似說法，宗周似乎只是繼承此義而引申之。
再回頭看「意為心之所存，非所發」，撇開王棟、王時槐兩位誠意
說的先驅不論，有學者已指出，客觀地言之，宗周的意與陽明的良
知只是從不同角度看的同一物事。這樣看來，宗周此四點即使是別
開生面或特別強調之說，若置之於宋明理學傳統的背景底下，似乎
仍不易看出其創造性或推陳出新的意義。

　　不過，以上的當然只是表面的看法。我們細心觀察，便可看出
這四點的共通之處，是分別把本來屬於經驗層上動靜的靜、感性的
喜怒哀樂之情、意念之意、以及氣質的氣，一皆上提至超越層，而
為主靜的靜、天情之情、意根之意以及一元之氣。在其思想系統中
一開始即以靜、情、意及氣為超越的、形而上的，在宋明儒中恐怕
並不多見。尤有甚者，「靜存之外無動察」，則動察通於靜存，動
靜一理；「意為心之所存，非所發」，則意蘊於心，心意是一；「已
發未發以表裏對待言，不以前後際言」，則體用一源，顯微無間，
即中即和，即性即情，情只是性之情，不與性對；「太極為萬物之
總名」，則氣通於理，理氣為一。像這些以動靜、心意、性情、理

氣悉統而一之之義，在宋明儒學，尤其是王學中，並非不爲其所蘊涵，但宗周卻似乎特別彰著以表出。其理由何在？此問題便引領我們回到宗周心性論的特色上。如果我們把宗周學說的四大端放在其心性論的背景下考量，便會清楚地看到，這種統合的特色是在宗周強調性體的前提下形成的。性體即獨體，此獨體是作爲性宗意義下的獨體，而非心宗意義下的獨體（當然，盡心即性，此時的心體也就是性體）。換言之，宗周言本體，自始即以作爲宇宙本體的性體爲標準，而不只是以作爲道德本體的心體爲標準。此在其本體宇宙論固如是，即在其道德實踐的工夫論亦如是。性體是終極的、絕對的存有，體證此性體的境界亦是終極圓融之化境。在此境中，一塵不立，萬物一體平鋪，一切形上、形下的分別皆消融而歸於一。是以在宗周的哲學系統中，理氣、性情、心意、動靜等皆通而爲一，而靜、意、情、氣，一皆升上來而具有形上的意義，且不單是道德的形上意義，更是宇宙的形上意義。若從心宗觀之，因仍有對治，便不能一下子捕捉住此圓融的理境而予以積極全面的彰著。若立於性宗，則其視野必然定於圓融之境。宋明儒中，知有性體之境者多矣，但似乎沒有像宗周那樣，一開始便在性體上立定腳跟，以展現其系統者。❹因此，宗周慎獨哲學的精神，眞是透體立極的精神。透體是透至宇宙的本體，立極是立人極。宗周的「證人」，就是證成作爲宇宙本體的性體，也就是獨體。於是，慎獨哲學便眞具有創造性或推陳出新的意義了。

---

❹　象山立根於本心，陽明立根於良知，均不必與宗周之立根於獨體性體全同。下文明之。

　　劉汋似乎已看出他父親的慎獨系統所具有的獨特之處。他在〈年譜〉宗周六十六歲下記云：

> 先生平日所見，一一與先儒牴牾。晚年信筆直書，姑存疑案。
> 仍不越誠意、已未發、氣質義理、無極太極之說。於是斷言
> 之曰：從來學問只有一個工夫。凡分內外、分動分靜、說有
> 說無，劈成兩下，總屬支離。又曰：夫道一而已矣。知行分
> 言，自子思子始。誠明分言，亦自子思子始。已發未發分言，
> 亦自子思子始。仁義分言，自孟子始。心性分言，亦自孟子
> 始。動靜、有無分言，自周子始。氣質義理分言，自程子始。
> 存心致知分言，自朱子始。聞見德性分言，自陽明子始。頓
> 漸分言，亦自陽明子始。凡此皆吾夫子所不道也。嗚呼！吾
> 捨仲尼奚適乎？❺

劉汋又附註云：

> 按先儒言道分析者，至先生悉統而一之。先儒心與性對，先
> 生曰：性者心之性。性與情對，先生曰：情者性之情。心統
> 性情，先生曰：心之性情。分人欲爲人心，天理爲道心，先
> 生曰：心只有人心，道心者人心之所以爲心。分性爲氣質義
> 理，先生曰：性只有氣質，義理者氣質之所以爲性。未發爲
> 靜，已發爲動，先生曰：存發只是一機，動靜只是一理。推
> 之，存心致知，聞見德性之知，莫不歸之於一。然約言之，
> 則曰：心之所以爲心也。又就心中指出本體工夫合并處，曰

---

❺　《劉子全書》，卷四十，〈年譜下〉，頁二十四下至二十五上。

> 誠意。意根最微，誠體本天。此處著不得絲毫人力，惟有謹
> 凜一法，乃得還其本位，所謂戒愼乎其所不睹，恐懼乎其所
> 不聞，此愼獨之說也。……❻

前一段言先儒支離之說，有不盡合事實之處。如氣質、義理之性與
聞見、德性之知之分並非來自程子與陽明，而是始見於張橫渠的〈正
蒙〉。但這些於義理無關緊要。重要的是，宗周認爲凡內外、知行、
誠明、已發未發、仁義、心性、動靜、有無、氣質義理、存心致知、
聞見德性及頓漸，在究竟處，皆不可分解地言之，否則便成支離。
在性體朗現的究竟中，一切皆圓融地匯通爲一。這當然不是要混漫
一切，而是如宗周所說的：「性者心之性」、「情者性之情」、「心
之性情」、「道心者人心之所以爲心」、「義理者氣質之所以爲性」、
「存發只是一機，動靜只是一理」，乃至「存心致知，聞見德性之
知，莫不歸之於一」。宗周這些話，都是以性體呈現的圓融之境爲
背景而說，最後皆歸於性體。所以引文謂「約言之，則曰心之所以
爲心也」。心之所以爲心，就是性體，也就是意根、誠體，亦即愼
獨的獨體。

　　牟宗三也曾就上面兩段話言宗周哲學的統合性格爲「即體即用
之一滾說」，謂：

> 蕺山欲統而一之，故既不欲橫地撐開說，亦不欲縱地拉開說。
> 其統一之法大體是直下將形而下者向裡向上緊收於形而上
> 者，而同時形而上者亦即全部內在化而緊吸於形而下者中，

---

❻　同上，頁二十五上。

因而成其爲一滾地説。此大體是本體論地即體即用之一滾地
説。在此，説「顯微無間，體用一源」，誠是如此。蕺山對
於即存有即活動，於穆不已之天命流行之體確有體認，亦眞
有工夫。此無論自意根誠體説，或自無極太極説，皆可見其
是如此。……彼即欲將形而下者如情、如人心、如氣質、如
喜怒哀樂等，直下緊收於此於穆不已之體，而此於穆不已之
體亦即全部内在化而緊吸於此形而下者中以主宰而妙運之，
以成其「全體是用，全用是體」之一滾而化，一滾地如如呈
現。……❼

此言甚諦。惟是言形而下緊收於形而上，形而上緊吸於形而下，言
緊收緊吸，便顯一緊相（此緊相是就形而上及形而下的關係言，與下文所謂宗
周學術風格之緊無關）。牟先生的原意大概是説此處形而上、形而下的
關係甚緊密，是辯證地緊攝在一起，並不像其他宋明儒者，只是分
解地言之。但我們認爲，既説「顯微無間，體用一源」，又説「如
如呈現」，則應該連形上形下緊收緊吸之相亦無，方爲一體平鋪的
圓融的化境，否則仍落於微跡，仍不免宗周所説的支離。如宗周説
盈天地一氣——此實即盈天地一理，卻不説理氣不離不雜，甚至不
説即理即氣，恐怕便是這個緣故。宗周以其透體立極的心靈，所見
固當如此。無論如何，牟先生已説至即體即用之一滾地如如呈現，
此已是相應的理解。雖然，他對上引兩段文字仍有微詞。他説：

　　……此是形而上下緊收緊吸下的圓融化境，不能視作主張上

---

❼　見牟宗三：《心體與性體》（一），頁三九四。

的陳述。即使視作一種陳述，亦不能視作主張上的陳述之對遮。即使在發展中各陳述對遮相消相融以期最後之圓融而化，亦不能滯在此圓融而化中之「無太極之可言」而反對彼言有太極者。蓋圓融而化即預設著一種分解歷程之分別言。……劉蕺山之滯礙不通處即在常不自覺地將圓融而化視作一特定之主張（陳述）而以此遮彼，將圓融而化中之「無言」特定化、視作與彼分別言之各種陳述爲同一層次上相對立之陳述。此則反降低自己，乃是以不熟不圓之心智談圓義者。❽

這段話主要是針對宗周之解〈太極圖說〉而發，然就其含義來看，亦等於就劉汋的上兩段文字而批評。是以牟先生在他處便直接就這兩段文字而說其無實義而可置之，又說宗周之悉統而一之，「又何礙于分別說」，「若膠著于此而講其學之性格，必迷失旨歸而至于面目全非。劉汋非能知其父者也」。❾

如果宗周眞是「常不自覺地將圓融而化視作一特定之主張而以此遮彼」，則牟先生的批評是恰當的。問題在宗周是否如此？我們認爲不是的。劉汋對其父親哲學系統的了解有多深，我們未敢遽下斷語。但他那兩段話言宗周學說的性格，不能說沒有實義。他說宗周「平日所見，一一與先儒牴牾」。此「牴牾」是什麼意思？是不是指同一層次上相對立之陳述或主張？從字面看可能是這個意思，但也有可能是劉汋爲了突顯父親而加重語氣的話，其本意並非如此。即使是如此，也只是劉汋的看法，未必就是宗周之意。蓋宗周若眞

---

❽ 同上，頁三九六。
❾ 見牟宗三：《從陸象山到劉蕺山》，頁四六〇。

視己所見之圓融而化爲一特定主張而對遮先儒之說，豈非自視甚高
而目空一切？即使是「不自覺地」，也是不自覺地自視甚高了。如
此則爲何宗周仍編撰〈五子連珠〉及〈聖學宗要〉等，推崇先儒之
學？❿宗周曾說：「大抵諸儒之見，或同或異，多係轉相偏矯，因
病立方，盡是權教。至於反身力踐之間，未嘗不同歸一路，不謬於
慎獨之旨。」⓫我們認爲可以藉這段話反映宗周對先儒的眞實態度。
宗周以其自成一家之說，看出先儒因病立方，盡是權教，權以通實，
是以未嘗不歸於慎獨的宗旨。這便是爲何宗周仍推崇先儒。但既是
權教，便都是分解立說的方便，都可從究竟處看到其虛歉而可予以
調適而上遂。若更執權以爲實，便會產生種種理論上的問題。就此
等問題而辯之使歸於正，遂容易表現一對立對遮的姿態。這便是爲
何宗周對先儒學說有所批評。但即使是如此，宗周所採的仍不是勢
不兩立的敵對態度。是以宗周對先儒的批評，在某一義上，只是對
各陳述之消融以期最後之圓融而化，並非視己見爲特定主張，與其
他的陳述對立而一一反對之也。我們相信，劉汋所述的兩段話，所
要表達的正是此意。也許值得一提的是，牟先生的評語中亦涉及宗
周之解〈太極圖說〉，認爲宗周滯於圓融而化中之「無太極可言」
而反對濂溪之言太極，是以不圓熟之心智談圓義。（見上引文）關於
這個批評，我們不必牽涉到宗周解〈太極圖說〉的原文，作繁複的
討論，只需知道，宗周此文是收在〈聖學宗要〉之內，而他編纂此

---

❿　〈聖學宗要〉及〈五子連珠〉是宗周分別在五十七及五十八歲時所編，內
　　容是輯錄重要宋明儒者的著作。詳見下節。

⓫　《劉子全書》，卷八，〈說〉，〈中庸首章說〉，頁十二上。

書之目的就在表彰濂溪等幾位大儒之學，爲「千古宗傳」。❷很明顯，他引〈太極圖說〉全文而解之，是以其圓融而化的精神去抉發〈太極圖說〉的含義，絕無意反對濂溪之言太極，更不是以自己圓融的主張去否定濂溪的主張，否則便自違其編書的旨意了。總之，劉汋的兩段文字非無實義，我們確可從中窺見宗周學說以性體爲首出所呈現的統合的性格。這種統合並非要否定分別說，它只是消融一切分別說而以統合的方式表現圓融的化境而已。

討論至此，我們可知宗周學說的四個重點均可在其心性論的背景下顯出其特色。這個以性宗爲首出的思想系統，若與其他的系統比較，便更顯其獨特之處。以下即試循此方向探討，希望能對宗周思想作更進一步的闡明。

二、宗周對朱子的批評

在宗周編纂的〈孔孟合璧〉、〈五子連珠〉及〈聖學宗要〉中，他把孔子、孟子、周濂溪、程明道、程伊川、張橫渠、朱子及王陽明的著述蒐錄，以之爲傳道之作。由此可見，在宗周心目中，整個宋明儒學的傳統實應以周、張、二程、朱子及陽明爲代表。然而，雖然宗周對這幾位儒者十分推重，且認爲其學不謬於慎獨之旨，❸

---

❷　《劉子全書》，卷五，〈聖學宗要〉，頁一下。
❸　見同上，頁二十七上及同註❶。

但研究過宗周的思想均知，他對朱子及陽明的學說都有所批評。❶
眾所周知，朱子與陽明分別代表宋明儒學中兩個重要的傳統。我們
在第二章已略提及宗周思想之如何異於這兩個系統，並在第三章詳
述宗周對陽明的批評。現在就讓我們再具體地看看宗周如何自別於
朱子的學說。

　　從第一章可知，宗周信從陽明「朱子晚年定論」之說，誤以朱
子早年未成熟之見爲其晚年定論。於是，就和陽明的想法一樣，他
以爲朱子的晚年定論實不悖於陽明學說。他曾追溯朱子思想的發展
過程，說：

> ……朱子之學，本之李延平，由羅豫章而楊龜山，而程子，
> 而周子。自周子有主靜立極之說，傳之二程。其後羅、李二
> 先生專教人默坐澄心，看喜怒哀樂未發時作何氣象。朱子初
> 從延平游，固嘗服膺其說，已而又參以程子主敬之說，覺靜
> 字爲稍偏，不復理會。迨其晚年，深悔平日用功未免疏於本

---

❶　也許應該說明的是，〈孔孟合璧〉所載當然是孔子、孟子的著述；〈五子
　　連珠〉的五子是濂溪、明道、伊川、橫渠及朱子；〈聖學宗要〉則選錄濂
　　溪、明道、橫渠、朱子及陽明的著作。孔、孟的地位自不待言。在其他六
　　位宋明儒者中，宗周對濂溪、明道，尤其是濂溪，實多稱讚而少有微辭。
　　至於伊川，其著述見於〈五子連珠〉，卻不見於〈聖學宗要〉。若就編輯
　　而非付梓的時間言，〈聖學宗要〉較〈五子連珠〉晚出，可見依宗周，伊
　　川實不如明道之重要。橫渠則在宗周的哲學著述中提及不多。宗周對朱子
　　及陽明的批評則時有所見。我們也可注意，宗周早年不好象山，而象山著
　　述亦不被選入〈五子連珠〉及〈聖學宗要〉之中。於是，我們可以看到，
　　宗周對傳統所謂程、朱與陸、王學派的主要人物雖然尊重，但也不是完全
　　贊同其學說。

領，致有辜負此翁之語，固已深信延平立教之無弊，而學人
向上一機，必於此而取則矣。**⑮**

這是說朱子初不取延平默坐澄心之說，以爲偏於靜，至晚年才深信
延平立教之無弊。下面一段說得更詳細：

> ……故朱子終不取延平之說，遂專守程門主敬之法，以教學
> 者。特其以獨爲動念邊事，不爲無弊。至湖南中和問答，轉
> 折發明，内有以心爲主，則性情各有統理，而敬之一字，又
> 所以流貫乎動靜之間等語，庶幾不謬於慎獨之說。最後更以
> 察識端倪爲第一義爲誤，而仍歸之涵養一路，可爲善學延平
> 者。然終未得《中庸》本旨。**⑯**

宗周認爲朱子初從延平游而不取其說，轉而宗程子主敬窮理之法。
中間經過湖南中和問答的轉折，已有回歸的傾向。最後更以強調察
識窮理爲誤，乃回到延平的涵養一路。宗周以延平的教法屬主靜一
類，爲「慎獨眞方便門」。**⑰**然則他對朱子的「晚年定論」應該是
持肯定的態度了。朱子的晚年定論當然並不如宗周之所想，這且不
管。我們所注意的是，雖然宗周肯定朱子晚年的「回歸」，但始終
認爲他「未得《中庸》本旨」。換句話說，朱子學說始終未能得到
宗周全盤的肯定。我們試問，宗周認爲朱子所未得的《中庸》本旨
是什麼？當然就是對慎獨的確解。朱子「以獨爲動念邊事」，此在

---

⑮　《劉子全書》，卷五，〈聖學宗要〉，頁十三上。
⑯　同上，卷十一，〈學言中〉，頁七上。
⑰　同上。

宗周看來「不爲無弊」。《中庸》的慎獨是宗周哲學靈感的泉源。他認爲朱子未得《中庸》慎獨的本旨，也就等於說彼此的思想實有一定的距離。不特此也，在宗周心目中，朱子不但未得《中庸》本旨，似乎也不了解《大學》。宗周說：

> 朱子表章《大學》，於格致之說最爲喫緊，而於誠意反草草，平日不知作何解？至易簣乃定爲今章句曰：實其心之所發。不過是就事盟心伎倆，於法已疏矣。至慎獨二字，明是盡性喫緊工夫，與《中庸》無異旨，而亦以心之所發言，不更疏乎？朱子一生學問，半得力於主敬，今不從慎獨二字認取，而欲掇敬於格物之前，眞所謂握燈而索照也。⓲

上文已提到，朱子所言的心基本上是屬於經驗心的範圍。因此，當他解釋《大學》中的誠意與慎獨的含義爲「實其心之所發」時，⓳他是把這兩個概念放在經驗心的背景下而說。依朱子，「意」表示意念，此是大部分宋明儒者的共同看法。而「誠意」當然就是誠實其意念，也即是實其心之所發。至於「慎獨」，朱子的解釋是謹愼己所獨知之地，也就是謹愼自己的意念，其結果也是實其心之所發。然而，從宗周的角度來看，意與獨是意根、獨體，是超越的存有。此意根、獨體也就是心體，在超越的本心之下，一切意念皆被覺知而轉化。雖然朱子思想亦有其超越的一面，所謂性與理，但從工夫

⓲　同上，卷十二，〈學言下〉，頁十六上至下。

⓳　朱子並沒有用「實其心之所發」這句話來解釋「誠意」與「慎獨」，但細看原文，宗周如此歸納朱子的解釋，並沒有錯。參朱熹：《四書集註》，〈大學〉，頁六至七。

論言，他以經驗心爲著眼點便與宗周的系統不同。依宗周，在經驗層上做工夫只是「就事盟心伎倆，於法已疏」。在這個意義之下，宗周實不可能接受朱子對誠意愼獨的解釋。

如是，宗周對朱子的「晚年定論」雖有所肯定，但不是完全接受。然則宗周對其「早年學說」的態度又如何？我們知道，此處所謂「早年學說」其實就是指朱子眞正的晚年定論。對於這個問題，我們只需看宗周讚賞朱子「晚年」回歸延平，便可知他並不接受朱子「早期」（實即晚期）的學說。當代學者大致都承認，朱子經過一段長期的思想上的探索，結果繼承了伊川「涵養須用敬，進學則在致知」的學問綱領。上文已說過，從宗周的立場看，這是預設著「靜存」與「動察」的分動分靜的兩重工夫。朱子主張敬者主一無適，是格物致知的必要條件。宗周則批評他「不從愼獨二字認取」，只「欲掇敬於格物之前」，好像「握燈而索照」，卻不知照光本從燈來，不離燈而別有所在。依宗周，朱子從動察引申而來的格物，不知與靜存的工夫合一，就如尋光而不知燈之爲光源一樣，是支離的。他認爲格物就是動察的工夫，而動察不離靜存，與靜存通而爲一。只有在這合一的工夫下才可眞達致事物之自身。朱子的支離導致一方不能明心，一方又不能照物，在宗周看來，心、物的眞實唯有在獨體之下才得以呈現。

宗周對朱子的批評恰當與否並不是我們要處理的問題。我們所關心的，是宗周不同意朱子對愼獨、誠意乃至格物的理解此一事實。前面兩個概念是宗周哲學的主旨，後者則在朱子哲學中佔有重要的地位。於是，雖然宗周尊重朱子，且未能詳閱朱子的全集，❷我們

---

❷　見《劉子全書》，卷四十，〈年譜下〉，頁二上至下。

還是可以說，宗周與朱子的思想系統究竟不相同。一言以蔽之，朱子工夫論的著眼點在經驗心上，這正是宗周所不敢苟同的關鍵所在。

三、宗周批評陽明的檢討

我們已討論過，宗周的思想建基於他的心性論，而此心性論的心宗、性宗的思想，又可總括爲「盡心即性」一語。這種心性的架構與朱子的系統有別。朱子分言心性，而道德修養工夫的重點落在經驗心上。宗周則以心爲超越的，究竟與性無異。也許可以補充說，雖然朱子以性爲太極而內具於人心，但他畢竟分言心性，遂使性成爲一潛伏的原則，有待心的工夫使之逐漸彰顯。這便不同於宗周之以性爲即活動的存有，須在生命中時時呈現。

相較之下，宗周對朱子的批評似乎沒有像他對陽明的批評來得詳盡。這當然是可以理解的。宗周熟悉陽明的思想；而於朱子，雖亦了解其思想的重點，但畢竟無暇詳閱其全集。㉑更重要的是，宗周生活在陽明學風行天下的時代，他比較關注陽明學說也是很自然的事。有關此點，上文亦已討論過了。

無論如何，當我們客觀地比較宗周及陽明的思想系統時，情況卻變得複雜。首先，在進行比較之前，我們實有必要重新檢討宗周對陽明的批評。宗周在其著述中，曾多次批評陽明哲學，但主要還是針對陽明的四句教。四句教中的意，是宗周所認爲的問題所在。宗周把意重新理解爲心之所存，實反映著他哲學中心宗性宗的基本

㉑　同上。

架構。也就是說，宗周是在其哲學的基本架構的前提下看待陽明的四句教，而此架構也成爲他評價其他思想的判準。現在的問題是：宗周以其思想架構爲前提而對陽明的批評，是否中肯？宗周嘗慨嘆謂「每欲起先生於九原質之而無從也」。❷無可否認，宗周的批評是深刻的，但我們認爲其中確有誤解。宗周的批評已詳述於第三章，此處只就其批評的重點略述其誤解之處。

上文已提到，陽明四句教的第一句，「無善無惡是心之體」，是表示至善心體的具體地、完全地呈現的境界。它其實可以類比宗周「化思歸虛」的「虛」、「性無性」的性及「無意」之意。宗周之所以對之不能接受，大概是認爲當時陽明學「玄虛而蕩」的流弊與此句不無關係，而更重要的是，在宗周解讀的四句教的脈絡底下，此句確呈現虛無主義的性格。然而，我們認爲宗周對其他三句的解讀均有誤，因此他對第一句的判斷亦不正確。

四句教的第二句「有善有惡是意之動」，宗周認爲這是把意誤解爲心之所發，實則根據《大學》，意應爲心之所存。有關《大學》「意」的觀念的原義，是另一問題。不管如何，宗周以陽明第二句的意爲心之所發，其理解是正確的。但理解正確並不表示他的批評亦正確。陽明的確承認意念之動有善有惡，不過，在誠意的工夫中，陽明是要轉化善或惡的意念使之成爲本心或良知的呈用。陽明從來沒表示要誠其善或惡的意念，使如宗周所說的，成爲半個君子或半個小人。因此，若從道德實踐上言，第二句必定連著第三句「知善知惡是良知」而說。這便可避免宗周謂陽明在經驗層的念起念滅上

---

❷　《劉子全書遺編》，卷十三，〈陽明傳信錄三〉，頁九上至下。

做工夫的批評。依陽明學說，眞正的修養工夫必落在超越的良知之自覺之上。

可是，宗周卻仍然批評良知落於意念的後著，所謂「知爲意奴」。順此而下，良知之於心便「知爲心崇」；良知知善知惡，與善惡相對，爲「第取分別見」；以良知知止、知先、知本，爲「架屋疊床」。宗周的觀察非常敏銳，但此處仍有誤解。蓋宗周以致良知之工夫爲「架屋疊床」，是因爲他對《大學》的知止、知先、知本及其關係有自己一套理解，他把陽明的良知放進這套理解的脈絡中，遂發現問題。然而，陽明對《大學》的理解亦有一套，是以不把陽明的良知放回他的系統，而置於宗周解釋《大學》的脈絡下去批評，顯然是不公平的。至於「知爲意奴」的批評，我們得看看此義是否眞爲四句教所蘊涵。不錯，在四句教中，第三句在第二句之後，而在道德實踐的經驗中，常是先有善有惡然後知善知惡，但這些並不必然表示良知在存有上即後於意念。陽明在給學生的一封信中說得明白：

> ……心者身之主也。而心之虛靈明覺，即所謂本然之良知也。其虛靈明覺之良知應感而動者謂之意。有知而後有意，無知則無意矣。知非意之體乎？……㉓

此處明說良知是意之體。於是，依陽明，良知實際是先於意念的。在四句教中，良知之第三句之所以置於有關意的第二句之後，大概只是想在形式上符合《大學》心、意、知、物的次序。此外，我們也不應忽略陽明以良知即心體，而心體正是四句教第一句之所示，

㉓　王陽明：《王陽明全集》，卷二，頁三十一。

而第一句是先於第二句的。明顯地，在四句教的前三句中，陽明是要表示一工夫歷程：心體應感而動，發而爲意，而意又同時被覺知而回復良知心體之本然。在此過程中，意念是屬於經驗層的，但良知與心體則屬於超越層無疑。因此，根本沒有「知爲意奴」可說，良知本來就不是作用於念起念滅的意識之流中。因爲良知即心體，所以也不是「知爲心祟」。依陽明，無善無惡即是至善，至善的良知知善知惡，是故知善知惡之良知亦即無善無惡之心體。另外，良知亦非在善惡之外，與善惡相對。良知知善知惡，同時也知愛知敬，而知即是愛敬。良知並不落於主客的相對而有「第取分別見」的問題。

　　至於第四句「爲善去惡是格物」，宗周批評陽明把物字解爲意念之所在，於是格物的爲善去惡便成兩重工夫而不一貫。宗周說陽明四句教中的物是指念而言，這是正確的，因爲陽明的確以物爲「意之所用」。❷然而，陽明並無意著於此經驗意義之物上。對他來說，格物或正物的工夫必以心體或良知爲本，而在格物中，爲善去惡其實也是一貫的。陽明說：

　　……去惡，固是格不正以歸於正。爲善，則不善正了，亦是格不正以歸於正也。……❷

爲善去惡工夫之一貫，就在於二者皆「格不正以歸於正」之上。這說明在陽明哲學中，超越的良知心體永遠是從事道德修養的根本。

---

❷　同上。

❷　同上，卷三，頁七十八。

　　以上便是對宗周誤解四句教的澄清。我們發現，在陽明的四句教中，一方面是超越的心體與良知，另一方面則是經驗的待轉化的意與物。然而在宗周的四句中，心、意、知、物四者皆是超越的。但這並不表示宗周的哲學中沒有經驗一層。事實上，宗周哲學的這一層是以「念」來代表。於是，陽明那作爲心之所發的意及意之所在的物就相當於宗周的念了。而宗周那作爲心之所存的意及超越原則的物，雖未見於陽明教法中，亦可統於他的良知觀念之內。這樣的話，我們似乎可進一步說，如果宗周哲學的一個根本要義是在「化念歸思（或心）」和「化思歸虛」，則此一根本要義亦見於陽明的四句教：意與物可被轉化而歸於良知──此可類比「化念歸思（或心）」；良知是心體而心體無善無惡──此可類比「化思歸虛」。我們已說過，「化念歸思（或心）」及「化思歸虛」實反映宗周心宗性宗的思想架構。我們於是便可以問：宗周的思想架構是否亦蘊涵於陽明哲學之內？如是，則宗周與陽明思想的分別究何在？如果宗周與陽明的思想在本質上實無甚差別，則爲何宗周總不能看出彼此異中之同，總易誤解而批評陽明的四句教？我們不要忘記，如前所述，在宗周對陽明學說態度的三變中，即使在「中信之」的階段，宗周仍不能對陽明全盤肯定。我們認爲，此實反映他們之間確有一基本差異，而他們的思想架構畢竟不同。要探討這個問題，也許我們可從他們學說性格的不同談起。

　　秦家懿已指出，陽明的一生是「狂者」的精神。❷❻「狂者」這

---

❷❻　秦家懿：《王陽明》（台北：東大圖書股份有限公司，一九八七），頁二十七至五十二。又見Julia Ching: *To Acquire Wisdom*, pp.26-51.

個詞語可以追溯至《論語》：「子曰：不得中行而與之，必也狂狷乎。狂者進取，狷者有所不爲也。」❷此處「狂」大概便是擇善固執的進取精神。但無可否認，「狂」同時也意味著一種放蕩不羈及拔乎流俗之意。秦家懿便認爲，含有這兩層意義的狂字，正好用來形容陽明的性格。❷在陽明於正德三年 (一五〇八) 悟道之前，他的「五溺」 (溺於任俠、騎射、辭章、神仙及佛氏之習) 表現了他的「狂者性格，與他早年的豪放精神」。悟道之後，陽明並沒有失去他的狂者性格，只是「漸趨平和，使他超然於一切榮辱、得失、與生死觀念之上」。❷陽明甚至也以狂者形容自己。他說：

> 吾自南京以前，尚有鄉愿意思在。今只信良知眞是眞非處，更無揜藏迴護，纔做得狂者。使天下盡説我行不揜言，吾亦只依良知行。❸

雖然陽明亦教學者「精詣力造，以求至於道，無以一見自足而終止於狂」，❸但在其一生的言行中畢竟表現一狂者的精神，則毋庸置疑。他的弟子形容他「不事邊幅」、「豪邁不羈」，正是狂者的寫照。❸他在臨終時說：「此心光明，亦復何言？」❸始終表現狂者坦

---

❷　《論語·子路》第十三章。

❷　*To Acquire Wisdom*, p. 27. 參《王陽明》，頁二十九。

❷　《王陽明》，頁四十八。Cf. *To Acquire Wisdom*, p. 48.

❸　《王陽明全集》，卷三十四，頁六五三。

❸　同上，頁六五五。可參《王陽明》，頁五十二；*To Acquire Wisdom*, p. 50.

❸　《王陽明全集》，卷一，頁一。

❸　同上，卷三十四，頁六七八。

蕩的襟懷。

相比之下，宗周的性格便顯得非常不同。劉汋在總結他父親的生平時，形容宗周道德修養態度之嚴肅，說：

> 先君子盛年用功過於嚴毅，平居齊莊端肅，見之者不寒而栗。及晚年造履益醇，涵養益粹，又如坐春風中，不覺浹於肌膚之深也。❸❹

這給我們一幅與陽明十分不同的圖像。宗周的友人姚現聞（希孟）亦說：

> 方今鳳翔千仞，爲萬鳥所環歸，而弋人無所容其慕者，海內以劉先生爲第一人。其一種退藏微密之妙，從深根寧極中證入，非吾輩可望其項背者也。❸❺

陽明亦謂「狂者志存古人，一切紛囂俗染，舉不足以累其心，眞有鳳凰翔於千仞之意」，❸❻但他心目中的「鳳翔千仞」與姚希孟形容宗周「退藏微密」的「鳳翔千仞」恐怕大異其趣。黃宗羲在總結宗周學問風格時也有類似的話：

> 先生宗旨爲愼獨。始從主敬入門，中年專用愼獨工夫。愼則敬，敬則誠。晚年愈精微，愈平實。本體只是些子，工夫只是些子，仍不分此爲本體，彼爲工夫，亦並無些子可指，合

---

❸❹　《劉子全書》，卷四十，〈年譜下〉，頁五十一下至五十二上。

❸❺　同上，〈年譜錄遺〉，頁十八下至十九上。

❸❻　《王陽明全集》，卷三十四，頁六五三。

於無聲無臭之本然。從嚴毅清苦中發爲光風霽月。……**㊲**

陽明胸懷洒落，亦可說如光風霽月，而他的良知教也是從「百死千難」得來。然而，與宗周相較，總不像宗周之予人「嚴毅清苦」的印象。由此看來，若說陽明是進取的狂者，宗周便是有所不爲的狷者。是以全祖望嘗引黃宗羲謂「陽明聖門之狂，蕺山聖門之狷」，認爲「其評至允，百世不可易也。」**㊳**

　　陽明與宗周的不同風格也反映在他們的學問上。依陽明，良知心體乃無盡之光明。在日用倫常中感物而應，良知即朗朗呈現，毫無掩藏。然而，宗周則以性體或獨體至微，必須深入至心之所以爲心之至隱至微之處，才可把握得住。吾人更須戒愼恐懼以存養此至微之獨體，否則容易放失，蔓不及圖。於是，我們看到二人性格與學問風格的一致。陽明狂放，不落俗套，其學說強調良知心體隨機而行，朗朗呈露；宗周嚴毅，退藏微密，其學說強調深入獨體之微。牟宗三即提出以「顯」和「密」來表示二者的特性：陽明的致良知是顯教，宗周的愼獨是密教。牟先生更提出，宗周乘陽明學「玄虛而蕩」及「情識而肆」的流弊而重新反省，重開一新學路，此即「歸顯於密」，即「將心學之顯教歸於愼獨之密教」。**㊴**此說誠是。順著陽明與宗周的人格與風格下來，以顯和密定位其學說的特性，殆無疑問。但顯和密的實義究爲何，牟先生似乎沒有非常清楚的說明。

㊲　《劉子全書》，卷三十九，〈行狀〉，頁三十六上。

㊳　全祖望：〈甬上證人書院記〉，《鮚埼亭集》，〈外編〉，卷十六，四部叢刊本。

㊴　牟宗三：《從陸象山到劉蕺山》，頁四五一至四五四。

劉述先對此問題作了適當的補足。他在徵引陽明及其他資料後，下結論說：

> ……「已發未發非有二侯，致和即所以致中」乃王門高第直承自姚江之教，根本無爭辯的餘地。……在修養工夫上，乃可以即已發指未發，甚至致和即可以致中。既然他做工夫的出發點就在「已發」，其為「顯」教明矣！這樣的入路乃適與雙江「歸寂」、蕺山「靜存」之「密」教成為對比。我們由功夫論的視域區分顯密，比起牟先生由形上學的視域立論，應該容易了解多了。❹

以「已發」說顯，以「靜存」說密，實已道出其中關鍵。當然，「靜存」並非意謂偏於靜的超越體證，而是指存養那超越動靜的「未發」之中。陽明「致和即所以致中」，與宗周強調「靜存之外無動察」、「致中所以致和」適可成對比。蓋已發即未發，即中即和。陽明較重已發，故本心所起，莫不是心體的呈用，遂有一「顯相」；宗周較重未發，故才起即收，莫不歸獨體之幽微，遂有一「密相」。如是，一重已發，一重未發，遂有顯密的教相。而二者的關係，誠如牟宗三所說：

> ……正因為歸顯於密，故顯得太緊。「從嚴毅清苦之中發為光風霽月」，正顯緊相也。此雖可以堵絕情識而肆，玄虛而

---

❹ 劉述先：〈論王陽明的最後定見〉，收入所著《儒家思想意涵之現代闡釋論集》（台北：中央研究院中國文哲研究所籌備處，二〇〇〇），頁六十六。

> 蕩，然而亦太清苦矣，未至化境。若再能以顯教化脫之，則
> 當大成。王學門下，如泰州派所重視者，正嚮往此化境。汝
> 以歸顯於密救其弊，彼亦可以顯教救汝之緊。此中展轉對治，
> 正顯工夫之無窮無盡；任一路皆是聖路，亦皆可有偏。未至
> 聖人，皆不免有偏。❹

如此評論宗周的「歸顯於密」，是把顯密二教平看而認爲可以互補。
這當然是很平實的看法，也的確道出宗周歸顯於密的一重意義。但
我們若把焦點放在陽明與宗周的心性論，便可發現歸顯於密的另一
重含義。我們認爲唯有在此才能看到宗周與陽明最重要的分別。

　　如果宗周心性論的系統可以「盡心即性」來表示，陽明的系統
便可以「心即理」爲代表。在「心即理」的系統中，心亦即性，因
爲依陽明，心、性與理本質上是相同的。從表面看來，宗周的系統
似乎與陽明的沒有很大的差別。依宗周，心與性畢竟是一，此與陽
明心即理之義相同。依陽明，心即理之心除了是超越的本心外，也
是絕對的無限心，是宇宙的本體，此與宗周之言性體相當。然而，
宗周明分心宗性宗，卻不見於陽明的哲學。須知在宗周的系統中，
性者心之所以爲心，心性最後歸於一，但宗周的確在某一義分開心
與性而賦予性一獨立而最根本最重要的地位。這表示他十分正視性
體此觀念，而對它作爲宇宙本體的含義有非常清楚的意識。

　　反觀陽明，他當然亦有此意識，否則他便不會有「人人自有定
盤針，萬化根緣總在心」及「無聲無臭獨知時，此是乾坤萬有基」

---

❹　《從陸象山到劉蕺山》，頁四八七。

之語。❷四句教中的第一句「無善無惡是心之體」也是要表示作為宇宙本體的心體之化境，而可與宗周「無善而至善」、「無意之意」及「性無性」等之義相通。然而，比較而言，陽明似乎沒有著力強調或展現他的哲學的這一方面的含義。當龍溪企圖發揮四句教的第一句而提出「四無」的主張時，陽明並沒有反對，但卻認為不可執著一邊，又說「利根之人，世亦難遇。本體功夫，一悟盡透，此顏子、明道所不敢承當，豈可輕易望人」。依陽明，學者「且教在意念上實落為善去惡。功夫熟後，渣滓去得盡時，本體亦明盡了」。❸他似乎認為沒有必要把圓融的化境強調太多，尤其對中下根人，他們工夫熟後，本體明盡，自然便會明白。

　　陽明哲學之有說到、但沒有著意強調心體之為宇宙本體這一面，實標誌著陽明與宗周學說的最重要的不同。我們可以說，在本體論上，宗周言至性體，陽明亦言至心體之為宇宙的本體（其實，不但宗周與陽明，心學系統下的宋明儒者莫不如此）。但在工夫論上，陽明言至心體之一體而化，但此是其系統的終點而非重點；宗周言性體之化境，此不單是其系統的終點，更是其重點。這當然不表示宗周已像龍溪一樣蕩越而偏向一邊。宗周的性體不外心體，工夫比誰都著重，只是已言至「不分此為本體，彼為工夫」的「即本體是工夫」的境地。固然並非人人一下子便達致此境地，所以說此工夫之化境為終點。但一日未至此境，仍須認定本體（性體）做工夫，工夫要做到此化境，才算是真工夫，所以亦說此工夫之化境為重點。若不能到此地步，

---

❷　《王陽明全集》，卷二十，頁三八四。

❸　同上，卷三，頁七十六至七十七。

便會「獨而離其天」，爲妄、爲微過，從此便一發不可收拾了。

宗周從開始提出愼獨的教法時，實已掌握心體之爲性體此一面，成爲他思想系統的核心。他的主靜、中和、理氣、心性乃至誠體意根的觀念，都不過是依據此核心的意義而發揮。在宗周看來，要證成人之爲人，體證超越的本心（心宗的心）是必須的，但不足夠；吾人需要進一步直透至心之所以爲心之意根、獨體、性體，而知其爲宇宙之本體，證人的意義才得以完成。

至此，宗周的立場已明，他之所以不能滿意陽明學說的理由亦可得而窺。他曾說：

> 陽明只說致良知，而以意爲蠢根，故於愼獨二字亦全不講起，於《中庸》說戒愼恐懼處亦鬆。……❹

我們已看過，宗周批評陽明的致良知教，主要是因爲他認爲在四句教中陽明將意字認壞，又粗看良知，造成種種問題。我們也解釋過，宗周對四句教的批評雖然深刻，但畢竟只是誤解。然而，當我們撥開種種誤解的迷霧，便發現宗周的批評有時確觸及一些實質的問題。他曾說陽明之學「失之粗且淺，不見道則有之」。此處又說陽明「以意爲粗根」、「說戒愼恐懼處亦鬆」。謂陽明學說「淺」，甚至「不見道」，此確實太過，大抵是從誤解良知是在念起念滅的經驗層而來的過份的批評。但謂陽明之說「粗」、「鬆」，如果放在特定的脈絡之下，卻不是完全沒有道理。有趣的是，陽明也曾批評象山「粗」，情況正類同。下面一段也許可以作爲陽明如何失之粗之一例：

---

❹　《劉子全書》，卷十二，〈學言下〉，頁十六下。

陽明子曰：言語正到快意時，便截然能忍默得；意氣正到發
揚時，便翕然能收斂得；憤怒嗜欲正到沸騰時，便廓然能消
化得。此非天下之大勇不能，然見得良知親切，工夫亦自不
難。愚謂言語既到快意時，自當繼以忍默；意氣既到發揚時，
自當繼以收斂；憤怒嗜欲既到沸騰時，自當繼以消化。此正
一氣之自通自復，分明喜怒哀樂相爲循環之妙，有不待品節
限制而然。即其間非無過不及之差，而性體原自周流，不害
其爲中和之德。學者但證得性體分明，而以時保之，則雖日
用動靜之間，莫非天理流行之妙，而於所謂良知之見，亦莫
親切於此矣。若必借良知以覺照，欲就其一往不返之勢，皆
一一逆收之，以還之天理之正，則心之與性，先自相讎，而
杞柳桮棬之說，有時而伸也必矣。❹

我們細心體會，發覺陽明所言，正是當喜而喜，當怒而怒之四氣迭
以時出，即宗周所謂心宗之境。宗周所言則自喜而樂，自樂而怒之
四氣相爲循環，已是性宗之境。這正好說明宗周「歸顯於密」的另
一重含義：陽明教人體悟超越的良知心體，而在致良知之極致中，
心體感通萬物而爲宇宙之本體；宗周則直接以宇宙之本體爲其學說
的重心，於是，心體之幽深微妙、於穆不已的一面遂在宗周哲學中
獲得完全的正視。我們可說，歸顯於密的另一重含義的實義，就是
在工夫論的前提下，重點由超越的道德本體向上向內提攝至形而上
的宇宙的本體。從這個角度看來，宗周的慎獨之學實較陽明的心學
更具深一層的意涵。

---

❹　同上，卷十一，〈學言中〉，頁八下至九上。

　　「歸顯於密」有兩重意義，第一重意義平實，第二重意義則可引申一些問題。首先，宗周言工夫之境以性體爲準，可謂透體立極，深徹之至，然則這是否表示其道德實踐已高於陽明乃至其他儒者？答曰：此不必然。牟宗三曾對類似的問題有過一番解說，其言謂：

> ……王弼、向秀、郭象以跡本論會通孔老以明道家義理之圓教，此非謂其智慧風範即高於老莊也。王龍谿提出四有四無，胡五峰提出同體異用，以明儒家義理之圓教，此亦非謂其智慧德行已高于孔孟程朱陸王也。智慧之造始與思想之開發固是兩事，即思想之開發與踐履造詣之高下更是兩事，非可一概而論。於此後兩者間，欲想得一配稱之關係，恐將比在德福間得一配稱爲更難，此當別論。❹

牟先生以王弼、向秀、郭象爲道家義理的圓教，以王龍溪、胡五峰之說爲儒家義理的圓教；這且不管。重要的是，他提出思想之開發與踐履造詣之高下並不必然配稱。當然，此不表示二者即可全無關係。我們確可從宗周、陽明的著述中，感覺其實踐工夫之深，但究竟深至何種程度，則唯有自知自證，此中實有不足爲外人道者。

　　另外還有一個問題，即：就第二重意義言，「歸顯於密」既是往上提往內收，以更深透的工夫爲重點，此是否表示慎獨之密教必然高於良知之顯教？答曰：是又不盡然。牟宗三在討論晚明儒學時亦觸及類似的問題。他說：

> 如是，良知之超越性必含一圓頓之可能。從無限進程上說，

---

❹　牟宗三：《圓善論》（台北：台灣學生書局，一九八五），頁xiii。

它永不能全顯那奧體而與之爲一。可是它的超越性可使它之
圍於形超脫而不圍於形。其所當之機圍限之，然而因爲它不
著于形，它即可躍起而通于他。它的每一步具體呈用，如果
不執不著，亦不捨不離，它即步步具足，亦可以說即是絕對，
當下圓成。但此你可以說尚有步步相，即使無時間相，無空
間相，無生滅常斷一異相，然而似乎仍有一虛的步步相，因
爲步步具足當下圓成，雖步步相無步步相，亦仍可說一虛的
步步相。實則此虛的步步相只是那「步步」這一名言所起的
影子。當它當下具足，步步相無步步相時，即含著一圓頓朗
現：一步具足即一切步皆具足，一步圓成即一切步皆圓成。
如是，那無限進程義之進程即泯而爲一時頓現。只有在此一
時頓現上，那良知心用始能脫化了那形限之圍而全副朗現了
那奧體而與之完全爲一。此時全知體是性體，全性體是知體，
而只是一知體之朗現，帶著其全部内容而朗現。此時良知教
即得其最後之圓足。此蓋就是王龍溪所說的四無之境。就良
知教自身說，其圓足是在四無。❹

在某一義上，良知之超越性仍可有其限制。當超越了時間相、空間
相以及生滅常斷一異相時，心便是超越的心。但此超越的心仍不是
無限心，它仍可因所當之機之圍限而顯一虛的步步相。在此，若「從
無限進程上說，它永不能全顯那奧體而與之爲一」。但當看穿那「步
步」之名言所起之影子，則步步即含著一圓頓朗現，心即「脫化了
那形限之圍而全幅朗現了那奧體而與之完全爲一」。此時的超越心

---

❹　牟宗三：《從陸象山到劉蕺山》，頁三五七至三五八。

便同時是無限心。十分明顯，牟先生這番話如果以宗周的術語來表示，便是由心宗到性宗的歷程。不過牟先生此處卻把最後圓足之境歸於龍溪的四無。是故「歸顯於密」的第二重意義並非表示慎獨密教必然高於良知顯教。顯教之圓足在四無，此實相當於密教之性宗。此圓足之義在陽明已有，不過未充其極，要到龍溪才把它充分彰顯。如是，若納入龍溪之說，則顯教密教的分別，到底還是歸於「歸顯於密」的第一重意義。不過，龍溪分四無四有，已有蕩越之嫌；❹又以無立教，此實不足爲法。❹反觀宗周之言性宗，性與心畢竟不可以分合言，則心宗爲慎獨之實功，堵絕了玄虛的流弊；以性宗立教，透體立極，仍可徹上徹下（見〈人譜〉可知）。由此可見，宗周在陽明之後，歸顯於密，其系統實有獨特的意義與價值，不容吾人忽視。

四、宗周與胡五峰的同異

宗周思想與朱子、陽明不同，已如上述。學者如牟宗三則認爲，宗周思想固與朱子、陽明有別，但其心性論架構卻大類胡五峰（宏，一一〇五～一一六一）。牟先生指出，五峰是承濂溪、橫渠、明道而言道體性體，「承由中庸易傳回歸於論孟之圓滿發展，即承明道之圓教模型，而言以心著性，盡心成性，以明心性之所以爲一爲圓者」。

---

❹　牟宗三：《從陸象山到劉蕺山》，頁二八一至二八二；劉述先：《黃宗義心學的定位》，頁四十一至四十三。

❹　參鄭宗義：《明清儒學轉型探析——從劉蕺山到戴東源》（香港：中文大學出版社，二〇〇〇），頁十三至十四。

又謂五峰「先心性分設，正式言心之形著義，以心著性而成性，以
明心性之所以一」，而「宋明儒中最後一個消化者劉蕺山亦是此路」。
是故牟先生在宋明儒之分系中，除了傳統的伊川朱子系（程、朱）及
象山陽明系（陸、王）之外，更確立五峰蕺山的第三系，承認其有獨
立之意義。他認爲「此系由濂溪、橫渠、而至明道之圓教模型（一本
義）而開出，……客觀地講性體，……主觀地講心體，……特提出『以
心著性』義以明心性所以爲一之實以及一本圓教所以爲圓之實」。
❺⓪簡言之，此系先客觀地言性，主觀地言心，而以心著性，心性終
歸是一。「以心著性」實可作爲此一系統的標誌。

　　牟先生的提法固有其洞識，但以五峰及宗周的思想屬同一形態，
卻已啓學者的懷疑。劉述先便從思想史的角度言二人根本沒有傳承
的關係。即使牟先生也承認，宗周從未提過五峰。❺①東方朔除了從
思想史的傳承立言外，更舉出一些實例說明二人的思想沒有嚴密的
一貫性，如五峰主張「未發只可言性，已發乃可言心」，此一說法
與宗周明顯有異。東方朔認爲即使吾人可以就理論的邏輯設置上大
體同意牟先生將五峰、蕺山劃歸爲一系的說法，但在歷史層面及具
體的義理分疏上，此說法實無法獲得理論與歷史定位的全力支持。❺②我
們沿此方向探究，便發現事實還可容許吾人推進一步說。我們的結

---

❺⓪　牟宗三：《心體與性體》（一），頁四二至六十，尤其是頁四十五至四十
　　六及四十九。

❺①　劉述先：〈有關理學的幾個重要問題的再反思〉，收入《理想與現實的糾
　　結》，頁二四六。

❺②　東方朔：《劉蕺山哲學研究》，頁三五六至三五九，尤其是三五八至三五
　　九。

論是，儘管五峰與宗周思想有許多類同之處，但差之毫釐，謬之千里，他們的思想形態畢竟不同。

其實，如果五峰上承北宋三家是事實，我們單就濂溪來比較，已可看出二者的不同。上章已援引唐君毅的說法，言濂溪以人極合於太極，宗周則攝太極於人極之中。我們可以清楚看到，雖然用語不同，濂溪的確是先客觀地立一太極，然後以主觀面的人極湊泊此太極，最後主客觀合而爲一。這確實是「以心著性」的思路：主觀面的心超越化與客觀化而湊合於性，同時客觀面的性亦內在化與主觀化而落實於心；透過心之形著或彰著的作用而最後心性是一。

然而，宗周之攝太極於人極卻不是此義，不是以太極或性內在化主觀化而與心合，不是先客觀地言一太極，然後由主觀面的心湊泊過去，或把它收攝進來。宗周言太極，是直下以太極即人極、即性，此人極或性從開始便已是主觀地言之。他之分言心宗、性宗，是就主體主觀面言的兩層，並不是主、客觀之兩層。他總不好言一客觀、外在的實體，因爲這是虛的、形式的，只能是方便。即使有提到，也只是順著傳統而說，最後總回到主觀面去。我們不妨看看宗周那些特顯客觀面如性天之類的話，如「性本天者也，心本人者也。天非人不盡，性非心不體也」，❺❸表面看去，好像天與人、性與心並設，主客觀兩面皆充實。但如果我們注意「天非人不盡，性非心不體」，則重點始終在心與人的主觀面。宗周重言性宗，性是從主觀面的心深入地講進去的，實無意從客觀面立一性體也。我們再看下面兩段：

---

❺❸　《劉子全書》，卷二，〈易衍〉，頁十四上。

> 心中有意，意中有知，知中有物，物有身與家國天下，是心
> 之無盡藏處。性中有命，命中有天，天合道，道合教，教合
> 天地萬物，是性之無盡藏處。❺④
>
> 天穆然無爲，而乾道所謂剛健中正，純粹以精，盡在帝中見。
> 心渾然無體，而心體所謂四端萬善，參天地而贊化育，盡在
> 意中見。離帝無所謂天者，離意無所謂心者。❺⑤

這兩段都是以前提過的。第一段心性分設，但似乎並不重在主、客
觀面的分立，而是著重在《大學》與《中庸》所強調的不同：前者
強調心，後者強調性。當然，在《中庸》的脈絡下，「天命之謂性，
率性之謂道，修道之謂教」，性是連著客觀的天道而言，但既然「天
命之謂性」，性亦可從主觀一面說。宗周即從此方面立言，更說「性
中有命，命中有天」，把天命也歸到性上來說。第二段言天之穆然
無爲，心之渾然無體，當然也有主、客觀分設的意味，但宗周隨即
說天之穆然無爲「盡在帝中見」、「離帝無所謂天者」，然則此「帝」
爲何？宗周在他處說：

> 子思子從喜怒哀樂之中和指點天命之性，而率性之道即在其
> 中，分明一元流行氣象。所謂不識不知，順帝之則，全不涉
> 人分上。此言性第一義也。❺⑥

此處「不識不知，順帝之則」，從上下文看，宗周當以帝字指性，

---

❺④　同上，卷十一，〈學言中〉，頁十一上。
❺⑤　同上，卷十二，〈學言下〉，頁九上至下。
❺⑥　同上，卷六，〈證學雜解〉，〈解十九〉，頁九下。

而性又是「從喜怒哀樂之中和指點」。宗周從主觀面說性,十分明顯。於是,回到上文天之穆然無爲,盡在帝中見,而帝即性,最後仍歸到主觀面而言,也是十分清楚的。

　　上面幾個例子已經是最具有主、客觀面分立的意味者,而猶如此,其他可以想見。大抵傳統言天道下來,客觀一面總不能完全抹煞不講,但從宗周的思想看來,即使言之,也只是虛說,不能在其系統中具有決定性或關鍵性的實質意義。這可證之於宗周言心宗性宗,皆是從主觀面透入。尤其是宗周的「人極圖說」及「讀易圖說」,旨在言人即天地,人性本具太極陰陽五行萬化之理,又如何可有一客觀的性天之分立?宗周解釋「太極圖說」時,謂「使實有是太極之理,爲此氣從出之母,則亦一物而已,又何以生生不息,妙萬物而無窮乎?」❺❼他說此話時並非要反對濂溪,只是從他那圓融的心靈抉發濂溪之義,認爲濂溪不是眞的要在萬物之外別立一太極,否則太極便爲一物,不能生生不息,妙萬物而無窮。宗周的解釋如何,我們可以不理會。但從中確可窺見宗周不契濂溪客觀地言太極的模式,否則他便不會另著「人極圖說」,轉化「太極圖說」的含義了。

　　透過以上的分析,我們已知宗周「盡心即性」的系統確不能與「以心著性」相提並論。前者一皆從主觀面言,後者則主、客觀並建。然則胡五峰的心性論又如何?無可否認,五峰之言心性確與宗周有許多類同處。如「氣之流行,性爲之主;性之流行,心爲之主」、「有而不能無者,性之謂與?宰物不死者,心之謂與?」❺❽凡此皆

<hr />

❺❼　同上,卷五,〈聖學宗要〉,頁二下。
❺❽　黃宗羲、全祖望:《宋元學案》(中) (台北:世界書局,一九七三),〈五峰學案〉,〈胡子知言〉,頁七七七。

與宗周言心性類似。心既爲性之流行之主，又爲宰物不死者，則心爲超越的本心可知。至於性，五峰又謂「萬物皆性所有也。聖人盡性，故無棄物」、「天命之謂性。性，天下之大本也」、「性也者，天地所以立也」。這些都表明，他心目中的性，不單是道德的本體，且是宇宙的本體。此亦與宗周的理解相同。而「性也者，天地鬼神之奧也。善不足以言之，況惡乎哉」，認爲性不可以善惡言，又與宗周「無善而至善」乃至「性無性」之說相通。⑲

然而，當我們注意心性的關係時，便發現二者確有不同。五峰謂：「心也者，知天地宰萬物以成性者也」。⑳心之知天地宰萬物，即同於性，而說心以成性，則分明是心性分立，通過心的活動與性合一，或回復心性之本一。成者完成、彰著義。因此，心以成性的確就是以心著性的思路。我們再看下面一段，五峰的意思便非常清楚了：

> 心性二字，乃道義淵源。當明辨不失毫釐，然後有所持循。未發只可言性，已發乃可言心。故伊川云：中者，所以狀性之體段，而不可言狀心之體段。心之體段難言：無思也，無爲也，寂然不動，感而遂通天下之故是也。未發之時，聖人與眾同一性，已發則無思無爲，寂然不動，感而遂通天下之故，聖人之所獨。……故某嘗謂喜怒哀樂未發，沖漠無朕，同此大本，雖庸與聖無以異。而無思無爲，寂然不動，乃是指易而言，易則

---

⑲　以上有關五峰的引文均見同上，頁七七七至七七八及七八〇。
⑳　同上，頁七七八。

　　發矣，故無思無爲，寂然不動，聖人之所獨。……㉓

五峰謂「未發只可言性，已發乃可言心」，此已跟宗周「存發總是
一機，中和渾是一性」的說法不同。依宗周，性之未發即已發，心
之已發即未發，故二者總是一機，渾是一性，不可以分合言。五峰
之心性亦終歸是一，但總是先分未發、已發而立說。而更重要的是，
五峰以性爲「未發，沖漠無朕，同此大本，雖庸與聖無以異」、「聖
人與眾同一性」。雖然性是從喜怒哀樂之未發說，不連著天道方面
說，但言庸聖同此大本，則性之客觀面的意義仍然甚強。而心則爲
已發，「無思無爲，寂然不動，感而遂通天下之故，聖人之所獨」。
此即心爲主觀面的，通過心的超越化客觀化而達到無思無爲，寂然
不動，感而遂通之境，性便得以內在化主觀化而得充分的彰著。此
境界當然非人人可達至，故曰「聖人之所獨」。於此，五峰「以心
著性」之思路實甚顯然，牟先生的判斷不誤也。但我們反觀宗周，
其言心不在話下，試看他如何說性：

　　……是故君子戒愼乎其所不睹，恐懼乎其所不聞，此愼獨之
　　說也。至哉獨乎！隱乎！微乎！穆穆乎！不已者乎！……獨
　　體不息之中，而一元常運，喜怒哀樂四氣周流，存此之謂中，
　　發此之謂和，陰陽之象也。四氣，一陰陽也；陰陽，一獨也。……
　　君子所以必愼其獨也。此性宗也。㉔

此段在上文已有解說。以「喜怒哀樂四氣周流」說性，分明自主觀

_____

㉓　同上，〈五峰先生語〉，頁七八二。
㉔　《劉子全書》，卷二，〈易衍〉，〈第七章〉，頁十三下。

面言性。而此性宗之境，又必是聖人之境，不可能庸聖無以異。然則宗周不從客觀面言性，便十分清楚了。

我們明白宗周「盡心即性」與五峰「以心著性」或「盡心成性」的不同，便可進一步釐清牟先生對宗周思想系統的一些判斷。他認為宗周的「歸顯於密」有兩步。第一步是將「良知之顯教歸于『意根最微』之密教」，第二步是將「心體之顯教復攝歸于性體之密教」，「經過以上兩步歸顯於密，最後仍可心性是一」。❻這是把宗周的系統理解為「以心著性」而來的判斷。我們認為，通過以上的分析，宗周的「歸顯於密」應該只有一步。蓋「意根最微」的意根固屬於心，但它同時就是誠體，也即是獨體、性體了，實沒有攝歸於性體的第二步可言。與此有關的，是牟先生形容宗周思想的心性之關係，常說它們是一形著之關係，是自覺與超自覺的關係，其他如主觀、具體的與客觀、形式的，乃至是內處的與超絕的關係。❻我們認為，當中除了自覺與超自覺的關係之外，其他的都預設著「以心著性」的觀點，因此，以之形容宗周的心性，是不恰當的。宗周心性的關係，只能是自覺與超自覺的，或用宗周自己的話，是後天與先天的，或形而下與形而上的關係。❻這些辯解看似繁雜，其背後的關鍵其實只有一點，便是宗周雖分言心性，卻沒有把性體確立為相對於心體之主觀一面而為客觀的、形式的、超絕的一面。這便是「盡心即性」與「以心著性」兩系統的不同，也是唯一不同之所在。這真是

---

❻ 《從陸象山到劉蕺山》，頁四五三至四五四。

❻ 同上，又頁四九一至四九二。

❻ 讓我們再強調，宗周的「形而下」是「囿於形」之意，並非一般的屬於經驗的意思。

差之毫釐，謬之千里了。

五、結　論

　　通過以上各章節的分析，我們對宗周哲學的重要觀念與問題都大致討論過了。現在也許可以給予宗周哲學一個定位。

　　首先，宗周哲學的宗旨是慎獨。慎獨哲學的內容，可以「歸顯於密，盡心即性」兩句來概括。前句是就宗周哲學的風格及時代意義言，後句是就其哲學的系統言。此「盡心即性」的系統與傳統的程朱的「性即理」系及陸王的「心即理」系均不同，甚至與現代學者提出的承接濂溪、橫渠、明道的五峰的「以心著性」一系亦不同。由此可見宗周思想系統的獨特的價值和意義。

　　其次，若把宗周的哲學置在他的時代的脈絡中，便可發現它是乘當時思想界「玄虛而蕩」及「情識而肆」的虛無、功利的流弊而起。宗周認為這些流弊是源於陽明的四句教，但其實是他對陽明的誤解。雖然如此，他批評說不但陽明學派且陽明學說本身也要為這些流弊負責，若從他的學說的角度看，也不是全沒道理。蓋陽明的致良知教，如果理解恰當而又切實踐行，確是成聖之路無疑。宗周評其落於念起念滅，實不足取。然而，致良知為顯教，顯則不密，而其工夫重點落在道德本心，在某一義上，亦未至嚴密。於是，若見解不真，工夫不切，便易流於病。陽明以後，有所謂「現成良知」，此本不差，但稍提不住，便很容易出現情識而肆的功利的毛病了。那些知道良知不可混於情識者，日求良知於虛無杳冥之境，美其名是閉關靜坐，實則玄虛而蕩，已流於虛無的想像，這其實只是功利

的另一極端！宗周當時對這兩種流弊的回應，收效如何，我們未敢判斷，但其學說之能對治這兩種流弊，則可以斷言。蓋在他的慎獨的密教中，性從一面說，並不完全等同於心，於是性便如一絕對標準，即使已悟得良知或本心，仍須朝此心之所以爲心之性體之境而努力用工夫——此可避免本心之容易著於相而混於情識而爲情識而肆。另一方面，性不離心，性心不二，而心雖超越，亦不離吾人日常生活之應事接物，於是那絕對的性體也不是可離開人倫日用而得的抽象懸空之體——此可避免離開人倫日用，以想像爲本體的玄虛而蕩。如是，宗周學說的意義就在，從哲學上言，它成功地對治了當時思想界的危機。

　　最後，若把宗周的哲學放在更廣的視域之下，便會發現它在整個宋明儒學的傳統中有其重要的位置。事實上，一些學者已嘗試評價宗周在宋明儒學中的地位。劉汋便推許他父親「所由合朱、陸、陽明而直追明道、濂溪，上溯之孔、孟而止」。㊻又說他「自濂溪、明道之後，一人而已，其餘諸子不能及也」。㊼這可能有點過譽。我們且看看現代學者是如何評價。如錢穆便從考證的觀點出發，證明宗周的思想標誌著由陽明回返朱子的傾向。㊽牟宗三則如前所述，認爲宋明儒學義理可分三系：伊川朱子系、象山陽明系及承接濂溪、橫渠及明道思想而來的五峰蕺山系；宗周正是第三系的代表人物。㊾陳

㊻　《劉子全書》，卷四十，〈年譜下〉，頁二十五下。

㊼　同上，頁五十二上。

㊽　錢穆：《中國學術思想論叢》（台北：東大圖書有限公司，一九七九），
　　第七冊，頁二六八至二七八。

㊾　《從陸象山到劉蕺山》，頁四五七至四五八。

來認爲宗周的思想「基本上仍屬於王學一系的心學」。⑦勞思光更
說「蕺山所立之系統，乃陽明一支思想中最後出亦最徹底之系統」。⑦
唐君毅則以宗周對陽明的批評爲內部的批評，且有正面的價值，導
致陽明學說的發展。⑦他又說「宋明儒之縮合工夫論，以言心性之
義理之發展，乃整個表現一由外而內、由下而上，以言形而上之心
體之趨向。而蕺山之言，則最能極其致。」⑦

從本書討論的結果看來，儘管對宗周的理解有許多不同，我們
基本上還是較傾向於勞思光及唐君毅的說法。宗周批評陽明，亦對
陽明學說有誤解。但在批評之中，宗周表現了他哲學的中心關懷，
就是對心之所以爲心的性體的充分彰顯，而這一層正是陽明在工夫
的重點上沒有完全照顧到的。因此，在對治陽明學的流弊中，宗周
的歸顯於密便成爲王學的調適上遂的發展，成爲王學「最後出亦最
徹底的系統」。此結果亦恐非宗周始料所及。當然，這並不表示宗
周的系統便與陽明完全相同。龍溪的四無在某義上也是王學調適上

---

⑦ 陳來：《宋明理學》（台北：洪葉文化事業有限公司，一九九三），頁三
七九。

⑦ 勞思光：《中國哲學史》（香港：友聯出版社有限公司，一九八〇），第
三卷下，頁六六一。

⑦ Tang Chun-i: "Liu Tsung-Chou's Doctrine of Moral Mind and Practice and His
Critique of Wang Yang-ming," in Wm. Theodore De Bary, ed., *The Unfolding of
Neo-Confucianism*, p. 329.

⑦ 唐君毅：《中國哲學原論：原教篇（下）》，頁五〇三。附帶一提，熊十
力在其書信中亦有評及宗周，然大多誤解之言，不足辯。見熊十力：《十
力語要初續》（台北：洪氏出版社，一九七七），〈答唐生〉，頁一五二
至一五六。

遂的發展，但此仍屬良知顯教的範圍。宗周慎獨的密教，便在此範圍之外。我們充其量只可說，宗周屬廣義的王學，而非王學的正宗，以其「盡心即性」畢竟異於「心即理」也。

　　如是，宋明理學在陽明之後仍有發展，而此發展之大成即在宗周的學說。這便是為何黃宗羲以〈蕺山學案〉置於《明儒學案》之末，而於引言中說：

　　　　識者謂五星聚奎，濂洛關閩出焉。五星聚室，陽明子之說昌。五星聚張，子劉子之道通。豈非天哉！豈非天哉！❼

很明顯，他是以濂溪、橫渠、明道、伊川、朱子、陽明及宗周為最重要的宋明儒者。而以〈蕺山學案〉置於最後，恐怕不單因為宗周是宋明儒學的殿軍，而且因為他的哲學思想象徵著宋明儒學發展的高峰與總結！

──────────

❼　《明儒學案》，卷六十二，頁六七五。

附錄一　人　譜

自　序

　　友人有示予以袁了凡《功過格》者，予讀而疑之。了凡自言嘗授旨雲谷老人，及其一生轉移果報，皆取之功過，鑿鑿不爽，信有之乎？予竊以爲病於道也。子曰：「道不遠人。人之爲道而遠人，不可以爲道。」今之言道者，高之或淪於虛無，以爲語性而非性也；卑之或出於功利，以爲語命而非命也。非性非命，非人也，則皆遠人以爲道者也。然二者同出異名，而功利之惑人爲甚。老氏以虛言道，佛氏以無言道，其說最高妙，雖吾儒亦視以爲不及。乃其意主於了生死，其要歸之自私自利。故太上有《感應篇》，佛氏亦多言因果，大抵從生死起見，而動援虛無以設教。猥云功行，實恣邪妄，與吾儒惠迪從逆之旨霄壤。是虛無之說，正功利之尤者也。了凡學儒者也，而篤信因果，輒以身示法，亦不必實有其事。傳染至今，遂爲度世津梁，則所關於道術晦明之故，有非淺鮮者。予因之有感，特本證人之意，著《人極圖說》以示學者。繼之以六事功課，而《紀過格》終焉。言過不言功，以遠利也。總題之日《人譜》，以爲譜人者莫近於是。學者誠知人之所以爲人，而於道亦思過半矣。將馴是而至於聖人之域，功崇業廣，又何疑乎！友人聞之，亟許可。遂

序而傳之。

　　時崇禎甲戌秋八月閏吉，蕺山長者劉宗周書。

人譜正篇

　　按：此第二、第三圖，即濂溪《太極圖》之第二圖。然分而爲二，自有別解，且左右互易，學者詳之。

人極圖説

無善而至善，心之體也。

即太極

圖左畔

　　　即周子所謂「太極」。太極本無極也。統三才而言，謂之極；分人極而言，謂之善。其義一也。

繼之者善也。

即太極

圖右畔

　　　動而陽也。乾知大始是也。

成之者性也。

　　　靜而陰也。坤作成物是也。

繇是而之焉，達於天下者，道也。放勳曰：「父子有親，君臣有義，夫婦有別，長幼有序，朋友有信。」此五者，五性之所以著也。五性既著，萬化出焉。萬化既行，萬性正矣。

　　　五性之德，各有專屬，以配水、火、木、金、土。此人道之所以達也。

人 極 圖

萬性，一性也。性，一至善也。至善，本無善也。無善之眞，分爲

二五，散爲萬善。上際爲乾，下蟠爲坤。乾知大始，吾易知也；坤作成物，吾簡能也。其俯仰於乾坤之內者，皆其與吾之知能者也。

乾道成男，即上際之天；坤道成女，即下蟠之地。而萬物之胞與，不言可知矣。《西銘》以乾坤爲父母，至此以天地爲男女，乃見人道之大。

大哉人乎！無知而無不知，無能而無不能，其惟心之所爲乎！《易》曰：「天下何思何慮？天下同歸而殊塗，一致而百慮。天下何思何慮！」

無知之知，不慮而知。無能之能，不學而能。是之謂無善之善。君子存之，善莫積焉；小人去之，過莫加焉。吉凶悔吝，惟所感也。積善積不善，人禽之路也。知其不善，以改於善。始於有善，終於無不善。其道至善，其要無咎。所以盡人之學也。

君子存之，即存此何思何慮之心。周子所謂「主靜立人極」是也。然其要歸之善補過，所繇殆與不思善惡之旨異矣。此聖學也。

人譜續篇二

證人要旨

〇（無極太極）一曰：凜閒居以體獨。

學以學爲人，則必證其所以爲人。證其所以爲人，證其所以爲心而已。自昔孔門相傳心法，一則曰愼獨，再則曰愼獨。夫人心有獨體焉，即天命之性，而率性之道所從出也。愼獨而中和位育，天

下之能事畢矣。然獨體至微，安所容慎？惟有一獨處之時可爲下手
法。而在小人，仍謂之「閒居，爲不善，無所不至」，至念及撿著
無益之時，而已不覺其爽然自失矣。君子曰：「閒居之地可懼也，
而轉可圖也。」吾姑即閒居以證此心。此時一念未起，無善可著，
更何不善可爲？止有一眞無妄在不睹不聞之地，無所容吾自欺也，
吾亦與之毋自欺而已。則雖一善不立之中，而已具有渾然至善之極。
君子所爲必慎其獨也。夫一閒居耳，小人得之爲萬惡淵藪，而君子
善反之，即是證性之路。蓋敬肆之分也。敬肆之分，人禽之辨也。
此證人第一義也。

　　靜坐是閒中喫緊一事，其次則讀書。朱子曰：「每日取半日靜
坐，半日讀書。如是行之一、二年，不患無長進。」

〇（動而無動）二曰：卜動念以知幾。

　　獨體本無動靜，而動念其端倪也。動而生陽，七情著焉。念如
其初，則情返乎性。動無不善，動亦靜也。轉一念而不善隨之，動
而動矣。是以君子有慎動之學。七情之動不勝窮，而約之爲累心之
物，則嗜慾忿懥居其大者。損之象曰：「君子以懲忿窒慾。」懲窒
之功，正就動念時一加提醒，不使復流於過而爲不善。纔有不善，
未嘗不知之而止之，止之而復其初矣。過此以往，便有蔓不及圖者。
昔人云：「懲忿如推山，窒慾如填壑。」直如此難，亦爲圖之於其
蔓故耳。學不本之慎獨，則心無所主，滋爲物化。雖終日懲忿，只
是以忿懲忿；終日窒慾，只是以慾窒慾。以忿懲忿，忿愈增；以慾
窒慾，慾愈潰。宜其有取於推山填壑之象。豈知人心本自無忿，忽
焉有忿，吾知之；本自無慾，忽焉有慾，吾知之。只此知之之時，
即是懲之窒之之時。當下廓清，可不費絲毫氣力，後來徐加保任而

已。《易》曰：「知幾其神乎！」此之謂也。謂非獨體之至神，不足以與於此也。

◉（靜而無靜）三曰：謹威儀以定命。

愼獨之學，既於動念上卜貞邪，已足端本澄源。而誠於中者形於外，容貌辭氣之間有爲之符者矣。所謂「靜而生陰」也。於焉，官雖止而神自行，仍一一以獨體閑之，靜而妙合於動矣。如足容當重，無以輕佻心失之；手容當恭，無以弛慢心失之；目容當端，無以淫僻心失之；口容當止，無以煩易心失之；聲容當靜，無以暴厲心失之；頭容當直，無以邪曲心失之；氣容當肅，無以浮蕩心失之；立容當德，無以徙倚心失之；色容當莊，無以表暴心失之。此《記》所謂「九容」也。天命之性不可見，而見於容貌辭氣之閒，莫不各有當然之則。是即所謂「性」也。故曰：「威儀所以定命。」昔橫渠教人，專以知禮成性、變化氣質爲先，殆謂是與？

⊙（五行攸敍）四曰：敦大倫以凝道。

人生七尺墮地後，便爲五大倫關切之身。而所性之理，與之一齊俱到。分寄五行，天然定位。父子有親，屬少陽之木，喜之性也；君臣有義，屬少陰之金，怒之性也；長幼有序，屬太陽之火，樂之性也；夫婦有別，屬太陰之水，哀之性也；朋友有信，屬陰陽會合之土，中之性也。此五者，天下之達道也，「率性之謂道」是也。然必待其人而後行。故學者工夫，自愼獨以來，根心生色，暢於四肢，自當發於事業，而其大者先授之五倫。於此尤加致力，外之何以極其規模之大？內之何以究其節目之詳？總期踐履敦篤。慥慥君子，以無忝此率性之道而已。昔人之言曰：「五倫間有多少不盡分處。」夫惟嘗懷不盡之心，而黽黽以從事焉，庶幾其道於責乎。

◎（物物太極）五曰：備百行以考旋。

孟子曰：「萬物皆備於我矣。」此非意言之也。只緣五大倫推之，盈天地間皆吾父子、兄弟、夫婦、君臣、朋友也。其間知之明、處之當，無不一一責備於君子之身。大是一體關切痛癢。然而其間有一處缺陷，便如一體中傷殘了一肢一節，不成其爲我。又曰：「細行不矜，終累大德。」安見肢節受傷，非即腹心之痛？故君子言仁則無所不愛，言義則無所不宜，言別則無所不辨，言序則無所不讓，言信則無所不實。至此乃見盡性之學，盡倫盡物，一以貫之。《易》稱「視履考祥，其旋元吉。」吉祥之地，正是不廢查考耳。今學者動言萬物備我，恐只是鏡中花，略見得光景如此。若是眞見得，便須一一與之踐履過。故曰：「反身而誠，樂莫大焉。」又曰：「強恕而行，求仁莫近焉。」反身而誠，統體一極也；強恕而行，物物付極也。

○（其要無咎）六曰：遷善改過以作聖。

自古無現成的聖人，即堯、舜不廢兢業。其次只一味遷善改過，便做成聖人，如孔子自道可見。學者未歷過上五條公案，通身都是罪過。即已歷過上五條公案，通身仍是罪過。纔舉一公案，如此是善，不如此便是過。即如此是善，而善無窮。以善進善，亦無窮。不如此是過，而過無窮。因過改過，亦無窮。一遷一改，時遷時改，忽不覺其入於聖人之域，此證人之極則也。然所謂是善是不善，本心原自歷落分明。學者但就本心明處一決，決定如此不如彼，便時時有遷改工夫可做。更須小心窮理，使本心愈明，則查簡愈細，全靠不得今日已是見得如此如此，而即以爲了手地也。故曰：「君子無所不用其極。」

人譜續篇三

紀過格

⊙（物先兆）一曰：微過，獨知主之。

妄（獨而離其天者是。）

以上一過，實函後來種種諸過，而藏在未起念以前，彷彿不可名狀，故曰：「微」。原從無過中看出過來者。

「妄」字最難解，直是無病痛可指。如人元氣偶虛耳，然百邪從此易入。人犯此者，便一生受虧，無藥可療，最可畏也。程子曰：「無妄之謂誠。」誠尚在無妄之後。誠與偽對，妄乃生偽也。妄無面目，只一點浮氣所中，如履霜之象，微乎微乎。妄根所中曰「惑」，為利、為名、為生死；其粗者，為酒、色、財、氣。

◎（動而有動）二曰：隱過，七情主之。

溢喜（損者三樂之類；）

遷怒（尤忌藏怒；）

傷哀（長戚戚；）

多懼（憂讒畏譏，或遇事變而失其所守；）

溺愛（多坐妻子；）

作惡（多坐疎賤；）

縱欲（耳目口體之屬。）

以上諸過，過在心，藏而未露，故曰「隱」。仍坐前微過來，一過積二過。

微過不可見，但感之以喜，則侈然而溢；感之以怒，則怫然而

遷。七情皆如是，而微過之真面目於此斯見。今須將微者先行消煞一下，然後可議及此耳。

⊙（靜而有靜）三曰：顯過，九容主之。

　　箕踞、交股（大交、小交）、趨、蹶（以上足容；）

　　擎拳、攘臂、高卑任意（以上手容；）

　　偷視、邪視、視非禮（以上目容；）

　　貌言、易言、煩言（以上口容；）

　　高聲、謔、笑、詈罵（以上聲容；）

　　岸冠、脫幘、搖首、側耳（以上頭容；）

　　好剛使氣、怠懈（以上氣容；）

　　跛倚、當門、履閾（以上立容；）

　　令色、遽色、作色（以上色容。）

　　以上諸過，授於身，故曰「顯」。仍坐前微、隱二過來，一過積三過。

　　九容之地，即七情穿插其中，每容都有七種情狀伏在裏許。今姑言其略。如箕踞，喜也會箕踞，怒也會箕踞。其他可以類推。

⊗（五行不敘）四曰大過，五倫主之。

　　非道事親、親過不諫、責善、輕違教令、先意失歡、定省失節、唯諾不謹、奔走不恪、私財、私出入、私交遊、浪遊、不守成業、不謹疾、侍疾不致謹、瀆禮不慎（衣服、飲食、居處。）、停喪、祭祀不敬（失齋、失戒、不備物。）、繼述無間、忌日不哀（飲酒、茹葷。）、事伯叔父母不視父母以降。（以上父子類，皆坐為人子者。其為父而過，可以類推。）

　　非道事君、長君、逢君、始進欺君（考校、筮仕鑽刺之類）、遷轉

欺君（夤緣、速化）、宦成欺君（貪位、固寵）、不謹、罷軟、貪、酷、傲上官、陵下位、居鄉把持官府、囑托公事、遲完國課、脫漏差徭、擅議詔令、私議公祖父母官政事美惡、縱子弟出入衙門、誣告。（以上君臣類。）

交警不時、聽婦言、反目、帷薄不謹（如縱婦女入廟燒香之類。）、私寵婢妾、無故娶妾、婦言踰閾（以上夫婦類，皆坐爲人夫者。其爲婦而過，可以類推。）

非道事兄、疾行先長、衣飲凌競、語次先舉、出入不稟命、憂患不恤、侍疾不謹、私蓄、蚤年分爨、侵公產、異母相嫌、鬩牆、外訴、聽妻子離閒、貧富相形、久疏動定、疏視猶子、遇族兄弟於途不讓行、遇族尊長於途不起居。（以上長幼類，皆坐爲人幼者。其爲長而過，可以類推。）

勢交、利交、濫交、狎比匪人、延譽、恥下問、嫉視諍友、善不相長、過不相規、群居遊談、流連酒食、緩急不相視、初終渝盟、匿怨、強聒、好爲人師。（以上朋友類。）

以上諸過，過在家國天下，故曰：「大」。仍坐前微、隱、顯三過來，一過積四過。

諸大過總在容貌辭氣上見，如高聲一語，以之事父則不孝，以之事兄則不友。其他可以類推，爲是心上生出來者。

◉（物物不極）五曰：叢過，百行主之。

游夢、戲動、謾語、嫌疑、造次、乘危、繇徑、好閒、博、弈、流連花石、好古玩、好書畫、床第私言、蚤眠宴起、晝處內室、狎使婢女、挾妓、俊僕、畜優人、觀戲場、行不避婦女、署月祖、科跣、衣冠異製、懷居（居處器什。）輿馬、饕餮、憎食、縱飲、深夜飲、

市飲、輕赴人席、宴會侈靡、輕諾、輕假（我假人。）、輕施、與人期爽約、多取、濫受、居閒爲利、獻媚當途、躁進、交易不公（虧小經紀一文二文以上，及買田產短價。）、拾遺不還、持籌、田宅方圓、嫁娶侈靡、誅求親故、窮追遠年債負、違例取息、謀風水、有恩不報、拒人乞貸、遇事不行方便（如排難解紛，勸善阻惡之類。）、橫逆相報、宿怨、武斷鄉曲、設誓、罵詈、習市語、稱綽號、造歌謠、傳流言、稱人惡、暴人陰事、面訐、譏議前輩、訟、終訟、主訟、失盜窮治、捐棄故舊、疏九族、薄三黨、欺鄉里、侮鄰佑、慢流寓、虐使僕僮、欺凌寒賤、擠無告、遇死喪不恤、見骼不掩、特殺、食耕牛野禽、殺起蟄、無故拔一草折一木、暴殄天物、褻瀆神社、呵風怨雨、棄毀文字、雌黃經傳、讀書無序、作字潦草、輕刻詩文、近方士、禱賽、主創菴院、拜僧尼、假道學。

以上諸過，自微而著，分大而小，各以其類相從，略以百爲則，故曰「叢」。仍坐前微、隱、顯、大四過來，一過積五過。

百過所舉，先之以謹獨一關，而綱紀之以色、食、財、氣，終之以學而畔道者。大抵者皆從五倫不敘生來。

● （迷復）六曰：成過，爲眾惡門，以克念終焉。

崇門（微過成過曰微惡，用小訟法解之，閉閣一時。）

妖門（隱過成過曰隱惡，用小訟法解之，閉閣二時。）

戾門（顯過成過曰顯惡，用小訟法解之，閉閣三時。）

獸門（大過成過曰大惡，用大訟法解之，閉閣終日。）

賊門（叢過成過曰叢惡，輕者用小訟，重者大訟解之，閉閣如前。）

聖域（諸過成過，還以成過得改地，一一進以訟法，立登聖域。）

以上一過准一惡。惡不可縱，故終之以聖域。

人雖犯極惡大罪，其良心仍是不泯，依然與聖人一樣，只爲習染所引壞了事。若纔提起此心，耿耿小明，火然泉達，滿盤已是聖人。或曰：「其如積惡蒙頭何？」曰：「說在《孟子》，訓惡人齋沐矣。且既已如此，又恁地去可奈何？正恐直是不繇人不如此不得。」

訟過法（即靜坐法）

一炷香，一盂水，置之淨几，布一蒲團座子於下，方會平旦以後，一躬就坐，交趺齊手，屏息正容。正儼威間，鑒臨有赫，呈我宿疚，炳如也。乃進而敕之曰：「爾固儼然人耳，一朝跌足，乃獸乃禽，種種墮落，嗟何及矣。」應曰：「唯唯。」復出十目十手，共指共視，皆作如是言，應曰：「唯唯。」於是方寸兀兀，痛汗微星，赤光發頰，若身親三木者。已乃躍然而奮曰：「是予之罪也夫。」則又敕之曰：「莫得姑且供認。」又應曰：「否否。」頃之，一線清明之氣徐徐來，若向太虛然，此心便與太虛同體。乃知從前都是妄緣，妄則非眞。一眞自若，湛湛澄澄，迎之無來，隨之無去，卻是本來眞面目也。此時正好與之葆任，忽有一塵起，輒吹落。又葆任一回，忽有一塵起，輒吹落。如此數番，勿忘勿助，勿問效驗如何。一霍間，整身而起，閉閣終日。

或咎予此說近禪者，予已廢之矣。既而思之曰：此靜坐法也。靜坐非學乎？程子每見人靜坐，便歎其善學。後人又曰：「不是教人坐禪入定，蓋借以補小學一段求放心工夫。」旨哉言乎！然則靜坐豈一無事事？近高忠憲有《靜坐說》二通。其一是撒手懸崖伎倆，其一是小心著地伎倆，而公終以後說爲正。今儒者談學，每言「存養省察」，又曰「靜而存養，動而省察」，卻教何處分

動靜？無思無爲，靜乎？應事接物，動乎？雖無思無爲，而此心
嘗止者自然嘗運；雖應事接物，而此心嘗運者自然嘗止。其嘗運
者，即省察之實地；而其嘗止者，即存養之眞機。總是一時小心
著地工夫。故存養省察二者，不可截然分爲兩事，而并不可以動
靜分也。陸子曰：「涵養是主人翁，省察是奴婢。」今爲鈍根設
法，請先爲其奴者，得《訟過法》，然此外亦無所謂涵養一門矣。
故仍存其說而不廢，因補注曰《靜坐法》。

改過說一

天命流行，物與無妄，人得之以爲心，是謂本心。何過之有？
惟是氣機乘除之 際，有不能無過不及之差者。有過而後有不及，雖
不及，亦過也。過也而妄乘之，爲厥心病矣。乃其造端甚微，去無
過之地，所爭不能毫釐，而其究甚大。譬之木，自本而根而幹而標；
水，自源而後及於流，盈科放海。故曰：「涓涓不息，將成江河；
綿綿不絕，將尋斧柯。」是以君子愼防其微也。防微則時時知過，
時時改過。俄而授之隱過矣，當念過便從當念改；又授之顯過矣，
當身過便從當身改；又授之大過矣，當境過當境改；又授之叢過矣，
隨事過隨事改。改之則復於無過，可喜也。過而不改，是謂過矣。
雖然，且得無改乎？凡此皆卻妄還眞之路，而工夫喫緊，總在微處
得力云。「子絕四。毋意、毋必、毋固、毋我。」眞能謹微者也。
專言「毋我」，即顏氏之「克己」，然視子則已粗矣。其次爲原憲
之「克、伐、怨、欲不行焉」，視顏則又粗。故夫子僅許之曰：「可
以爲難矣。」言幾幾乎其勝之也。張子十五年學簡恭而安，不成。
程子曰：「可知是學不成，有多少病痛在。」亦爲其徒求之顯著之

地耳。司馬溫公則云：「某平生無甚過人處，但無一事不可對人言者。」庶幾免於大過乎！若邢恕之一日三簡點，則叢過對治法也。真能改過者，無顯非微，無小非大，即邢恕之學，未始非孔子之學。故曰：「出則事公卿，入則事父兄，喪事不敢不勉，不爲酒困。」不然，其自原憲而下，落一格轉粗一格，工夫彌難，去道彌遠矣。學者須是學孔子之學。

改過說二

人心自真而之妄，非有妄也，但自明而之暗耳。暗則成妄，如魑魅不能晝見。 然人無有過而不自知者，其爲本體之明，固未嘗息也。一面明，一面暗，究也明不勝暗，故真不勝妄，則過始有不及改者矣。非惟不改，又從而文之，是暗中加暗、妄中加妄也。故學在去蔽，不必除妄。孟子言：「君子之過，如日月之食。」以喻人心明暗之機，極爲親切。蓋本心嘗明，而不能不受暗於過。明處是心，暗處是過。明中有暗，暗中有明。明中之暗即是過，暗中之明即是改。手勢如此親切。但嘗人之心，雖明亦暗，故知過而歸之文過。病不在暗中，反在明中。君子之心，雖暗亦明，故就明中用簡提醒法，立地與之擴充去，得力仍在明中也。乃夫子則曰：「內自訟」，一似十分用力，然正謂兩造當庭，抵死讎對，止求箇十分明白，纔明白便無事也。如一事有過，直勘到事前之心果是如何？一念有過，直勘到念後之事更當何如？如此反覆推勘，討箇分曉，當必有怡然以冰釋者矣。大《易》言補過，亦謂此心一經缺陷，便立刻與之補出，歸於圓滿，正圓滿此旭日光明耳。若只是皮面補綴，頭痛救頭，足痛救足，敗缺難掩，而彌縫日甚，仍謂之文過而已。

雖然，人固有有過而不自知者矣。昔者子路，人告之以有過則喜。
子曰：「丘也幸。苟有過，人必知之。」然則學者虛心遜志，時務
察言觀色，以輔吾所知之不逮，尤有不容緩者。

改過說三

　　或曰：「知過非難，改過爲難。」顏子有不善，未嘗不知，知
之未嘗復行也。有未嘗復行之行，而後成未嘗不知之知。今第曰知
之而已。人無有過而不自知者，抑何改過者之寥寥也？曰：「知行
只是一事。知者行之始，行者知之終；知者行之審，行者知之實。」
故言知，則不必言行；言行，亦不必言知，而知爲要。夫知有眞知，
有嘗知，昔人談虎之說近之。顏子之知，本心之知，即知即行，是
謂眞知。嘗人之知，習心之知，先知後行，是謂嘗知。眞知如明鏡
當懸，一徹永徹；嘗知如電光石火，轉眼即除。學者繇嘗知而進於
眞知，所以有致知之法。《大學》言「致知在格物」，正言非徒知
之，實允蹈之也。致之於意而意誠，致之於心而心正，致之於身而
身修，致之於家而家齊，致之於國而國治，致之於天下而天下平。
苟其猶有不誠、不正、不修、不齊、不治且平焉，則亦致吾之知而
已矣。此格物之極功也。誰謂知過之知，非即改過之行乎！致此之
知，無過不知；行此之行，無過復行。惟無過不知，故愈知而愈致；
惟無過復行，故愈致而愈知。此遷善改過之學，聖人所以沒身未已，
而致知之功，與之俱未已也。昔者程子見獵而喜，蓋十二年如一日
也。而前此未經感發，則此心了不自知，尚於何而得改地？又安知
既經感發以後，遲之數十年，不更作如是觀乎？此雖細微之惑，不
足爲賢者累，亦以見改過之難，正在知過之尤不易矣。甚矣，學以

致知爲要也。學者姑於平日聲色貨利之念，逐一查簡，直用純灰三斗，蕩滌肺腸，於此露出靈明，方許商量日用過端下落，則雖謂之行到然後知到亦可。昔者子路有過，七日而不食。夫子聞之曰：「由知改過矣。」亦點化語也。若子路，可謂力行矣。請取以爲吾黨勵。

　　按：《人譜》作於甲戌，重訂於丁丑，而是譜則乙酉五月之絕筆也。一句一字，皆經再三參訂而成。向吳巒稚初刻於湖，鮑長孺再刻於杭，俱舊本也，讀者辨諸，無負先君子臨岐苦心。己丑孟秋，不孝男汋百拜謹識。

附錄二 劉宗周研究資料目錄

　　本目錄的傳記、文獻部份根據衷爾矩〈有關劉宗周的資料目錄〉
(見《蕺山學派哲學思想》)，而略有增補，並按作者姓氏筆畫排列。單
篇論文、專書、學位論文及外文著作，以詹海雲、李明輝、蔣秋華
合編的〈劉蕺山研究論著目錄〉為底本 (見《劉蕺山學術思想論集》)，
而增補部分中文及英文目錄，並按出版先後為序。

傳　記

毛奇齡：〈明左都御史蕺山劉先生〉，收入《西河先生全集》卷十。

邵廷采：〈明儒劉子蕺山先生傳〉，收入《思復堂文集》。

姚名達：《劉宗周年譜》，商務印書館，1931 年。

徐秉義：〈劉宗周傳〉，收入《明末忠烈紀實》卷十八。

(日本) 桑原忱：〈忠端劉念臺先生小傳〉，收入《劉蕺山文粹》。

(清) 悔堂老人：〈劉宗周〉，收入《越中雜識》(浙江人民出版社，
　　　1983 年)。

高　嵩等：〈劉念臺先生〉，收入《東林書院志》。

黃宗羲：〈子劉子行狀〉，收入《劉子全書》卷三十九。

黃宗羲：〈忠端劉念臺先生宗周〉，收入《明儒學案》。

黃宗羲：〈劉宗周〉，收入《思舊錄》。

惲仲昇：〈子劉子行狀〉（未見）。

溫睿臨、李瑤：〈劉宗周烈傳〉，收入《南疆繹史》。

劉　汋：〈先君子蕺山先生年譜〉，收入《劉子全書》卷三十九、四十。

劉士林：〈先大父念臺府君先生行實〉，收入《劉子全書遺編》卷二十四。

〈劉宗周〉，收入《明史》卷二五五。

〈劉宗周〉，收入《紹興府志》。

文　獻

王　棻：〈題刻劉念臺先生鈔稿後〉，收入《柔橋文鈔》。

王士禎：〈劉念臺先生〉，收入《池北偶談》卷九。

全祖望：〈子劉子祠堂配享碑〉，收入《鮚埼亭集》卷二十四。

全祖望：〈蕺山講堂策問〉，收入《鮚埼亭集》外編卷五十。

全祖望：〈題惲氏劉忠正公行實後〉，收入《鮚埼亭集》外編卷三十。

吳　定：〈劉念臺先生人譜書後〉，收入《紫石泉山房文集》。

吳蕃昌：〈再告山陰先生〉，收入《祇欠集》。

林昌彝：〈刊劉忠介公人譜序〉，收入《小石渠文集》。

俞　卿：〈蕺山書院記略〉，收入嘉慶《山陰縣志》卷十九。

姚　鼐：〈劉念台先生淮南賦跋尾〉，收入《惜抱軒文集》。

計六奇：〈劉宗周絕粒死〉，收入《明季南略》。

計六奇：〈劉宗周論近功小利〉、〈劉宗周罷〉、〈劉宗周疏奏溫體仁〉、〈劉宗周言六事〉、〈劉宗周削籍〉，收入《明季北略》卷四、卷十二、卷十八。

秦　瀛：〈劉子全書序〉，收入《小峴山人文集》卷三。

張履祥：〈先師年譜書後〉，收入《楊園先生未刻稿》。

張履祥：〈告先師文〉，收入《楊園先生未刻稿》卷七。

陳　田：〈論劉宗周〉，收入，《明詩紀事》辛簽卷四。

陳　確：〈告山陰先生文〉，收入《陳確集》（中華書局，1979年）。

陳　確：〈哭劉念臺師〉，收入《陳確集》（中華書局，1979年）。

陳　確：〈祭山陰劉先生文〉，收入《陳確集》（中華書局，1979年）。

陳　確：〈祭山陰劉先生文〉，收入《陳確集》（中華書局，1979年）。

章學誠：〈劉忠介公年譜序〉。

黃式三：〈讀劉氏聖學宗要〉，收入《儆居讀子集》。

黃百家：〈人譜補圖序〉，收入，《學箕初稿》。

黃宗羲：〈先師蕺山先生文集序〉，收入《黃梨洲文集》。

黃宗羲：〈蕺山同志考序〉，收入《南雷餘集》。

黃宗羲：〈蕺山學案〉小序，收入《明儒學案》。

雷　鋐：〈劉蕺山先生遺集序〉，收入《經笥堂文鈔》。

齊召南：〈重刻人譜全書序〉。

劉宗周：《劉子全書》，一八二二年刻本。

劉宗周：《劉子全書遺篇》，一八五零年刻本。

劉宗周：《劉宗周全集》，戴璉璋、吳光主編，台北中央研究院中

國文哲研究所　籌備處，一九九七。

〈論劉宗周〉，收入《四庫全書總目》。

〈證人書院〉，收入《鄞縣志‧輿地志》。

單篇論文

陳訓慈：〈劉蕺山學承姚江解〉，《史學雜誌》第 2 卷第 6 期，頁 41~42，
　　　　1931 年。

牟宗三：〈陸王一系之心性之學（三）──劉蕺山誠意之學〉，《自
　　　　由學人》第 1 卷第 3 期，頁 311~322，1957 年。亦見項維新、
　　　　劉福增主編《中國哲學思想論集‧宋明篇》（臺北：牧童出版
　　　　社，1976 年）頁 311~332。

王　道：〈劉宗周論政〉，《人生》第 13 卷第 8 期（總第 320 期），
　　　　頁 5，1968 年。

甲　凱：〈劉蕺山的慎獨之學〉，《中央月刊》第 5 卷第 5 期，頁 153~156，
　　　　1973 年。

谷瑞照：〈劉蕺山慎獨小識〉，《文藝復興月刊》第 55 期，頁 26~29，
　　　　1974 年。

唐君毅：〈劉蕺山之誠意、靜存，以立人極之道〉，《中國哲學原
　　　　論‧原教篇》（臺北：臺灣學生書局，1975 年）頁 466~492。

少　翁：〈氣節凜然的劉宗周〉，《浙江月刊》第 8 卷第 2 期，頁 19，
　　　　1976 年。

錢　穆：〈劉宗周〉，《宋明理學概述》（臺北：臺灣學生書局，1977
　　　　年）頁 416~437。

鄧耀秋：〈劉宗周卓絕倫表〉，《暢流》第 55 卷第 9 期，頁 8~10，
　　1977 年。

陳榮捷：〈論明儒學案之師說〉，《幼獅月刊》第 48 卷第 1 期（總
　　第 307 期），頁 6~8，1978 年。

牟宗三：〈劉蕺山愼獨之學〉，《從陸象山到劉蕺山》，（臺灣學
　　生書局，1979 年）。

錢　穆：〈讀劉蕺山集〉，《中國學術思想論叢·七》（臺北：東
　　大圖書公司，1979 年）頁 268~278。

渡邊秀方著、劉侃云譯：〈劉蕺山〉，《中國哲學史概論·近世哲
　　學·明代哲學》（臺北：臺灣商務印書館，1979 年）頁 140~144。

勞思光：〈劉蕺山之學說〉，《中國哲學史·第三卷下》（香港：
　　友聯出版社有限公司，1980 年）頁 604~673。

徐惠隆：〈從陸象山到劉蕺山〉（牟宗三著），《明史研究專刊》
　　第 3 期，頁 209~224，1980 年。

張豈之：〈論劉蕺山學派思想的若干問題〉，《西北大學學報》1980
　　年第 4 期（總第 28 期），頁 13~19，1980 年；《複印報刊資
　　料——中國哲學史》1980 年第 12 期，頁 77~83，1981 年。

衷爾鉅：〈論劉宗周的哲學思想〉，《中國哲學史研究》1981 年第
　　2 期（總第 3 期），頁 69~71 轉 61，1981 年。

衷爾鉅：〈劉宗周評傳〉，《中國古代著名哲學家評傳·續編四》
　　（濟南：齊魯書社，1982 年）。

陳福濱：〈劉蕺山所謂「離氣無理」之思想意義〉，《晚明理學思
　　想通論》（臺北：環球書局，1983 年）頁 62~66。

陳福濱：〈劉蕺山以「性爲體，心爲用」重愼獨之學的意義〉，《晚

明理學思想通論》（臺北：環球書局，1983 年）頁 106~118。

陳福濱：〈劉蕺山言誠意之學及其殉節之道德實踐〉，《晚明理學思想通論》（臺北：環球書局，1983 年）頁 172~191。

陳福濱：〈蕺山、道周學說之時代意義及其評價〉，《晚明理學思想通論》（臺北：環球書局，1983 年）頁 194~195。

劉哲浩：〈劉蕺山之性有無善惡論〉（上、下），《哲學與文化》第 11 卷 9 期（總第 124 期），頁 19~26，1984 年；第 11 卷 10 期（總第 125 期），頁 37~44，1984 年。

張　踐：〈劉宗周慎獨哲學初探〉，《中國哲學史研究》1985 年第 4 期（總第 21 期），頁 72~79，1985 年；《複印報刊資料——中國哲學史》1986 年第 4 期，頁 95 ~102。

袁爾鉅：〈劉宗周〉，《中國大百科全書‧哲學卷》（北京：中國大百科全書出版社，1985 年）頁 501。

古清美：〈劉蕺山對陽明致良知說之繼承與發展〉，《臺大中文學報》創刊號，頁 367~396，1985 年；《明代理學論文集》（臺北：大安出版社，1990 年）頁 209~249。

袁爾鉅：〈蕺山學派的慎獨學說〉，《文史哲》1986 年第 3 期（總第 174 期），頁 49~55，1986 年；《複印報刊資料——中國哲學史》1986 年第 6 期，頁 73~79。

步近智：〈劉宗周的思想矛盾和「慎獨」、「誠敬」之說〉，《浙江學刊》1986 年第 3 期（總第 38 期），頁 74~82，1986 年；《複印報刊資料——中國哲學史》1986 年第 8 期，頁 48~56。

袁爾鉅：〈論蕺山學派的學術思想〉，《甘肅社會科學》1986 年第 6 期，頁 69~77 轉 61。

古清美：〈劉蕺山對周濂溪誠體思想的闡發及其慎獨之學〉，《幼
　　獅學誌》第 19 卷第 2 期，頁 79~111，1986 年。

郭松義：〈劉宗周〉，王思治主編《清代人物傳稿・上編・第二卷》
　　（北京：中華書局，1986 年）頁 223~228。

劉述先：〈黃宗羲對於蕺山思想的繼承〉，《黃宗羲心學的定位》
　　（臺北：允晨文化實業股份有限公司，1986 年）頁 1~29。

賈豐臻：〈劉宗周〉，《中國理學史》（臺北：臺灣商務印書館，1987
　　年）頁 235~236。

王　煜：〈劉子全書札記〉（上、下），《中國文化月刊》第 92 期，
　　頁 89~96，1987 年；第 93 期，頁 86~96，1987 年。亦見。《文
　　哲心的與書評》（臺北：水牛出版社，1996 年）頁 213~233。

侯外廬等：〈劉宗周的思想特徵及其「慎獨」、「誠敬」理論〉，
　　《宋明理學史・下》（北京：人民出版社，1987 年）頁 607~642。

曾錦坤：〈從劉蕺山慎獨之學看明末學風的轉變〉，《晚明思潮與
　　社會變動——中國社會與文化學術研討會論文集》（淡江大學
　　中文系主編，臺北：弘化事業股份有限公司，1987 年）頁
　　141~175。

林聰舜：〈劉蕺山與黃梨洲——從「理學殿軍」到「經世思想家」〉，
　　《晚明思潮與社會變動——中國社會與文化學術研討會論文
　　集》（淡江大學中文系主編，臺北：弘化事業股份有限公司，1987
　　年）頁 177~219。

朱義祿：〈黃宗羲與劉宗周思想異同的比較〉，《黃宗羲論——國
　　際黃宗羲學術討論會論文集》（杭州：浙江古籍出版社，1987
　　年）頁 593~598。

南相鎬：〈論蕺山之治念說〉，《哲學年刊》（臺大）第 4 期，頁 61~66，
　　　　1987 年。

陳郁夫：〈劉蕺山與黃梨洲對禪佛的批評〉，《師大國文學報》第 17
　　　　期，頁 153~163，1988 年。

袁爾鉅：〈「即物求知」、「離物無知」──論蕺山學派的認識論〉，
　　　　《浙江學刊》1988 年第 4 期（總第 51 期），頁 64~70，1988
　　　　年。

楊國榮：〈晚明王學演變的一個環節──論劉宗周對「意」的考察〉，
　　　　《浙江學刊》1988 年第 4 期（總第 51 期），頁 71~73 轉 63，
　　　　1988 年。又收入《王學通論──從王陽明到熊十力》（上海：
　　　　上海三聯書店，1990 年）頁 143~152。

朱義祿：〈劉宗周的「慎獨」學說是什麼一回事？他為什麼提倡這
　　　　一學說？〉，《中國哲學三百題》（上海：上海古籍出版社，1988
　　　　年）頁 316~318。

鮑　博：〈簡論劉宗周的心性思想〉，《孔子研究》1988 年第 4 期
　　　　（總第 12 期），頁 106~111，1988 年。

傅振照：〈劉宗周小考〉，《浙江學刊》1989 年第 2 期（總第 55 期），
　　　　頁 106~108 轉 126，1989 年。

辛　錫：〈劉宗周學術討論會述要〉，《浙江學刊》1989 年第 2 期
　　　　（總第 55 期），頁 109，1989 年。

錢　明：〈王學主意說論要〉，《浙江學刊》1989 年第 5 期（總第
　　　　58 期），頁 51~57，1989 年。

夏瑰琦：〈從孟子師說看黃宗羲的唯心主義思想〉，《中國哲學史
　　　　研究》1989 年第 3 期（總第 36 期），頁 85~90，1989 年。

李興源：〈劉蕺山誠意之學探析〉，《中國國學》第 17 期，頁 289~298，1989 年。

張　申：〈劉宗周「愼獨之說」淺議〉，《社會科學戰線》1990 年第 1 期（總第 50 期），頁 136~139，1990 年。

古清美：〈劉蕺山的誠體思想與實踐工夫〉，《明代理學論文集》（臺北：大安出版社，1990 年）頁 251~297。

張懷承：〈蕺山心論及其對傳統心學的總結〉，《中國文化月刊》第 128 期，頁 4~19，1990 年。

林安悟：〈論劉蕺山哲學中「善之意向性」──以「答董標心意十問」爲核心的疏解與展開〉，《國立編譯館館刊》第 19 卷第 1 期，頁 107~115，1990 年。

蒙培元：〈劉宗周、陳確、黃宗羲的心性情合一說〉，《中國心性論》（臺北：臺灣學生書局，1991 年）頁 439~485。

張永儁：〈明末大儒劉宗周之人生價值觀──從「敬身以孝」以釋之〉，《哲學與文化》第 18 卷第 2、3 合期（總 201、202 合期），頁 142~151，1991 年。

王鳳賢：〈論劉宗周對理學傳統觀念的修正〉，《孔子研究》1991 年第 2 期（總第 22 期），頁 102~110，1991 年。

楊國榮：〈從王陽明到劉宗周──志知之辨的歷史演進〉，《孔孟月刊》第 29 卷第 11 期（總第 347 期），頁 19~28，1991 年。

董　平：〈論劉宗周心學的理論構成〉，《孔子研究》1991 年第 4 期（總第 24 期），頁 85~95 轉 44，1991 年。

方祖猷：〈黃宗羲與甬上弟子的學術分歧──兼論蕺山之學的傳播與沒落〉，香港中文大學《中國文化研究所學報》第 22 卷，頁

335~350，1991 年；《清初浙東學派論叢》（臺北：萬卷樓圖
書有限公司），頁 87~112，1996 年。

李紀祥：〈清初浙東劉門的分化及劉學的解釋權之爭〉，《第二屆
國際華學研究會議論文集》（中國文化大學文學院主編，臺北：
中國文化大學出版部，1992 年）頁 703~728。

施忠連：〈劉子全書〉，《中國學術名著提要・哲學卷》（潘富恩
主編，上海：復旦大學出版社，1992 年）頁 715~719。

王育濟：〈以欲爲本的理欲統一觀在心學一派中的最後完成——劉
宗周、陳確的理欲觀〉，《天理與人欲——理學理欲觀演變的
邏輯進程》（濟南：齊魯書社，1992 年）頁 236~255。

馬振鐸：〈王學的罅漏和劉宗周對王學的補救〉，《浙江學刊》1992
年第 6 期（總第 78 期），頁 127~130，1992 年；《複印報刊
資料・中國哲學史》1993 年第 1 期，頁 78~81，1993 年。

于化民：〈劉宗周的理學思想〉，《明中晚期理學的對峙與合流》
（臺北：文津出版社，1993 年）頁 169~186。

熊公哲：〈辨劉蕺山附會晚年定論說〉，《果庭讀書錄》（臺北：
臺灣商務印書館，1993 年）頁 338。

蔣年豐：〈從朱子與劉蕺山的心性論分析其史學精神〉，《國際朱
子學會議論文集》（鐘彩鈞主編，臺北：中央研究院中國文哲
所籌備處，1993 年）頁 1115~1138。

王汎森：〈明末清初的人譜與省過會〉，《中央研究院歷史語言所
集刊》第 63 本第 3 分，頁 679~712，1993 年。

賴賢宗：〈論劉蕺山「心之性情」反對朱子「心統性情」的理論根
據〉（上、下），《鵝湖月刊》第 19 卷第 6 期（總第 222 期），

頁 12~18，1993 年；第 19 卷第 7 期（總第 223 期），頁 34~39，
　　1994 年。

張學智：〈論劉宗周的意〉，《哲學研究》1993 年第 9 期，頁 61~67，
　　1993 年；《複印報刊資料──中國哲學史》1993 年第 11 期，
　　頁 97~103，1993 年；《哲學與文化》第 21 卷第 3 期（總第 238
　　期），頁 260~269，1994 年。

王鳳賢、丁國順：〈以劉宗周爲代表的蕺山學派〉，《浙東學派研
　　究》（杭州：浙江人民出版社，1993 年）頁 237~259。

張學智：〈論劉蕺山「愼獨」之學〉，《中國文化月刊》第 170 期，
　　頁 22~35，1993 年。

陳敦偉：〈劉宗周的學術思想〉，《浙東學術史》（管敏義主編，
　　上海：華東師范大學出版社，1993 年）頁 297~309。

莊永清：〈王陽明與劉蕺山思想比較略論──牟宗三「心體與性體」
　　讀後，兼論劉蕺山的思想史地位〉，《雲漢學刊》（高雄：復
　　文書局，1993 年）創刊號，頁 1~18。

程梅花：〈劉宗周的意本論及其儒學特質〉，《阜陽師院學報》（哲
　　社版）1994 年第 2 期（總第 50 期），頁 14~21，1994 年。

難波征男：〈劉念臺思想的展開──其中日比較〉，《論浙東學術》
　　（方祖猷、滕復主編，北京：中國社會科學出版社，1995 年）
　　頁 227~230。

楊儒賓：〈一位東林黨人的仕隱故事──定遠齋舊藏劉宗周文震孟
　　五封書信書後〉，《故宮學術季刊》第 12 卷第 4 期，頁 95~122，
　　1995 年夏季，附：劉宗周文震孟五封書信影本，頁 119~122。

蔡仁厚：〈宋明理學的殿軍──劉蕺山〉，《中國文化月刊》第 192

期,頁 18~24,1995 年。

劉人鵬:〈聖學論述中的道德問題——以劉宗周人譜爲例〉,《明代經學國際研討會論文集》(林慶彰、蔣秋華主編,臺北:中央研究院中國文哲研究所,1996 年)頁 485~516。

方同義:〈劉宗周與黃宗羲政治哲學比較〉,《寧波師院學報(社科版)》1996 年第 4 期(總第 66 期),1996 年 11 月,頁 14~18;《複印報刊資料——中國哲學與哲學史》1996 年第 12 期,頁 97~101,1997 年。

陶 清:〈劉宗周的性學思想和晚明的性學思想〉,《明遺民九大家哲學思想研究》(臺北:洪業文化事業有限公司,1997 年)頁 159~231。

王汎森:〈清初思想趨向與劉子節要〉,《歷史語言研究所集刊》第 68 本第 2 分,頁 417~448,1997 年。

古清美:〈劉蕺山的儒釋之辨〉,《佛學研究中心學報》第 2 期,頁 179~209,1997 年。

王汎森:〈清初的講經會〉,《歷史語言研究所集刊》第 68 本第 3 分,頁 503~588,1997 年。

崔大華:〈劉蕺山與明代理學的基本走向〉,《中州學刊》1997 年第 3 期,頁 64~68,1997 年。

鄭宗義:〈心學系統內的救正—劉蕺山的誠意慎獨教〉,《明清儒學轉型探析》(香港:中文大學出版社,2000 年),頁 41~67。

專 書

袁爾鉅：《蕺山學派哲學思想》，山東教育出版社，1993 年。

東方朔：《劉蕺山哲學研究》，上海人民出版社，1997 年。

東方朔：《劉宗周評傳》，南京大學出版社，1998 年。

鍾彩鈞主編：《劉蕺山學術思想論集》，中央研究院中國文哲研究
　　所籌備處，1998 年。

學位論文

康雲山：《劉蕺山及其理學》，高雄師範學院國文研究所碩士論文，
　　1977 年 6 月。

詹海雲：《劉蕺山的生平及其學術思想》，臺灣大學中文研究所碩
　　士論文，1979 年 6 月。

劉哲浩：《劉蕺山理學思想研究──以性善、主靜、慎獨說為主》，
　　政治大學中文研究所碩士論文，1981 年 6 月。

曾錦坤：《劉蕺山思想研究》，臺灣師範大學國文研究所碩士論文，
　　1983 年 5 月；《國立臺灣師範大學國文研究所集刊》第 28 集，
　　頁 539～643，1984 年 6 月。

王俊彥：《劉蕺山之成學經過》，文化大學中文研究所碩士論文，1984
　　年 6 月。

杜保瑞：《劉蕺山的功夫理論與形上思想》，臺灣大學哲學研究所
　　碩士論文，1989 年 3 月。

林炳文：《劉蕺山的慎獨之學之研究》，文化大學哲學研究所碩士

論文，1990 年 6 月。

徐成俊：《劉蕺山慎獨說及其道德形上學基礎之研究》，臺灣大學
　　哲學研究所碩士論文，1990 年 5 月。

孫中曾：《劉蕺山的道德世界——從經世、道德命題到道德內省的
　　實踐歷程》，清華大學歷史研究所碩士論文，1991 年 7 月。

余建中：《劉蕺山哲學研究》，中央大學哲學研究所碩士論文，1993
　　年 5 月。

莊淇芬：《王陽明與劉蕺山工夫論之比較》，臺灣師範大學國文研
　　究所碩士論文，1993 年 6 月；《國立臺灣師範大學國文研究所
　　集刊》第 38 期，頁 735～832，1994 年 6 月。

東方朔（林宏星）：《劉蕺山哲學研究》，復旦大學哲學系博士論文，
　　1995 年 4 月。

曾文瑩：《劉蕺山心性學研究》，中央大學中文研究所碩士論文，1996
　　年 6 月。

Man-Ho Simon Wong （黃敏浩）： *Liu Tsung-chou: His Doctrine of
　　Vigilant Solitude*, PhD thesis, Graduate Department of East Asian
　　Studies, University of Toronto, 1996.

王瑞昌：《劉蕺山理學思想研究》，北京大學哲學系博士論文，1997
　　年 5 月。

袁光儀：《晚明之儒家道德哲學與世俗道德範例研究——劉蕺山人
　　譜與了凡四訓，菜根譚之比較》，臺灣師範大學國文研究所碩
　　士論文，1997 年 6 月。

外文著作

高瀨武次郎：〈劉念台〉，《支那哲學史》（東京：文盛堂書店，1867
　　年 5 月 8 日）頁 825〜828。

安富達美雄：〈劉宗周から陳確へ——聖人に近づく〉，〈中國學
　　論集〉（大東文化）第 9 期，1910 年。

三島復：〈劉蕺山の學歷〉，《東亞研究》第 6 卷第 4 期，1916 年。

秋月胤繼：〈劉蕺山〉，《元明時代の儒教》（東京：甲子社書房，
　　1928 年 8 月 31 日）頁 316〜354。

秋月胤繼：〈劉蕺山の心意說に就きへ〉，《斯文》第 15 卷第 2 期，
　　1933 年。

安部道明：〈陽明思想の展開と劉蕺山〉，《滿蒙》第 19 卷第 11
　　期，1938 年。

Tang Chun-i: "The Criticisms of Wang Yang-ming's Teachings as Raised
　　by His Contemporaries," *Philosophy East and West* 23 （1973）.

岡田武彥：〈劉念台と許敬庵〉，《宇野哲人先生白壽祝賀東洋學
　　論叢》（東京：宇野哲人先生白壽祝賀記念曾，1974 年 10 月 1
　　日）頁 369〜375；《中國思想にずける理想と現實》（東京：
　　木耳社，1976 年 9 月 10 日）頁 597〜602。

Tang Chun-i: "Liu Tsung-chou's Doctrine of Moral Mind and Practice
　　and His Critique of Wang Yang-ming," in Wm.Theodore de Bary,
　　ed., *The Unfolding of Neo-Confucianism*. New York and London:
　　Columbia University Press, 1975.

難波征男：〈劉念台思想の形成——王學現成派批判に即しへ〉，

《九州中國學曾報》第 20 期，1975 年。

岡田式彥：〈劉念台の誠意說について〉，《哲學年報》第 14 期，1953 年 10 月；《中國思想にずける理想と現實》（東京：木耳社，1976 年 9 月 10 日）頁 590～596。

岡田武彥：〈東林學と劉蕺山〉，《王陽明と明末の儒學》（東京：明德出版社，1970 年 8 月 20 日）頁 399～462。

山本命：〈劉蕺山の儒學〉，《明時代儒學の倫理學研究》（東京：理想社，1974 年 3 月 20 日）頁 657～898。

荒木見悟：〈意は心の存する所——劉念台思想の背景〉，《中國にずける人間性の探究》，1983 年。

岡田武彥：〈劉念台の思想〉，《宋明哲學の本質》（東京：木耳社，1984 年 11 月 20 日）頁 235～237。

難波征男：〈明末の新陽明學者——劉念台について〉，岡田武彥編著《陽明學の世界》（東京：明德出版社，1986 年 11 月 20 日）頁 342～355。

松代尚江：〈劉宗周の慎獨說〉《東方宗教》第 74 期，頁 39～58，1989 年 11 月。

Tu Wei-ming: "Subjectivity in Liu Tsung-chou's Philosophical Anthropology," in Donald J. Munro, ed., *Individualism and Holism: Studies in Confucian and Taoist Values*. Ann Anbor: The University of Michigan, 1995.

國家圖書館出版品預行編目資料

劉宗周及其慎獨哲學

黃敏浩著.— 初版.— 臺北市：臺灣學生，
2001 [民 90]
面；公分
ISBN 957-15-1055-6 (精裝)
ISBN 957-15-1056-4 (平裝)

1. (明)劉宗周—學術思想—哲學

126.94   90001786

劉宗周及其慎獨哲學（全一冊）

著　作　者：黃　　　敏　　　浩
出　版　者：臺　灣　學　生　書　局
發　行　人：孫　　　善　　　治
發　行　所：臺　灣　學　生　書　局
　　　　　　臺北市和平東路一段一九八號
　　　　　　郵　政　劃　撥　帳　號：00024668
　　　　　　電　話：(02)23634156
　　　　　　傳　眞：(02)23636334
本書局登
記證字號：行政院新聞局局版北市業字第玖捌壹號
印　刷　所：宏　輝　彩　色　印　刷　公　司
　　　　　　中和市永和路三六三巷四二號
　　　　　　電　話：(02)22268853

　　　　　精裝新臺幣三四〇元
定價：平裝新臺幣二七〇元

西　元　二　〇　〇　一　年　二　月　初　版

12608

有著作權·侵害必究
ISBN 957-15-1055-6 (精裝)
ISBN 957-15-1056-4 (平裝)